MIGRACIÓN, TERRITORIO Y FRONTERAS

Perspectivas éticas del fenómeno migratorio

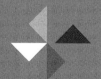

Aliosventos Ediciones®

MIGRACIÓN, TERRITORIO Y FRONTERAS
Perspectivas éticas del fenómeno migratorio

Luis Xavier López-Farjeat ❖ Cecilia Coronado (Eds.)

Alios
Ventos
ediciones

Luis Xavier López-Farjeat

Cecilia Coronado (Eds.)

Migración, territorio y fronteras

Perspectivas éticas del fenómeno migratorio

Colección Bibiloteca de filosofía

Aliosventos Ediciones AC. Cardenal 32, Zibatá, El Marqués, Querétaro, 76269. Teléfono: 442 467 8838.

Cuidado editorial: Juan Manuel Escamilla González Aragón
Diseño Editorial: Juan Antonio García Trejo
Diseño de Portada: Ma. Teresa Camacho Sandoval • Daniel Capri (Lumbral)

ISBN: 9798394808852

ISBN: 9798394809576

CONTENIDO

REDEFINIENDO MIGRACIÓN Y FRONTERAS DESDE
LA ECOLOGÍA LINGÜÍSTICA: EL HABLA DE MIGRANTES
ENTRE CENTROS Y PERIFERIAS

Tabea Salzmann • Gustavo Macedo Rodríguez

LOS DERECHOS HUMANOS DE LOS MIGRANTES AMBIENTALES:
URGENCIA DE UNA ARTICULACIÓN DE TEORÍAS DE LA JUSTICIA
Y TEORÍAS CRÍTICAS

Bernardo Bolaños Guerra

NOTAS

AGRADECIMIENTOS

Este volumen reúne trabajos discutidos con cada uno de los autores en el marco de los proyectos de investigación "Principios y bases normativas para una política migratoria incluyente" (UP-CI-2017-FIL-MX-01) y "Migración, Territorio e identidades" (UP-CI-2018-FIL-MX-01). Agradecemos la disposición y paciencia de nuestros colegas y colaboradores. Asimismo, agradecemos el apoyo de la Universidad Panamericana, en especial, de la Facultad de Filosofía y del Instituto de Humanidades. Los trabajos de Margaret Moore, Arash Abizadeh, Linda Bosniak y Christine Straehle han sido traducidos por Venancio Ruiz con el apoyo de Luis Xavier López-Farjeat. Agradecemos a la revista *Political Theory* por autorizarnos a la publicación de "Democratic Theory and Border Coercion" de Arash Abizadeh, y a Linda Bosniak por permitirnos traducir el artículo "Wrong, Rights, and Regularization", publicado previamente en la revista *Moral Philosophy and Politics*. El trabajo editorial de Sara García Peláez Cruz y de Catalina León Letelier ha sido esencial. Bernardo Sainz ha hecho valiosas sugerencias a la traducción del trabajo de Margaret Moore. Agradecemos también a los estudiantes que trabajaron de cerca con nosotros en el marco de ambos proyectos: Adriana Ramírez, Carla Adell, Alejandro Arreola, Gustavo Duarte, Tatiana Lozano, Valeria Islas, Mercedes Espinosa y Ana Landeta.

Migración, territorio y control de fronteras: aristas de una discusión abierta

Luis Xavier López-Farjeat

Universidad Panamericana, Campus Ciudad de México

Cecilia Coronado

Universidad Panamericana, Campus Ciudad de México

En los últimos años, más de 7.5 millones de personas se han visto obligadas a desplazarse dentro de su territorio y más de 3.5 millones han tenido que migrar hacia otros países. El fenómeno migratorio ha sido estudiado desde distintos enfoques y perspectivas, desde las relaciones internacionales y la política internacional hasta la sociología y los estudios multiculturales. También se ha vuelto un tema candente en el debate público y una preocupación latente en el ámbito de las políticas públicas. Detrás de todos estos planteamientos subyace una inquietud ética que muchas veces se pierde vista. Suele entenderse que la discusión en torno a la migración puede reducirse a un asunto económico. Para muchas potencias mundiales, la fuerza laboral de los migrantes contribuye de manera importante a su economía y, en algunos países en vías de desarrollo, un ingreso esencial proviene de las remesas. Se reconoce que la presencia o ausencia de migrantes repercute en el crecimiento o decrecimiento económico de muchos países. Comprender la migración desde el punto de vista exclusivamente económico es desatender el problema de fondo. En varios lugares, la población local está constituida principalmente por inmigrantes; en concreto, en los Emiratos Árabes constituye un 87% de su población, en Catar, el 73% y en Kuwait, el 68%;[1] incluso hay países de baja población que alientan la llegada de nuevos residentes, como el caso de Canadá o Alemania, que cuentan con múltiples programas para facilitar la inmigración de algunos sectores de la población mundial.[2] Sin embargo, sobre todo en los últimos años, principalmente a partir de los atentados terroristas del 11 de septiembre de 2001, en muchos países, como el caso de

Estados Unidos, los controles migratorios se han endurecido. Además, se ha intentado moderar cada vez más el flujo de personas y la migración se ha considerado un asunto de seguridad nacional.

Las causas de la migración son multifactoriales: guerras, hambrunas, cambio climático, violencia, inestabilidad política, falta de oportunidades laborales o educativas, o simplemente el desplazamiento voluntario en busca de nuevos proyectos de vida. Aunque la migración ha existido desde siempre, en la actualidad se le percibe como una amenaza. No es extraño encontrarse con la percepción generalizada de que la presencia de *extraños* pone en peligro lo propio de los países, desde las costumbres y la cultura hasta los bienes y los recursos naturales, la economía, la seguridad, los servicios y los recursos asistenciales. En vez de entender que el verdadero desafío es el tipo de situaciones que desencadenan las migraciones masivas, tiende a pensarse que lo problemático es el flujo de personas. Parecería que en estos tiempos hay una fuerte tendencia a criminalizar la migración y muchos gobiernos creen que gestionar los flujos a través de normas y medidas cada vez más estrictas es una alternativa efectiva para disminuirla.

En años recientes, la mayoría de los países ha impulsado regulaciones administrativas desde las cuales se establecen los criterios para determinar qué personas pueden ser admitidas dentro de su territorio y cuáles no. Se asume sin mayor cuestionamiento que los gobiernos pueden controlar sus fronteras de manera legítima. Esgrimen a su favor nociones clásicas como la *soberanía*, la *autodeterminación*, la *seguridad nacional*, etc. No suele cuestionarse demasiado el vínculo entre soberanía y territorio, la pertinencia de las fronteras, ni tampoco es común debatir si las democracias liberales tienen algún tipo de obligación moral con los migrantes. Esta clase de interrogantes desafían razones históricas cuya vigencia comienza a ser cuestionada, a pesar de que, al mismo tiempo, se percibe cierto apego a ellas por parte de varios gobiernos actuales.

A lo largo de los capítulos que componen el presente volumen, se discuten esa clase de interrogantes a la luz de una preocupación común: cómo encarar el fenómeno migratorio con plena conciencia de que lo que está en juego en nuestros debates al respecto es la integridad y el destino de seres humanos que, por motivos diversos, han abandonado su lugar de origen. Aunque el enfoque de cada uno de los autores es distinto, todos ellos defienden la necesidad de atender los dilemas éticos y humanos implícitos en la migración. En este sentido, nuestro volumen forma parte de la literatura cada vez más creciente que aborda el fenómeno migratorio desde la ética.

Ante la constante violación de los derechos humanos de los migrantes, se ha vuelto necesario entender la migración como una cuestión teórica relevante en los debates éticos actuales. Las personas merecen un trato digno independientemente de su nacionalidad, grupo étnico, orientación sexual, credo, condición económica, capacidades, etc. En consecuencia, es imperativo centrar la atención en el tipo de dinámicas y dificultades que se han ido generando a partir del endurecimiento de los controles migratorios, en especial, cuando las fronteras son conflictivas. Abordar esta clase de dificultades implica discutir si el Estado puede arrogarse derechos sobre un territorio; cómo debe ser la relación que deben tener las democracias liberales con los migrantes; cuáles son las obligaciones que debe tenerse con quienes entran a otro país; cómo podríamos replantear la noción de frontera y si puede distinguirse entre *frontera* y *límite*. Todas estas preguntas se abordan a lo largo de este libro y, si bien no siempre se llega a respuestas y resoluciones definitivas, se plantean diversas formas de afrontar la complejidad del fenómeno migratorio y se ponen sobre la mesa diversos temas a debatir.

En "La ética migratoria y la propiedad común de la tierra", Margaret Moore problematiza la noción de "propiedad común". Es usual encontrarse con que uno de los argumentos más utilizados para defender la necesidad de fronteras abiertas es el que se basa en la tierra entendida como propiedad compartida por todos los seres humanos. Moore sostiene que, tal como se ha construido hasta el momento, la noción de "propiedad común" resulta demasiado limitada o no da suficientes razones para poder eliminar las fronteras. El presupuesto general de quienes sostienen que la tierra es compartida es que, como habitantes de la misma especie y con las mismas necesidades, deberíamos tener el mismo acceso a los bienes y recursos que nos permitirían subsistir. A este respecto, Moore discute algunas de las posturas que justifican la idea de que existe una co-propiedad sobre la tierra. Cada una de ellas presenta problemas de distinta índole, desde el conflicto entre la libertad para hacer uso de los recursos de la tierra y el hecho de que nadie podría tener derecho a hacerlo de manera exclusiva hasta la propuesta enormemente compleja de la división proporcional de la tierra.

De resultar efectiva alguna de esas posturas, entonces podría debilitarse la validez de las fronteras tal como hoy las entendemos. No obstante, si se justificase el que alguien sin techo ni recursos para alimentarse se apropiara de una porción de tierra que, en principio, parecería no pertenecer a nadie en particular, tarde o temprano derivaríamos en una enorme dificultad para establecer una demarcación precisa entre tierra pública y propiedad privada. Moore muestra lo problemático que resulta defender la idea de "propiedad común" desde el punto de vista institucional. Su postura puede parecer un tanto ruda frente a quienes, quizás en una tónica un tanto romántica, han declarado que la tierra es nuestra 'casa común' y, por lo tanto, podría circularse sin restricción alguna. Es verdad que compartimos la tierra y, por lo tanto, tal como lo han visto varios ecologistas, existen buenas razones para proteger el medio ambiente y a las demás especies. Sin embargo, a pesar de las enormes preocupaciones que existen alrededor del cuidado de la tierra, no hay un consenso global al respecto. Utilizar entonces una noción tan problemática como la de "propiedad común" para plantear una alternativa que pueda resolver el fenómeno migratorio a través de la derogación de fronteras, deriva en interrogantes un tanto complejas: ¿tienen derecho los migrantes a utilizar los recursos naturales que no les pertenecen? O, ¿acaso les pertenecen? Y, por otra parte, ¿son recursos naturales lo que buscan o, más bien, el acceso a bienes sociales y económicos?

Mientras la noción de territorio permanezca vinculada a la noción de Estado, es poco viable aceptar la idea de una propiedad común. Cada Estado se asume a sí mismo con la legitimidad de controlar sus fronteras y ejercer poder político sobre su territorio. Para ello están diseñadas las instituciones del Estado. Moore muestra que quienes mantienen la idea de una propiedad colectiva sobre la tierra formulan esta postura desde una base moral sobre la que no están construidas las instituciones del Estado. De hecho, Moore duda que sea posible transformar las instituciones con ese giro hacia una visión colectivista de la tierra y sus bienes. Ello supondría, como lo sugiere de alguna forma en su artículo, una transformación, digámoslo así, *idealista*, de las estructuras institucionales diseñadas para proteger y regular las diversas formas en que los seres humanos nos relacionamos con la tierra. Moore argumenta que, dado que los seres humanos nos relacionamos con el mundo de múltiples formas "normativamente relevantes", no parece conveniente construir el argumento a favor de las fronteras abiertas como si el único vínculo existente con la tierra fuese el hecho de que es la propiedad común. Dicho en nuestras propias palabras: si bien es cierto que todos habitamos la tierra, existen distintas maneras de habitarla; de hecho, las formas en que los individuos, los grupos sociales y hasta los países se relacionan con ella son sumamente variados.

Moore también sostiene la necesidad de reconocer que, además de derechos, existen obligaciones que vuelven necesaria una noción "fuerte" de justicia distributiva de la tierra. Para que la justicia distributiva pueda funcionar se requieren, en principio, instituciones legítimas que salvaguarden, protejan y administren tanto la tierra como sus bienes y recursos. Si bien en el planteamiento de Moore se puede estar de acuerdo con la importancia de la justicia distributiva, sabemos, en efecto, lo difícil que es alcanzar en el plano real el equilibrio entre la protección de la tierra y la justa distribución de sus bienes. Habría que decir entonces, a favor del planteamiento de Moore, que mientras dichos problemas sigan pendientes, será poco adecuado utilizar como base la noción de "propiedad común" para defender la abrogación de fronteras. Moore sostiene que sería mejor formular otra clase de argumentos y abandonar la creencia, tal vez bastante extendida, de que los derechos universales a la tierra como propiedad común derivan de modo irrefutable en la abrogación de fronteras.

En "Teoría democrática y coerción fronteriza: la falta de derecho a controlar unilateralmente las propias fronteras", Arash Abizadeh plantea la defensa de las fronteras abiertas desde una teoría democrática. Abizadeh parte de que existe una tensión fundamental entre el liberalismo y la teoría democrática: mientras que el universalismo liberal reclama el trato imparcial de todos los seres humanos y, por lo tanto, plantea la necesidad de abrir las fronteras, el principio democrático de la soberanía popular, junto con su corolario –el principio de la autodeterminación–, aboga por el derecho que tiene un Estado a controlar los asuntos propios de su comunidad política. El control de los asuntos internos sin que exista interferencia externa alguna incluye la regulación de fronteras. La creencia extendida es que, en efecto, los Estados pueden legítimamente controlar sus fronteras y cualquier asunto que suceda dentro de su territorio. El planteamiento de Abizadeh desafía el que la teoría democrática de la legitimidad política, y en particular su principio de autodeterminación, justifiquen el derecho a controlar de manera unilateral las propias fronteras.

Abizadeh argumenta que, si bien en las democracias se demanda la existencia de fronteras, es decir, de jurisdicciones políticas diferenciadas, no existe una definición específica sobre el tipo de controles fronterizos que debería haber. Se distingue, entonces, entre la necesidad de las fronteras y el hecho de que tengan que estar cerradas y controladas unilateralmente. No debería confundirse, según Abizadeh, entre la existencia de fronteras y el control de fronteras. Estas últimas sirven para delimitar jurisdicciones políticas, pero admitir su existencia no conduce a ningún criterio específico sobre qué tan abiertas, porosas o cerradas deberían ser. Abizadeh ejemplifica lo anterior con la frontera entre Ontario y Manitoba, misma que existe pero está abierta por acuerdo mutuo de las instituciones federales. Otro caso parecido sería, por ejemplo, el de las fronteras entre los países de la Unión Europea.

Abizadeh sostiene que, si se asume una concepción deliberativa de la democracia, la decisión del control fronterizo no puede ser unilateral, sino que debería justificarse a través de instituciones políticas que garanticen la participación tanto de los ciudadanos como de los extranjeros. Más allá de la adopción del discurso de la soberanía estatal, lo que Abizadeh propone es la asimilación de una teoría democrática incluyente, dispuesta a renunciar al "Estado-centrismo" que desconoce al extranjero como actor social, por decirlo así, de una comunidad política en la que interactúa en calidad de migrante o inmigrante. Dicho de modo simple y directo: entendida de manera adecuada, la teoría democrática debe legitimar la participación de extranjeros que demandan el derecho al libre movimiento. De no ser así, y de mantenerse en algún Estado la defensa del principio de soberanía como el recurso que justifica el control unilateral de las fronteras, se generaría un conflicto con el principio liberal del trato imparcial a todo ser humano y se pondrá en duda el derecho a la libertad de movimiento. Ante la tensión recién planteada, Abizadeh propone que para que un régimen pueda ser genuinamente democrático ha de integrar cuerpos sociales diferenciados e instituciones democráticas cosmopolitas.

La contribución de Enrique Camacho, "¿Tenemos deberes de respetar los controles fronterizos de los Estados?", mantiene una línea temática cercana a la de Abizadeh. Camacho se pregunta si los inmigrantes potenciales *regulares* tienen algún tipo de obligación de obediencia con respecto a los controles fronterizos y si, de no obedecerlos, incurren en alguna conducta moralmente inaceptable. Su respuesta es negativa y la argumenta aludiendo al carácter moral de las democracias liberales: si valoramos de manera intrínseca la libertad y la igualdad, sería paradójico que los Estados se involucraran en prácticas que desde el exterior contradicen estos valores. Camacho alude a la postura de Dworkin según la cual, para que una democracia liberal mantenga la integridad de su carácter moral, no puede involucrarse en el exterior en una conducta que sólo puede verse como una franca negación de los principios que sostiene al interior.[3]

Para defender su tesis, Camacho propone los siguientes tres pasos: 1) redefinir el concepto de frontera desde una perspectiva centrada en la ética de las relaciones internacionales, 2) explicar por qué la política migratoria no debe priorizar los intereses de sus ciudadanos y residentes y 3) discutir por qué el Estado no puede arrogarse exclusivamente el derecho sobre la tierra.

Con respecto a lo primero, su propuesta de redefinir la noción de *frontera* consiste en entenderla como una institución *sui generis* porque las fronteras son al mismo tiempo domésticas e internacionales. Si se enfoca la discusión sobre la moralidad de las fronteras únicamente desde el punto de vista de las obligaciones asociativas entre los ciudadanos, la respuesta lógica sería que los ciudadanos tienen el derecho a excluir a los no-ciudadanos. Por lo tanto, Camacho piensa que es un error considerar los derechos de asociación doméstica sin considerar los derechos de asociación internacionales, dado que ambos son expresiones del carácter moral de las democracias liberales. Si los Estados establecen fronteras cuando crean relaciones trasnacionales, esta relación requiere casi siempre del flujo de personas entre los países. Bajo esta perspectiva, la migración no parece opcional, sino que se trata del efecto natural de defender en el área internacional los mismos valores que las democracias liberales defienden en el ámbito doméstico. Así entendida, la migración sería otra forma en que las democracias liberales crecen con la peculiaridad de que lo hacen a partir de sus vínculos con el exterior.

En lo que respecta al segundo paso, Camacho distingue entre dos tipos de autodeterminación. Piensa que es distinto hablar del derecho a la autodeterminación política de un grupo que definir su destino en común –en donde se encuentran los inmigrantes–; hablar de un derecho de autodeterminación territorial o de ocupación excluyente de la tierra –visión que suele defenderse sin mayor reparo y que abarca únicamente a los ciudadanos residentes–. Afirma que, hasta que no se estudie en profundidad la conexión entre estos dos derechos, no será claro por qué sería permisible que las fronteras prioricen el interés de sus ciudadanos sobre el interés de los migrantes que intentan ingresar.

Finalmente, en lo que se refiere al tercer paso, argumenta que, para justificar la exclusión de los migrantes por parte del Estado, debería antes discutirse la noción de *territorio*. No es claro que el Estado sea el dueño del territorio. No es claro si es moralmente aceptable excluir de un territorio, y de los bienes que ahí se encuentran, a las personas externas que tienen deseos de ingresar. Considera que los pueblos no dependen del Estado para sostener su cultura y su identidad, sino que los pueblos forman de manera cotidiana y voluntaria su autodeterminación colectiva. Por tanto, resulta evidente que la estrategia de Camacho para defender la falta de argumentación sobre los controles fronterizos es poner la carga de la prueba en aquellos que intentan fijar dichos controles. Hasta que no haya argumentos convincentes para hablar de la moralidad de estrictos controles fronterizos, no hay razones suficientes para justificar su existencia.

Linda Bosniak deja ver que, por lo general, la literatura dedicada a la ética de la migración se enfoca preponderantemente en el tema del control fronterizo: como se ha visto en el trabajo de Abizadeh, parte del debate se centra en la legitimidad que tendría el Estado para decidir a quién deja entrar y a quién no. Camacho, por su parte, se pregunta por la moralidad de los controles fronterizos. Bosniak, en cambio, coloca la discusión en un lugar distinto: ¿qué hacer con los inmigrantes irregulares, es decir, con quienes ya están dentro, pero llegaron ahí desafiando y burlando la legislación del país al que ingresan? Quizás la postura más extendida a este respecto es que, quien ingresa de manera irregular a un determinado territorio, debería ser sancionado y hasta deportado. Parece lo suficientemente claro que el inmigrante irregular ha cometido una ofensa contra el Estado. Bosniak sostiene que, en efecto, los Estados, si tienen legitimidad democrática, tienen el derecho moral a decidir sobre la exclusión de extranjeros que pretendan ingresar en su territorio. El que tengan derecho a decidir no significa, según el argumento de Bosniak, que deban excluirlos, sino que podrían llegar a hacerlo de acuerdo con determinadas exigencias de justicia.

La decisión final de los Estados democráticos en torno a la exclusión de migrantes puede variar en un caso y otro. Mientras que ciertamente una porción importante de personas sostendría que la permanencia irregular en un territorio es un delito y, por lo tanto, los Estados tienen el derecho a la exclusión, muchas otras personas aceptan que en algunos casos, por ejemplo en el de los refugiados genuinos, habría motivos para proteger al extranjero. Sin embargo, el debate sigue vivo. Quienes no ven con buenos ojos a los inmigrantes irregulares formulan un argumento difícilmente desechable: las reglas de la frontera deben respetarse y, si alguien no lo hizo, lo lógico es que el Estado esté en su derecho de excluirlo sin que por ello esté faltando a la justicia. Quienes ven en las fronteras algo ilegítimo descartan lógicamente que haber cruzado una frontera burlando a las autoridades migratorias sea una razón de peso para excluir a alguien: sin fronteras no hay ofensa. Sin embargo, si se recuerda el planteamiento de Moore, es cierto que, mientras no se defina con claridad la posibilidad de derogar las fronteras y se decrete como un hecho, la inmigración irregular seguirá discutiéndose desde el ámbito jurídico. Desde esta perspectiva, parece claro que se violó la ley. Lo que resulta inquietante es que lo que podría ser solamente, si se nos permiten estos términos, una "falta administrativa" se trata como si fuese una falta mayor. El artículo de Bosniak se adentra, por ello, en los debates que existen alrededor de la definición de la "ofensa" del inmigrante.

Bosniak apunta cómo en los Estados Unidos, por ejemplo, no ha sido sencillo consolidar una reforma legislativa lo suficientemente satisfactoria cara a las demandas de los activistas que alegan "justicia para los inmigrantes". Los activistas abogan por la regularización, es decir, por la incorporación legal de los aproximadamente once millones de inmigrantes ilegales. Argumentan que debería concedérseles una membresía *de facto* en vista de los vínculos que han hecho después de tanto tiempo, las formas en las que han participado en la vida del país, e incluso el modo en que se ha transformado su identidad. Bosniak observa cómo el hecho de que los inmigrantes irregulares se asuman como "americanos indocumentados" deja ver cómo se reconocen ya como culturalmente americanos, aunque carezcan oficialmente del nombre. Dicho en pocas palabras, y parafraseando a Bosniak, varios activistas sostienen que el grado de integración que muchos inmigrantes irregulares han alcanzado con el paso del tiempo supera cualquier injusticia ocasionada por su irregularidad. En realidad, hay que decir que estos argumentos son también sensatos: se ayuda más a las personas y muy probablemente al propio país, si se regulariza al irregular. El problema, sin embargo, es si ello no implica, por decirlo de algún modo, la "regularización de la ilegalidad". El artículo de Bosniak se adentra en esta tensión. El irregular cometió una falta y no son claros los mecanismos por los que ésta podría eliminarse: ¿habrá una teoría política que pueda desafiar de manera contundente la falta cometida al haber ingresado burlando las reglas de la frontera? Bosniak propone que dicha teoría debe apelar a una política contextual y no a una metafísica. Es decir, habría que asumir que las normas políticas se derivan de prácticas y comprensiones contextuales. Si bien las metodologías contextualistas, como advierte la propia Bosniak, han de tratarse con cautela, muy probablemente esa es la alternativa adecuada para discutir el caso de los inmigrantes irregulares.

En el capítulo titulado "Vulnerabilidad, derechos y privación social en la migración laboral temporal", Christine Straehle se pregunta por la responsabilidad que tienen los Estados ante los inmigrantes que ya cuentan con la ciudadanía, pero que permanecen rezagados socialmente por falta de reconocimiento social e institucional. Para abordar el tema, habría primero que preguntarse si una de las funciones de las democracias liberales es ocuparse de la integración social de sus miembros. Para Straehle, la respuesta es afirmativa. Considera que las relaciones sociales son una necesidad importante que permite acceder a la base del autorespeto individual. Los bienes sociales primarios son aquellos que deberían distribuirse de modo justo por medio de las instituciones del Estado. De lo contrario, los Estados democráticos no cumplirían su promesa de dar un mismo estatus moral a sus miembros.

Para avanzar en la reflexión sobre la debida integración del inmigrante en una sociedad determinada, parecería razonable analizar si es conducente otorgar más derechos a los nuevos ciudadanos. Sin embargo, para Straehle, esta alternativa es poco útil. Se ha demostrado que más derechos no otorgan el respeto social necesario para que el inmigrante pueda autorrealizarse. Para fortalecer su argumento, recurre a dos ejemplos: el primero se basa en las experiencias reportadas en el *Live-In Caregiver Program* (Programa canadiense de cuidadores) y el segundo narra el caso de los descendientes de trabajadores visitantes kurdos en Alemania. Ambos ejemplos sugieren que, incluso tras acceder al conjunto integral de derechos que la ciudadanía ofrece, algunas de las necesidades sociales básicas de los nuevos ciudadanos no quedan satisfechas y, por lo tanto, permanecen rezagados socialmente y con cierto estigma social. Straehle aclara –con acierto– que es erróneo pensar que una consecuencia directa de la obtención de la ciudadanía es ser integrado socialmente.

Aunque Straehle concede que los derechos marcan el contexto formal de protección, sugiere incluir un análisis sobre la vulnerabilidad que enfrenta el nuevo ciudadano para examinar el grado en el que los individuos son capaces de beneficiarse de sus derechos. La estrategia que sugiere para lograrlo es robustecer el papel de las instituciones sociales. Reconoce que un análisis sobre la vulnerabilidad institucional ayuda a que las democracias liberales se enfoquen en el contexto específico de las vidas individuales. Recuerda que algunas clases de vulnerabilidades individuales moralmente relevantes se deben a circunstancias específicas que se crean o dependen de las instituciones en las que los individuos se encuentran.[4] Por consiguiente, las democracias liberales deberían abordar esta vulnerabilidad transformando sus instituciones sociales para integrar socialmente a cada uno de sus miembros. En definitiva, la falta de integración social debe comprenderse a partir del análisis de la vulnerabilidad institucional con la finalidad de revelar las obligaciones morales de las democracias liberales.

Salzmann y Macedo consideran que el modo en que comúnmente se entiende el Estado-nación abarca tanto la necesidad de delimitar fronteras geográfico-políticas determinadas, como la idea de que sus integrantes compartan ciertos rasgos lingüísticos y culturales. Sin embargo, Salzmann y Macedo consideran que la migración es un movimiento humano que antecede a la misma idea de Estado. De ahí que consideren necesario refutar la tesis de la interdependencia entre fronteras, lengua y cultura que subyace en la noción de Estado-nación. Para lograrlo, discuten sobre un nuevo modo de entender las "fronteras" y, en consecuencia, la "migración".

De acuerdo con Salzmann y Macedo, distintos organismos, como la UNESCO y la CEPAL, no incluyen en su idea de migración algo que responda a los contextos concretos de la migración actual, sino que reparan, únicamente, en características generales y poco específicas de aquellos que migran. Salzmann y Macedo sostienen que las fronteras no implican tan sólo barreras físicas geopolíticas, sino que también existen límites imaginados que deben ser considerados al momento de pensar sobre las condiciones del migrante. Los límites imaginados –entendidos como aquellos acuerdos informales asumidos socialmente, que marcan diferencias entre las personas de una misma sociedad– atienden a los rasgos identitarios del migrante. Dichos límites son de tal relevancia que hay personas de una sociedad determinada que no se sienten representadas por los rasgos institucionalizados que las definen. Por lo anterior, resulta necesario explicar la estructura interna de la migración y sus rasgos esenciales; no en términos de fronteras, sino desde un modelo que explique los límites imaginados que se establecen en las sociedades.

Los autores demuestran que, para muchos migrantes, las fronteras no se definen únicamente por líneas geográficas y políticas sino por diferencias socioculturales y lingüísticas relevantes. Para ello, desarrollan conceptos como *continuo* y *redes lingüísticas*, y analizan la relación que existe entre el *centro* y la *periferia* de las sociedades. A partir de estas nociones, explican que en ocasiones los migrantes experimentan mayor cercanía sociocultural entre personas que migran de la periferia a un centro de un país distinto, que de personas que migran de la periferia al centro de su mismo país. Para demostrar esta tesis realizan un estudio comparativo entre migrantes de la región andina en dos contextos: Lima y Madrid. Concluyen que los límites culturales y lingüísticos entre los andinos peruanos en su propio país son mayores a las que enfrentan los migrantes en Madrid. A partir de los rasgos analizados, es posible entender la percepción del migrante respecto a su situación lingüística-sociocultural y los límites a los que se enfrenta.

Salzmann y Macedo consideran que es necesario entender la migración a partir de las situaciones reales que viven los migrantes y no de nociones generales. Piensan que definir migración y frontera sólo con base en aspectos geográficos resulta impreciso y, desde esa óptica, no se explican los procesos que experimenta todo migrante. Además de introducir un tema poco estudiado y de gran relevancia, como lo es el aspecto lingüístico y cultural de los migrantes, el planteamiento de Salzmann y Macedo abre varios debates muy pertinentes. Por ejemplo, podemos preguntarnos qué añade entender la estructura interna del migrante potencial al momento de generar políticas migratorias, cómo impacta el pensar la migración no sólo en términos de frontera sino de límite o a quién corresponde analizar los límites imaginados tanto culturales como lingüísticos.

En el capítulo final, "Los derechos humanos de los migrantes ambientales: urgencia de una articulación de teorías de la justicia y teorías críticas", Bernardo Bolaños habla de migración forzada. En concreto, se refiere a los casos en que un individuo se ve forzado a migrar por condiciones climáticas adversas. Bolaños señala que las conversaciones sobre ética ambiental son frecuentes, entre otros motivos, porque todos los individuos se ven en cierto modo interpelados y afectados por el calentamiento global. Sin embargo, como no todos creen que serán afectados por la movilidad forzada del desplazamiento ambiental, prácticamente no hay una ética que hable de la migración inducida por el cambio climático. Junto con Bolaños, pensamos que este tipo de discusiones no han permeado lo suficiente en el campo de la Ética de la inmigración, de ahí que nos parezca de enorme interés añadir un capítulo que señale los principales problemas en torno este tipo de migración.

El capítulo se organiza bajo dos grandes secciones que abordan distintas teorías que sustentan o debilitan la obligación que tienen los países desarrollados de proteger a los desplazados por el cambio climático. Por un lado, se habla de las teorías clásicas de justicia "liberales", dividas en utilitarismo, liberalismo y comunitarismo. Por otro lado, de las teorías críticas representadas por el marxismo, el posestructuralismo y el ecofeminismo. La discusión comienza con la premisa de que los países desarrollados son los mayores contribuidores al deterioro de las condiciones climáticas en el mundo y, como tal, tienen la responsabilidad de remediar las consecuencias de esta crisis, principalmente la situación de los migrantes climáticos. A partir de las teorías "liberales" el autor destaca la idea de la justicia histórica como un concepto que permite ligar a los principales responsables del deterioro ambiental con las consecuencias que se manifiestan en los países en desarrollo. En estas teorías el marco de discusión se sostiene sobre la idea del deber moral de apoyar a los migrantes climáticos, ya sea desde una perspectiva de solidaridad, del respeto a las libertades y derechos humanos o desde la ética procedimental. Sin embargo, Bolaños se pregunta por la posibilidad de que estas teorías den un paso adicional, pues lo coherente sería acoger a los desplazados por el agravio causado. Por ello, recurre a la revisión de tres teorías críticas: el posestructuralismo o posmodernismo, el marxismo y el ecofeminismo.

Aunque señala la relevancia histórica de los argumentos de Marx y Engels respecto a las consecuencias de la industrialización en el medio ambiente para entender el fenómeno actual, Bolaños critica al marxismo y al neomarxismo por la rigidez de su pensamiento: se centran en la denuncia al capitalismo sin comprender realmente las dimensiones de la crisis ambiental y la necesidad de una revolución tecnológica para remediarla. Asimismo, recoge la denuncia al poder estructural que hacen las teorías posestructuralistas, pues develan la dominación e injusticia detrás del fenómeno de la migración climática. Al enfocarse en la denuncia del contexto social, político y económico que impacta a los desplazados, se evidencia la necesidad de entender las relaciones de poder en la sociedad. Sin embargo, critica que se pierda de vista la relación entre los poderosos y las víctimas afectadas por sus acciones. Finalmente, Bolaños plantea que el ecofeminismo es una teoría que articula el cambio estructural con un posicionamiento teórico y práctico que denuncia relaciones concretas. Las posturas feministas se oponen a las perspectivas alarmistas que defienden a la seguridad nacional por encima de los derechos de los migrantes. Además, recurren al concepto de resiliencia como la capacidad de adaptación de los desplazados y de emancipación para las mujeres, no como un eufemismo para justificar su exclusión.

La relevancia de este capítulo no sólo consiste en asentar el marco general para la discusión de la migración climática en la filosofía política y moral, sino también, en proponer una síntesis que remedie las debilidades de cada postura. Por ejemplo, propone algunos parámetros para la justicia climática como la innovación en tecnología que favorezca el decrecimiento de los índices de carbono a nivel mundial.

En los diversos capítulos de este libro se muestra la necesidad de aproximarse a diversas discusiones del fenómeno migratorio desde una perspectiva ética. Los argumentos que se ofrecen al respecto se dan desde ópticas distintas pero complementarias. Sobre la migración regular, Abizadeh y Camacho analizan el papel que tienen las democracias liberales con los migrantes. Para ser coherentes con el principio de autonomía asumido por las democracias liberales, debería contarse con un régimen migratorio que incorpore de algún modo las necesidades o intereses de los migrantes potenciales: las fronteras no deben pensarse de modo unilateral. También se muestran discusiones sobre la necesidad de repensar la relación de la tierra con los Estados. Camacho considera que asumir sin mayor reparo que el Estado es dueño de la tierra y que, en consecuencia, en sus manos se encuentra el poder de controlar sus fronteras, conlleva consecuencias que deben ser consideradas. Pero tampoco es claro –como Moore sostiene– que la propiedad común sobre la tierra sea un argumento legítimo para abogar a favor de la apertura de fronteras.

Para hablar de los casos en que el migrante ya se encuentra en las sociedades de acogida, pero con alguna situación poco óptima, en el libro se discuten dos perspectivas: 1) cuando el migrante entra al territorio burlando las normas impuestas por los Estados, 2) cuando el migrante entra legalmente a un determinado Estado, pero no se siente incorporado o respetado. Para lo primero Bosniak habla sobre el tipo de ofensa que el migrante infringe al Estado al momento de burlar sus fronteras y discute sobre las posibles formas de su incorporación legal. Para lo segundo, Straehle repara en las diversas formas en que las instituciones de los Estados pueden lograr que el nuevo ciudadano tenga una mejor integración social. Un aspecto relacionado con la problemática anterior es el que discuten Salzmann y Macedo. Ellos se preguntan sobre el tipo de límites que experimentan los migrantes desde un análisis lingüístico y cultural de las sociedades de origen. Tanto Straehle como Salzmann y Macedo coinciden en que los centros de las ciudades, como lugar de acogida, suelen ser doblemente ajenos para los migrantes. La frontera para muchos de ellos no está definida por líneas geográfico-políticas sino por diferencias socioculturales y lingüísticas.

Además de mostrar la necesidad de llevar la discusión sobre el fenómeno migratorio a un terreno ético desde el análisis de la migración regular, irregular y poco óptima, en el libro se discute otra problemática de igual relevancia y de enorme vigencia: el migrante forzado por razones climáticas. En el capítulo de Bolaños se argumenta sobre el deber de rescate de los migrantes forzados por causas ambientales. Bolaños ofrece discusiones desde diversas teorías de la justicia y teorías críticas para defender la importancia de que los Estados atiendan los casos de la migración forzada.

Algunos de los autores coinciden en la propuesta de fortalecer, desde dentro, las distintas instituciones de los Estados para hacer frente, éticamente, al fenómeno migratorio. Como ya decíamos, si asumimos que la migración no debe pensarse únicamente desde un terreno político-administrativo –dado que lo que está en juego es la vida y el futuro de personas–, pensar la migración desde un terreno ético resulta una tarea urgente.

Referencias

Cave, D., & Schuetze, C. (24/10/2021), "'Una guerra por los talentos jóvenes'. Las naciones ricas se disputan a los trabajadores migrantes". *New York Times*. Consultado el: 06/09/2022. En: https://www.nytimes.com/es/2021/11/24/espanol/migracion-mundial.html

Dworkin, R. "A New Philosophy of International Law" *Philosophy and Public Affairs* 41, 1 (2013): 2-30.

Mackenzie, C., et al. "What is Vulnerability, and Why Does It Matter for Moral Theory". *Vulnerability: New Essays in Ethics and Feminist Philosophy*. C. Mackenzie, W. Rogers & S. Dodds. Oxford: Oxford University Press, 2014.

Pison, G. "¿En qué lugar del mundo hay más inmigrantes?", *El País,* 15/03/2019. Consultado el: 06/09/2022. En: https://elpais.com/elpais/2019/03/15/migrados/1552661798_059448.html

Rawls, J. *Teoría de la justicia*. Ciudad de México: Fondo de Cultura Económica, 2012.

Taylor, C. "La política del reconocimiento". *El multiculturalismo y la política del reconocimiento*. México: Fondo de Cultura Económica, 1993.

Taylor, J. E., Filipski, M. J., Alloush, M., Gupta, A., Valdes, R. I. R., & Gonzalez-Estrada, E. "Economic impact of refugees". *Proceedings of the National Academy of Sciences,* 2016.

Walzer, M. *Pluralism in Political Perspective. The Politics of Ethnicity*. Walzer & et al (eds). Cambridge: Belknap Press of Harvard University, 1982.

Walzer, M. *Las esferas de la justicia*. Ciudad de México: Fondo de Cultura Económica, 1993.

Walzer, M. "Nation and Universe". *The Tanner Lectures on Human Values*. Cambridge: Harvard University Press, Cambridge, 1990.

Walzer, M. "Multiculturalism and Individualism". *Dissent* 41, 2 (1994): 189-191.

La ética migratoria y la propiedad común de la tierra

Margaret Moore
Queen's University, Canada

Uno de los argumentos que se suele utilizar para defender las fronteras abiertas parte de la siguiente afirmación: los recursos mundiales son propiedad común. Las políticas migratorias restrictivas violan el derecho de los copropietarios de acceder a los recursos del mundo. El presente artículo analiza este argumento. Si bien se cuestiona la postura de la propiedad común del mundo en sus diferentes versiones, se abordarán las que proponen Hillel Steiner y Mathias Risse. Ambos autores utilizan el argumento en el tema de la migración.

La filosofía contemporánea apela a la idea de la propiedad común como un modo de describir no sólo la relación moral entre las personas y el mundo en el que viven, sino también las relaciones entre personas. Respecto a estas, la propiedad común es fundamentalmente igualitaria: todos los seres humanos se encuentran en la misma posición respecto a su relación frente al mundo. Más allá de la igualdad básica que se expresa en esta relación simétrica, la noción de *propiedad común* conlleva ambigüedades. Si bien a continuación se discute al respecto, el argumento central de este artículo es que la propiedad es demasiado limitada como para expresar nuestra relación con el mundo externo. Esta teoría no logra apreciar el sinnúmero de formas en las que nos relacionamos con el mundo natural y sus recursos. Esta diversidad genera afirmaciones normativas que deberían incorporarse en una teoría más amplia de la justicia y de los recursos. Por consiguiente, se cuestionan las implicaciones de esta postura con respecto al control migratorio.

¿A qué se refiere el concepto de *propiedad común* del mundo?

La *propiedad* es una relación entre las personas y los objetos externos, como sería el caso de las tierras y los objetos móviles externos. De acuerdo con Tony Honoré, la propiedad se caracteriza por un conjunto de derechos constitutivos, por ejemplo, de libertades, poderes o inmunidades, que son lógicamente separables y que con frecuencia se dividen en diferentes tipos de sistemas de propiedad. Entre los *incidentes* que más se distinguen de la *plena propiedad liberal* se encuentran los derechos a usar una cosa, a alienarla, a evitar que otros la usen, y a que no sea expropiada. Dado que la *propiedad* implica diversos elementos, la idea de una *propiedad común* exige una mayor especificación.

La noción de *propiedad común* es una concepción moral con dos ideas fundamentales: 1) igualdad de estatus; 2) y el que para vivir dependemos del acceso a objetos externos (los llamados *frutos de la tierra*). La igualdad es relevante dentro de esta teoría: las diversas posturas en torno a la propiedad común podrán diferir, pero todas ellas respaldan la relación o el estatus simétrico de los individuos con respecto a los recursos, los cuales se conciben de un modo indiferenciado, al menos en la fase inicial del argumento.

Se pueden identificar, al menos, cuatro diferentes concepciones de lo que significa *ser copropietario de un patrimonio*.[1]

1.1 Comunidad negativa. Todas las personas tienen el derecho moral –un derecho a la libertad– de usar el mundo y sus productos, si bien nadie tiene un derecho protegido o un derecho exclusivo a nada.[2] Este derecho de uso puede dar lugar a la propiedad positiva de pertenencias cuando permanece la noción de que cada uno es *propietario de su propio cuerpo y de su propio trabajo* y que, a través del ejercicio de los propios talentos y del propio trabajo, podemos tomar cosas del patrimonio y hacerlas nuestras. Algunos proponentes de esta idea, como Murray Rothbard (a quien Nozick estaba respondiendo de manera parcial en *Anarquía, Estado y Utopía*), y Edward Feser, en un argumento contemporáneo que niega la existencia de una adquisición injusta,[3] han sostenido que la propiedad común en esta versión no implica ningún tipo de constricción o "condición" con respecto a la extensión de la adquisición.[4]

Tanto Rothbard como Feser, a quienes identifico como proponentes de esta postura, parecen caracterizar su propia posición como una de "no propiedad". Ambos comienzan con la idea de que todas las personas tienen la libertad de usar los recursos del mundo, una libertad que no está protegida de ningún modo: si "A" quiere una manzana y "B" la toma primero, entonces la manzana es de "B". El derecho a la libertad no significa que se pueda hacer uso de cualquier recurso específico ni de una porción particular de ningún recurso; sólo se refiere al uso de lo que es común. Sin embargo, ya que la noción de *propiedad* puede conceptualizarse de diferentes modos, los derechos de usufructo constituyen una especie de derecho de propiedad, sino un derecho que, en gran medida, no satisface la plena propiedad liberal. No obstante, el debate sobre cómo caracterizar esta postura no es relevante para el argumento propuesto en este artículo.

De acuerdo con esta postura del patrimonio –libre para todos–, las personas pueden hacer uso de este como lo deseen: para cultivar vegetales, para que las cabras pasten, para jugar, etc. Todos tienen el derecho a la libertad para usar el mundo y sus productos. Ahora bien, es fácil percatarse de los problemas que encierra esta postura y la razón por la que suele usarse como una estrategia argumentativa para mostrar las deficiencias de la posesión de la tierra en común. A continuación, un escenario: alguien decide que sus cabras pasten. Estas son muchas y hacen que el terreno se vuelva insostenible. Llamemos a este fenómeno *sobreuso*, *subinversión*, o *tragedia del patrimonio común*. Otro escenario: las cabras de "A" se comen todos los vegetales de "B". Llamemos a esto *incompatibilidad de recursos*. Hay varias soluciones a estos problemas y la mayoría implica establecer una autoridad jurisdiccional para regular el uso de recursos o la privatización de las áreas comunes que sea consistente con los derechos originales de los copropietarios. Asimismo, se pueden combinar ambas estrategias (dado que los derechos a la propiedad privada también suelen exigir algún tipo de entidad jurisdiccional coercitiva para especificar los derechos y hacerlos cumplir).

Surge una pregunta natural ante esta visión del patrimonio: saber si es coherente percibir a las personas como poseedoras de derechos a la libertad para usar los recursos, si al mismo tiempo se sostiene que estos derechos pueden extinguirse de un modo puramente unilateral, sin ninguna consideración respecto a los intereses de otros copropietarios (*commoners*) de la comunidad. Supongamos que la porción de tierra que hago mía dentro de la extensión de uso común solían utilizarla los demás. Quizá era ahí donde recogían frutas, o llevaban a sus animales a pastar, o era su acceso al río. Pero ahora, tras construir una cerca, y con base en el elemento adquisitivo de esta teoría, se reduce la libertad que otras personas tenían para usar el mundo. En efecto, el ámbito de su libertad no sólo se ha reducido, sino que los derechos de los que gozaban sobre el patrimonio ya no son significativos si se pueden extinguir unilateralmente. Para apreciar lo anterior, considérese este ejemplo: alguien, en un patrón de uso de la tierra, deja que sus ovejas pasten en las zonas montañosas durante el verano. Mientras esto sucede, la persona hace expediciones de caza y pesca para regresar con sus ovejas en otoño para esquilarlas. Ahora supongamos que otra persona cerca la tierra –como permite esta versión de la propiedad común–. La acción detona que todos los demás hagan lo mismo por temor a quedarse sin tierra. El pastor/ pescador regresaría de su expedición y toda la tierra estaría cercada. No quedaría ya tierra para que las ovejas pastaran, ni para que el propio pastor/pescador viviera. ¿Cómo podríamos concebir esto como un derecho basado en el valor de la libertad humana, si las acciones de otras personas pueden extinguir los derechos de los copropietarios sin su consentimiento?

El que los derechos de los copropietarios (*commoners*) puedan extinguirse de manera unilateral parece problemático: ¿cómo podrían desarrollarse derechos sólidos de propiedad si, para empezar, al ser compartidos, los derechos son tan débiles? ¿Por qué deberíamos concebir los derechos de los copropietarios a un patrimonio de una forma tan endeble? Nozick destaca este punto en un pasaje que se contrapone a la postura de Rothbard: para Nozick, los individuos tienen, de inicio, la libertad para usar el mundo; sin embargo, después sostiene que la pérdida de esta libertad, debida a acciones unilaterales y no consensuadas por parte de otros, exige una justificación:

> Sería inverosímil percibir que conceder la plena propiedad de un objeto equivaliera a optimizarlo, si la cantidad existente de objetos no apropiados y que podrían ser optimizados es limitada. El hecho de que un objeto pase a ser propiedad de una persona cambia la situación de todos los demás. Si bien inicialmente tenían la libertad (en el sentido de Hohfeld) de usar el objeto, ahora ya no la tienen.[5]

Al reconocer este último punto, nos aproximamos a una versión de patrimonio que implica un derecho protegido a cierta repartición justa de los recursos –o al menos a la protección contra una situación que puede empeorar–. El artículo ahora se concentrará en estas otras posturas de la *propiedad común* que se han concebido como soluciones al patrimonio libre para todos; a saber, la propiedad conjunta, el derecho protegido y el derecho divisible.

1.2. Propiedad conjunta. Desde esta perspectiva de la propiedad común, todas las personas poseen el mundo de manera conjunta, y cada una de ellas mantiene una porción indivisa proporcional. Existe la posibilidad de que la comunidad pudiera resolver los problemas arriba identificados –como los conflictos de recursos o la tragedia del problema del patrimonio común– con el acuerdo de que cada uno podrá usar la tierra como desee, siempre y cuando sea consistente con el uso que los demás le den, y que todos hagan lo mismo. Esto implicaría asegurar la satisfacción de cada copropietario según lo que ocurriese con el patrimonio. Él o ella debería tener derecho de veto sobre las actividades en el patrimonio, lo que significa que alguien podría vetar a una cabra por amenazar potencialmente sus vegetales. También podría cercar la parcela de vegetales, siempre y cuando la otra persona estuviese de acuerdo con la cerca. La anterior parecería ser una de las posturas sobre el patrimonio que Locke presenta en algunos pasajes, aunque no es una postura que él respalde.

La propiedad conjunta y la implicación concomitante de que cada propietario tiene derecho a veto sobre el uso que los demás le den, se personifica en la historia de G. A. Cohen de *Able* (capaz) e *Infirm* (enfermo), en la que tanto *Able* como *Infirm* son propietarios conjuntos de los recursos naturales externos y, por ende, ambos son libres de usar los recursos.[6] Locke hizo notar –en contra de la postura de la propiedad común– que, aunque el mundo le fue dado a la humanidad en su conjunto, su uso (o división) no puede depender de un consentimiento unánime porque nunca se llegaría a semejante consentimiento. La consecuencia es que todos moriríamos de hambre, lo cual iría en contra de las instrucciones divinas. En este punto, quizá Locke esté en lo cierto: la postura depende del consentimiento de todos, por lo tanto, parece permitir que algunos individuos del grupo actúen de manera deliberada impidiendo que otros utilicen la tierra según sus propios planes y proyectos. Por esta razón, no es posible resolver cuestiones de eficiencia sobre el patrimonio, ni tampoco sobre la tragedia del patrimonio común.

Lo anterior también va en contra de la noción de libertad. Parte de la justificación de los derechos de propiedad está planteada en términos del valor de la libertad o de la autonomía. Ahora bien, si los propios derechos a la libertad dependen del consentimiento de otros –como ocurriría según este modo de concebir el patrimonio–, los individuos no serían autónomos en lo absoluto: estarían restringidos por las decisiones y la voluntad de otras personas. Cohen también subraya una versión de esta crítica básica: "la propiedad compartida es inconsistente con la consecución del propósito o efecto esperado de propiedad personal", lo que constituye el principio normativo fundamental respaldado por liberales clásicos como Locke. Si un integrante realmente no pudiera hacer nada sin el acuerdo de los demás, entonces esto "haría que no tuviera relevancia la propiedad personal, misma que ocupa el centro de la postura liberal".[7]

Sin duda, es posible imaginar que todas las personas pudieran aceptar un procedimiento (o gobierno) que operara con base en la decisión de la mayoría y que evitara así el problema de la unanimidad, aunque, de hecho, esto también acarrearía grandes problemas. Los principales son que alguien necesitaría un consentimiento unánime para establecer este procedimiento y, a su vez, habría dificultad para explicar cómo se podría implicar a las futuras generaciones para que aceptaran las decisiones que tomó la generación previa. La propiedad conjunta también debe lidiar con la explicación de cómo podrían desarrollarse los derechos a la propiedad individual. Probablemente, se tendría que apelar de nuevo al consentimiento de los propietarios conjuntos, lo cual podría no ocurrir. Por esta razón, son muy pocos en la literatura los proponentes de la propiedad conjunta, aunque esta postura suele usarse para contrastar otras versiones. Las principales son las dos siguientes que, respectivamente, confieren a los integrantes un derecho de uso protegido, pero no un poder de veto, así como un derecho divisible, pero no un poder de veto. Se explicarán ambas posturas y se comenzará por esta última.

1.3. Comunidad positiva divisible. Esta postura se asocia principalmente con el libertario de izquierda Hillel Steiner. Todas las personas tienen derecho a una porción igual de tierra y al uso de los productos que de esta emanen. En palabras de Steiner, cada persona/ propietario tiene "un derecho a una misma porción de los medios básicos no-humanos de producción" y puede apropiarse de dicha porción para su uso, independientemente de las decisiones de otros integrantes.[8] Ya que una persona puede apropiarse sólo de la propia porción privada de tierra, dicha porción es relativa a la de los demás. Lo anterior implica que, en cuanto la población alcanza cierto número, el apropiador ha de hacer recortes o pagar en compensación a quienes se vean excluidos de las tierras o que no posean porciones equivalentes. Aunque minimizar las porciones parecería una estrategia natural, conlleva cierta dificultad para establecer derechos de propiedad relativamente estables. Además, se requiere estabilidad para resolver otros problemas asociados con el patrimonio libre para todos, en especial, para evitar la tragedia del patrimonio común.

La compensación tampoco está libre de dificultades, sobre todo con respecto al modo en que Steiner cuantifica el valor de los recursos naturales que los propietarios han tomado consigo y que los no-propietarios tendrían derecho a recibir en compensación. Dado que esta responde al valor de los recursos naturales apropiados *y no optimizados* –mas no a las optimizaciones que el trabajador haya añadido a algo–, se debe distinguir entre el valor inherente a una cosa de modo natural y que, por tanto, no se la puede merecer y el valor como resultado de una creación humana. Aunque en ocasiones se pueda identificar el valor de una porción de tierra antes y después de alguna optimización humana (antes y después de ser fertilizada, o antes y después de ser irrigada), en muchos casos, el valor de la tierra estará inextricablemente vinculado no a actos específicos de optimización, sino a la proximidad de la tierra a otros lugares de creación humana –cafeterías, restaurantes, cines, centros comerciales y demás–.[9] Este hecho ha de reconocerse: no hacerlo significaría que alguien que se ha apropiado de un campo fértil en Dakota del Norte, por ejemplo, debería pagar como compensación a alguien que posea un bloque menos fértil, pero que fuera mucho más valioso por encontrarse en el centro de Tokio. De manera alternativa, si nos basamos en el valor del mercado, incorporaríamos al valor de los recursos naturales cuestiones que son producto de las decisiones y empresas humanas, lo que incluye los acuerdos tomados de manera colectiva sobre las normativas de regulación y transferencia de las tierras. Lo anterior no se justificaría a partir de una concepción de la propiedad común de los recursos naturales de la tierra.

Otra dificultad más respecto a la compensación radicaría en que las personas excluidas podrían no querer una compensación, sino ser incluidas. Pensemos en este escenario: alguien ha tomado una porción de tierra cercana a donde otro más creció, donde su abuela está enterrada. Esta persona preferiría tener esa tierra y no una compensación por su valor. Esto se llama *problema de la exclusión injusta*. Este problema –como abundaré a continuación, al separar la postura implícita del mundo y los recursos– se relaciona con un supuesto básico de esa visión; a saber, que toda tierra y todos los recursos pueden compensarse. Este supuesto sobre la compensación es ya de suyo cuestionable, como se sostendrá tanto en relación con la migración (a partir de un comentario de Kieran Oberman) como con la mejor explicación en torno a los recursos y el mundo natural.

1.4. Comunidad positiva incluyente. De acuerdo con esta postura, cada persona tiene derecho a usar el patrimonio para su propio sustento y bienestar. Este derecho está protegido en tanto que no puede extinguirse completamente por la apropiación unilateral de otros, como podría ocurrir en la primera versión. Al tratarse de la postura de John Locke, es de hecho la más dominante en la literatura. Locke sostuvo que las personas pueden apropiarse del patrimonio y cercar parte de la tierra siempre y cuando quede, como sostiene en el capítulo 5 del *Segundo Tratado del Gobierno Civil*, 'lo suficiente e igualmente bueno para los demás'. No obstante, se sabe bien que Locke diluyó esta restricción sobre la apropiación de la propiedad privada pues, de hecho, en cuanto la población alcanza cierto número, resulta muy difícil dejar 'lo suficiente e igualmente bueno' para los demás.

Ahora bien, Mathias Risse, en su libro *Global Justice and Common Ownership of the Earth* ha defendido que se podría entender la *protección de los derechos fundamentales de propiedad común* en términos de una disposición institucional en la que se cubrieran las necesidades básicas de todos, más que un requisito para la apropiación. Risse ha desarrollado una concepción de la propiedad común basada en Grocio. Esta parece una forma de *comunidad positiva incluyente* en la que el patrimonio pertenece a todos, en el sentido de que cada uno tiene un derecho protegido para hacer uso libre del patrimonio para satisfacer las necesidades "para su sustento y bienestar". Como Risse explica: "La idea central de la propiedad común es que todos los copropietarios deberían tener las mismas oportunidades para satisfacer sus necesidades básicas en la medida en que esto se traduzca en obtener recursos poseídos colectivamente".[10] Esto difiere de la propiedad conjunta en tanto que confiere derechos a cada persona para satisfacer sus necesidades, pero no ve a cada persona como propietaria conjunta del patrimonio. Al mismo tiempo, es una postura más robusta que la noción de la comunidad negativa: Risse invoca el concepto de *propiedad común* con el fin de sustentar la postura de que "los copropietarios tienen la oportunidad de cubrir sus necesidades básicas" y "tienen una inmunidad para vivir bajo las disposiciones políticas y económicas que interfieran con dichas oportunidades".[11] Lo distintivo de esta postura es el énfasis en garantizar las oportunidades para la satisfacción de las necesidades. Esta noción se desarrolla posteriormente a partir de dos ideas disyuntivas: el "derecho a usar (en sentido estricto) los recursos y los espacios para satisfacer las propias necesidades, *o bien*, a vivir en una sociedad que no niegue la oportunidad para satisfacer las propias necesidades de formas que, de otro modo, podrían haberse logrado a través de los recursos y el espacio originales".[12] Aunque Risse desarrolla la idea de la proporcionalidad y del uso proporcional en relación con la inmigración, argumentaré que, en su descripción de los derechos a una propiedad común, las dos ideas centrales son el *derecho a la libertad* y el *derecho a la inmunidad*.

En las siguientes secciones se analizarán estas dos versiones más justificables de la propiedad común. Se dará inicio con la segunda y se discutirán los problemas internos presentes en las teorías dominantes sobre la propiedad común y sus implicaciones en la ética migratoria. La teoría de Hillel Steiner sobre el patrimonio divisible y la compensación abrirá la argumentación. Luego, se ahondará sobre la teoría de Risse en torno al derecho protegido del patrimonio.

Fronteras abiertas y propiedad común

Hillel Steiner. En su argumento sobre la transición del patrimonio (positivo divisible) al régimen de la titularidad de propiedad privada, Steiner confiere derechos fuertes a la propiedad privada. Lo anterior conlleva –entre otras cosas– implicaciones implausibles para esta versión del Estado y del control migratorio a cargo del Estado. De acuerdo con la visión de Steiner, ya que la jurisdicción se establece con base en el consentimiento voluntario de los propietarios individuales, mantener sus derechos es primordial. La jurisdicción estatal parece no tener ningún valor independiente: el ámbito geográfico del Estado es simplemente un agregado de derechos de propiedad privada. En el argumento de Steiner, los dueños de propiedad privada tienen derecho a abandonar el Estado (*i. e.* escindirse): "precisamente porque el territorio de una nación está legítimamente compuesto por el estado real de sus miembros, y la decisión de cualquiera de ellos de renunciar a dicha membresía, por así decirlo, para tomar consigo su estado real, es una decisión que ha de respetarse".[13] También los derechos estatales de control fronterizo son vistos como profundamente conflictivos, ya que interferirían con los derechos de los dueños de propiedad privada que, como Steiner afirma, tienen derecho a invitar a quienes ellos deseen a su propiedad. Desde esta postura, el Estado ha de mantener fronteras abiertas con el fin de respetar los derechos individuales a la propiedad, aunque los propietarios individuales podrían ponerse de acuerdo entre sí para no admitir a nadie en sus propiedades.

Esta postura implica una serie de problemas, algunos de los cuales ya han sido subrayados por otros autores. Uno de estos es que, si bien Steiner apoya la apertura de fronteras en tanto que cree que el Estado no tiene derecho a cerrar las fronteras –pues esto violaría los derechos de los dueños a la propiedad privada individual–, no protege los intereses de las personas respecto a la libertad de movimiento. Steiner protege a la gente del poder estatal, pero no el ejercicio del poder privado.

Asimismo, su fuerte concepción de la propiedad privada parece inconsistente con algunas funciones básicas del Estado, como sería el que los dueños de propiedad privada pudieran viajar más allá de su propiedad.[14] Si terratenientes privados se han apropiado de un área, cada dueño tendría que negociar con los demás si sus amigos tuvieran que entrar o salir de su propiedad. El problema del libre tránsito podría solucionarse si Steiner imaginara que los dueños de propiedad privada pudieran acordar ciertos derechos de paso, o bien, disponer colectivamente cierta porción de tierra a modo de un derecho de paso. Kieran Oberman ha destacado otro problema relativo a la postura de Steiner en torno a la compensación por la exclusión. Oberman indica que la exclusión compensada es una postura extraña, ya que Steiner comienza por reconocer la fuerza de los derechos de propiedad, pero luego acepta la expropiación sin el consentimiento de los copropietarios. Oberman alega que esto es insuficiente, incluso dentro del propio argumento de Steiner, y sitúa esta cuestión en el contexto de un posible inmigrante que "no estuviera interesado en ninguna alternativa monetaria".[15] Aquí la dificultad radica en que Oberman y Steiner conceptualizan diferente los derechos en el patrimonio inicial: en el caso de Steiner, se conciben los derechos como inherentemente divisibles. Esto no es así en el caso de Oberman. No obstante, la sección cinco ahondará sobre el problema al que apunta Oberman, pues se conecta con una visión particular de la tierra y de los recursos. Después se explica que dicha visión implícita de la tierra no es del todo amigable con la postura de fronteras abiertas por la que opta Oberman.

En la postura de Kieran Oberman, a las personas se las ve como copropietarias de un patrimonio. No queda del todo claro, no obstante, si lo anterior quiere decir *derecho protegido* o de la *propiedad conjunta*, porque su argumento central es negativo. Ahora bien, sí deja de manifiesto (en oposición a Steiner) que "algo no está bien" si se pude expropiar el patrimonio de las personas sin su consentimiento, lo que apunta a una propiedad compartida, pero que podría ser compatible con una versión particular de una explicación de derecho protegido del patrimonio. Oberman afirma explícitamente que estas personas aún son copropietarias de toda el área patrimonial, a menos que aprueben una propiedad privada que consecuentemente será escindida del área común.[16]

Aunque Oberman no explica de manera clara la transición de la propiedad común a otros tipos de estructuras de propiedad, sugiere que su visión es una mezcla de tierra pública y de propiedad privada, aunque no indica cómo garantiza que alguien no termine por apropiarse de toda la tierra, ni cómo podría entenderse la demarcación entre lo público y lo privado. Sin embargo, asume que necesitamos tierra pública para poder conectar a los integrantes, a través de caminos, parques y plazas, con las tierras que son propiedad privada. También imagina que el público tendría la responsabilidad de administrar los esquemas de justicia social basados en la satisfacción de necesidades: "el Estado también debería proveer una diversidad de refugios y esquemas de vivienda social para albergar a las personas que de lo contrario no tendrían un techo".[17] Esto tiene como finalidad atender tanto el problema de libre paso como el de la exclusión injusta, mismo que Oberman correctamente asocia con la versión de Steiner. Debería haber alguna entidad pública que tuviera el poder para proveer estos bienes a los que tienen derecho los integrantes, pero dicha entidad no tendría por qué ser el Estado como lo conocemos. Ahora bien, de haber una pluralidad de Estados, esto sería porque cada uno tendría la responsabilidad de lograr dicha meta. De acuerdo con Oberman, la tierra pública se posee "en común por toda la humanidad, y no por Estados particulares. El efecto de esto sería que (…) la tierra pública sería poseída en común y, por tanto, estaría abierta a toda la humanidad".[18]

Las implicaciones de esta concepción de la copropiedad para la ética migratoria son muy claras: las fronteras abiertas serían una extensión directa de la visión universal y central de que todos en el mundo serían copropietarios, así como de que no habría derecho a excluir a los copropietarios. Nótese que este ideal es la cara opuesta del ideal de Steiner, para quien existen tanto la propiedad privada como los derechos privados; sin embargo, el Estado no juega un papel que no dependa de estos ideales. Para Oberman, por su lado, existe una propiedad colectiva y tierras públicas. Para él, la propiedad privada apenas cuenta con una teoría y parece sólo una manera de lograr beneficios de eficiencia para todos.

En una serie de artículos, varios en coautoría con Michael Blake, –también en su libro *Global Justice and Common Ownership of the Earth*–, Mathias Risse presenta una postura sobre nuestra relación con el mundo que además sirve como fundamento para su teoría de justicia global.[19] El autor parte de un ideal de propiedad común, pero lo utiliza con la función de legitimar nuestras prácticas e instituciones y no para argumentar directamente a favor de cierto ideal de relaciones de propiedad pública/ privada y de los derechos concomitantes de migración. A su parecer, nuestras prácticas institucionales deberían reflejar la "idea central" de la propiedad común. Ya decíamos antes que, desde su punto de vista, los copropietarios han de tener las mismas oportunidades para satisfacer sus necesidades básicas y ello debe traducirse en la posesión colectiva de recursos. El consecuente derecho disyuntivo que toda persona tiene es consistente con esta "idea central": o el derecho a usar los recursos y los espacios con la finalidad de satisfacer las necesidades propias o el derecho a vivir en una sociedad que permita satisfacer las propias necesidades, de maneras que, de otra forma, podrían haberse satisfecho mediante los recursos y el espacio originales.[20] La segunda mitad del derecho disyuntivo se emplea para luego argumentar tanto a favor de los derechos humanos como a favor de una postura razonablemente permisiva de la inmigración, si bien no aboga por un derecho humano universal a la migración. Risse evita esto último cuando apela a consideraciones de eficiencia que podrían sobrevenir en la tierra que se posee en común, a fin de que los migrantes puedan ser excluidos de los Estados o de las áreas del mundo donde las personas o sobreutilicen los recursos o los utilicen a nivel promedio, aunque no se las pueda excluir de las áreas en donde los recursos se "infrautilicen". Esto da lugar a un debate bastante técnico sobre lo que constituye un uso excesivo y un uso insuficiente. Con esto último, Risse se refiere a que la proporción de la población del Estado con relación al valor de sus recursos naturales es baja en comparación con otros Estados. Con "sobreutilización" se refiere a que esta proporción sería alta.[21] En la formulación original de este problema, Blake y Risse ofrecen una discusión altamente técnica sobre la dificultad al momento de determinar cómo valorar los recursos naturales. Los autores, al final, optan por una explicación del valor del mercado, si bien en su libro de 2012, Risse aboga por una concepción "política" de la infra y sobreutilización que sólo cumple la función de dar razones que los excluidos no pueden rechazar razonablemente.[22]

Hay un número de críticas que podrían hacerse a esta versión en lo relativo a la migración. Pevnick, por ejemplo, ha rechazado la conexión que esta visión establece entre los recursos y la migración: la mayoría de los migrantes no buscan recursos naturales, sino bienes sociales y económicos que constituyen la creación de las leyes, de las tradiciones, de las políticas y de las decisiones de la sociedad en cuestión.[23] Risse podría responder que esto es irrelevante: los inmigrantes tendrían derecho a los recursos naturales, incluso si no los buscaran. Desde una dirección opuesta, Kieran Oberman se ha quejado de que la visión de Risse no es lo suficientemente permisiva. Si los migrantes potenciales son propietarios en común, ¿por qué no habría de permitírseles entrar en un área común que ellos posean en conjunto, sólo por una explicación sobre la proporción entre la población y los recursos? Si hay derecho a que la vaca de alguien paste en el patrimonio de Boston, ¿por qué habría de importarle si ahí hay otras vacas, incluso si existe una proporción por arriba de la media de vacas respecto a la cantidad de pasto?[24]

A continuación, se plantearán algunas inquietudes sobre la visión subyacente que se encuentra en el centro de las tres concepciones de la propiedad común: inquietudes sobre la idea subyacente de la propiedad como tal; la concepción de los recursos que ocupa su centro; y, en particular, la postura unívoca sobre la relación entre el ser humano y el mundo. El objetivo es la concepción de Mathias Risse basada en las necesidades: al tratarse de una versión sobre un derecho protegido, es más plausible y, quizá, más convencional. Sin embargo, las críticas desarrolladas más adelante aplican en el caso de cualquier versión que proceda de esta concepción de la propiedad y su relacionada apelación a los recursos. Esta crítica no es del todo negativa: se usarán los argumentos ahí presentes para sugerir que una comprensión más rica de los múltiples modos en que los seres humanos interactúan con el mundo tiene implicaciones para nuestra visión de las actividades legítimas del Estado, lo que incluye el control de las fronteras jurisdiccionales.

El problema de la propiedad, los recursos y el valor de uso

La idea de poseer el mundo sugiere la visión de que éste y la naturaleza estarían a disposición de los seres humanos; es decir, tendríamos derecho a sus recursos y, por ende, el mundo natural sería un recurso a nuestra disposición. Ahora bien, no resulta claro qué clase de responsabilidades podrían derivarse de aquí. Sin duda hay diferentes relaciones legales con las que se podría caracterizar la propiedad, algunas más permisivas que otras, si bien el pensamiento subyacente sería que lo poseído está a disposición del propietario: ya sea a nivel individual o colectivo, el propietario tiene derechos respecto a la cosa en cuestión. Desde esta perspectiva –es cierto–, ningún ser humano tendría un derecho privilegiado con relación a otro ser humano, aunque parecería que al concepto de propiedad acompañaría la noción de que el propietario tendría derechos (de libertad, poderes, etc.) respecto a la cosa en cuestión.

En segundo lugar, y relacionado con lo anterior, ¿por qué, para empezar, nuestra relación con el mundo natural se caracteriza a partir de un lenguaje de *recursos*? Lo anterior se repite en todas las posturas de la propiedad común: la razón por la que la exclusión es problemática es porque implica exclusión de los recursos que, después de todo, son útiles y necesarios para las personas. Esto sugiere una postura homogénea e indiferenciada de los recursos existentes en el mundo y, como consecuencia, surgen cuestiones de propiedad y de justicia distributiva. Sin embargo, nótese que se trata de una comprensión muy cruda del concepto de los recursos. Una definición alternativa de *recurso natural* sería la de algo derivado del ambiente, que no lo genera el ser humano y que sirve como instrumento para satisfacer las necesidades y los deseos humanos. Los recursos naturales forman parte de la "riqueza natural" del mundo, lo que constituye una definición muy abierta: la tierra, el agua, el aire y la luz solar serían recursos, al igual que las plantas, los animales y las fuentes minerales. Sin embargo, el concepto de *recurso* no se refiere a una especie natural, sino que contiene un importante elemento relacional, al grado de que una cosa se transforma y, al percibirse como instrumental, pasa de ser una parte del mundo natural, a un recurso.

Aunque los recursos naturales tienen un carácter físico –como el petróleo, el carbón, la leña, o la vida vegetal– se transforman en *recursos* al ser instrumentos para los propósitos humanos. Este carácter relacional es parte de cómo individuamos los recursos y cómo los distinguimos de aquellas cosas del mundo físico que no son recursos. Esto significa que lo que figuraría como un recurso sería histórica, cultural e individualmente variable. Distintas personas individuarán los recursos de manera diferente. Veamos el ejemplo de un árbol: si una persona necesitara la corteza, otra más las hojas y una tercera su madera, entonces serían tres recursos diferentes. Ahora bien, si alguien necesitara el árbol entero, entonces ese alguien consideraría el árbol como un recurso.[25] Esto manifiesta que algo puede ser un recurso para una persona o para un grupo, dado que sería instrumental para satisfacer sus propósitos o necesidades, si bien no sería un recurso para alguien más, porque dicha persona no percibiría el objeto en cuestión como un instrumento. Los Sioux Lakota creen que las Colinas Negras son sagradas, lo que significa que no las ven ni como recurso ni como instrumento. En 1980, cuando obtuvieron una indemnización por parte de la Corte Suprema y esta les compensó por la apropiación injusta de las tierras de los Sioux, los pobladores rechazaron la indemnización: no querían una compensación, querían detener la extracción minera. Aunque los Sioux Lakota no ven la tierra instrumentalmente –como un recurso– son capaces de reconocer que los minerales que poseen eran un recurso para alguien más, aunque sólo fuera porque podemos, como seres humanos, situarnos en la posición de otros. Sin embargo, se debe recordar el elemento relacional ineludible en el concepto del recurso, en particular, cuando nos enfrentamos con el lenguaje de los recursos en la literatura de la propiedad común, que tiende a tratarlos como equivalentes a las cosas natu-rales en el mundo. En efecto, desde la perspectiva de la propiedad colectiva, el mundo entero y todo lo que contiene sería un recurso, por lo que puede establecerse con ello una relación de propiedad. Esto tiene algunas ventajas –porque enfatiza una postura igualitaria ante los demás seres humanos– pero también es problemática: nos relacionaríamos con el mundo de la misma for-ma, como propietarios comunes. Con lo anterior se asume, erróneamente, que todas las cosas del mundo natural se pueden ver desde la misma perspec-tiva instrumental, convirtiendo las nociones de intercambio, compensación y valor de uso en términos aplicables y neutrales que podríamos usar.

En cierto momento, Risse reconoce esto como una dificultad potencial, aunque no por su concepción en general, sino sólo por apelar a las ideas de la infrautilización y de la sobreutilización (que presuponen una concepción ge-nérica de los recursos). Escribe: "(…) uno podría preguntarse sobre aquellos casos en los que la población valora los recursos en términos de una medida no estándar (quizá por motivos religiosos) que dista de la aproximación uti-lizada para evaluar la utilidad general de las regiones para fines humanos. De acuerdo con su propia medida, no infrautilizan su región, si bien de acuerdo con la medida oficial, sí lo están haciendo".[26] Tras esta clara presentación del problema, Risse afirma que es poco probable que este punto afecte a los casos centrales, y escribe: "La mayoría de los emigrantes desean entrar en los países que están integrados a los mercados mundiales, y les parece aceptable la valoración de los recursos en términos de precios"; y añade posteriormente que, "si el problema emerge respecto a un grupo pequeño, entonces pueden ofrecerse acuerdos para adecuarse a ciertas prácticas religiosas".[27]

Sin embargo, este modo práctico de tratar el problema no reconoce el sustento de esta postura que respalda una visión unívoca de la relación entre los seres humanos y el mundo. Además, no se trata de un problema que se limite a las minorías. En cuanto reflexionamos sobre los diversos modos en que interactuamos a nivel individual y colectivo con el mundo, así como la clase de bienes que se obtienen por esta vía, podemos apreciar que el punto inicial de la postura de la propiedad colectiva –que es la noción lockeana sobre la necesidad– capta una única manera (aunque importante) en la que los seres humanos se relacionan con el mundo.

Finalmente, la metodología empleada en esta estrategia argumentativa se enfoca en un modo en el que nos relacionamos con el mundo –la noción de la propiedad colectiva– y luego sostiene que nuestra estructura institucional debería estar diseñada de tal forma que expresara dicha relación. Esto se presenta claramente en los argumentos tanto de Steiner como de Oberman. Ambos desarrollan todos nuestros derechos a partir de la postura de la propiedad colectiva o, de haber otros derechos morales que pudieran entrar en conflicto con ello, no desarrollan nada al respecto. Esto también ocurre en el argumento de Risse, quien explícitamente afirma que nuestros derechos morales dependen de aceptar la noción de que somos propietarios colectivos del mundo. Él sostiene que nuestro estatuto de propietarios colectivos da pie a los derechos de pertenencia en un orden global, y que "una condición necesaria para la aceptabilidad de (…) las convenciones [que desarrollamos] es que se siga cumpliendo el propósito central de los derechos originales".[28]

El problema con todas estas posturas es claro: no tenemos buenas razones para adoptar su visión específica de la propiedad común, ni tampoco nos dan suficientes razones para pensar que los valores expresados en dicha relación (entre cada uno de nosotros y con la Tierra) deban estructurar todo nuestro razonamiento moral, o que tengan más peso que los valores que pudieran estar en conflicto con ellos. En el caso de Risse, encontramos un problema adicional relativo a su metodología: no es plausible que nuestros derechos morales surjan como consecuencia de aceptar la idea de la propiedad común. En efecto, es más usual y tiene más sentido examinar los intereses humanos a nivel general y poner atención en aquellos que son lo suficientemente importantes a nivel moral como para hacer surgir en los demás los deberes para respetarlos, y para considerar esto como lo que genera los derechos y, por tanto, las responsabilidades. Desde una teoría relativamente convencional del interés de los derechos, podríamos aceptar la noción de los derechos morales (lo que incluye el que se cubran nuestras necesidades) y de un mismo estatuto moral con respecto a nuestros derechos, sin aceptar la postura de la propiedad común de la tierra.

El modo en que los seres humanos se relacionan con los recursos: una rápida tipología

En esta sección se abundará sobre las relaciones normativamente significativas que puede haber entre la tierra, sus recursos, y los seres humanos. A fin de poder pensar en el valor normativo vinculado a los recursos, resulta útil reflexionar sobre los diferentes y variados modos en que interactuamos a nivel individual y colectivo con los recursos. Lo anterior ayudará a identificar lo que está en juego cuando diversas partes demandan los recursos, además de permitir evaluar las fortalezas de las distintas clases de demandas.

Una tipología que suele aplicarse en el caso de los recursos se refiere a los bienes que estos proveen. La tipología desarrollada por los economistas, que con frecuencia se incorpora en las discusiones sobre teoría política en torno a los recursos, distingue entre *bienes públicos puros*, *bienes colectivos*, y *bienes privados*.[29] En el caso de un recurso natural que provee un *bien público puro*, los beneficios derivados del recurso son no-excluibles: el que una persona goce de dicho beneficio no reduce las oportunidades de alguien más para disfrutar –pensemos aquí, por ejemplo, en el bien de la biodiversidad o del secuestro de carbón a cargo de las selvas de la tierra–. Otra clase son los *bienes colectivos*, que son no-excluibles, pero que se pueden hacinar o sobreexplotar –por ejemplo, los parques naturales se pueden destruir si muchas personas los visitan–. Finalmente, hay recursos que proveen *bienes privados* excluibles: pensemos en el carbón o en el petróleo, en los diamantes o en los metales de las tierras raras. Podemos dividir estos bienes entre agentes privados y excluir a otros de su beneficio.

El principal problema que tiene esta tipología es que crea la falsa impresión de que una cosa natural es un bien público puro, uno colectivo, o bien, uno privado. De hecho, una cosa física podría caer en más de una de estas divisiones, lo que dependerá de los fines de los seres humanos. Pensemos en una selva tropical que, desde el punto de vista de las compañías madereras, fuera simplemente una fuente de madera (y que, una vez talados los árboles, estos serían no más que un *bien privado* excluible). Por el otro lado, los indígenas de dicha selva los verían como un *bien colectivo*, en tanto que les provee un hábitat donde pueden desarrollar su modo de vida, pero que podría ser destruido si demasiadas personas intentaran vivir ahí. También podría tratarse de un *bien público puro* porque tiene capacidad para secuestrar el carbón y es un centro de biodiversidad, razón por la que tiene un papel central en la regulación del clima de la Tierra. Hay otros modos de interactuar con la selva que ni siquiera la conceptualizarían como un recurso: alguien que buscara crear plantaciones de aceite de palma en las tierras de la selva vería a la selva misma como un obstáculo, aunque a la tierra como un recurso. Todas esas formas de interactuar con la tierra y con sus riquezas son posibles, pero también son fuente de diferentes bienes y de usos que con frecuencia compiten entre sí.

La principal razón por la que los economistas distinguieron entre los *bienes públicos puros*, *los bienes colectivos* y los *bienes privados* fue la relevancia en cuanto al modo en que los bienes serían provistos y protegidos, así como la manera de pagar los costos asociados con estos. El punto detrás de esta distinción no fue que un tipo de bien fuera mejor que otro. Un *bien público puro* no necesariamente es superior en valor a un *bien privado*: de hecho, un *bien privado* individualizado (*v. g.*, la comida) podría cubrir una necesidad humana importante, mientras que algunos bienes públicos podrían no ser tan valiosos (*v. g.*, música navideña sonando en una plaza de mercado). Los economistas usaron esta distinción porque un bien individualizado se suele proveer a través del mercado, que necesita que el consumidor pague por el bien que ha recibido. Por su parte, los *bienes colectivos* y los *públicos* podrían ser muy valiosos, pero poco abastecidos en el mercado, dado que sus beneficios no pueden restringirse a las personas que los aseguran, lo que genera el llamado "problema del polizón". Por lo tanto, esta tipología tiene aciertos: es muy esclarecedora al momento de analizar cómo se puede proveer y pagar estos bienes; pero, para los teóricos normativos, tiene una utilidad limitada: no pretende determinar la razón por la que las personas se interesan por estos bienes.

Esto último conduce a un argumento positivo sobre los recursos. Dado que de estos hay muchos tipos diferentes implicados en las diversas relaciones entre las personas y el mundo externo, un análisis *normativo* requeriría del desarrollo de una tipología distinta a la que enfatizan los economistas –una que examinara el modo en que las personas interactúan con los recursos y con la tierra, así como el tipo de interés que está en juego y que puede dar pie a demandas de uso, acceso y/ o control de estos–.[30] Aunque esta tipología podría no ser exhaustiva, es plausible identificar al menos cinco diferentes maneras en las que los seres humanos interactúan con los recursos que, como podría sostenerse, generan una demanda.

(1) Demandas basadas en el *consumo* individual, que da lugar a la demanda basada en la *necesidad*, y que puede expresarse a través del lenguaje de los derechos básicos.

(2) Demandas basadas en la *producción* individual, que da lugar a una demanda *basada en el merecimiento* bajo reglas justificadas.

(3) Demandas referentes al acceso o uso individual y colectivo de los recursos que se pueden explorar a través del lenguaje de las *expectativas legítimas.*

(4) Demandas comunitarias relativas al ejercicio de la *autoridad jurisdiccional* sobre los recursos y las tierras, lo que corresponde, en términos generales, al área geográfica en donde vive la comunidad y que se justifica a partir de la *autodeterminación colectiva.*

(5) Demandas relativas a la no extracción o a la protección, que podrían surgir por los (supuestos) intereses o por los derechos básicos de las futuras generaciones.

Lo anterior apunta a una teoría pluralista del valor de los recursos. Uno de los problemas que enfrenta una teoría normativa pluralista (y contextual) de los recursos es que exige una forma de tratar el conflicto que estos generan. En este sentido, la mejor aproximación es adoptar la que encabeza Waldron, relativa a los conflictos de derechos. El autor sugiere que lo más apropiado es evaluar el bien a partir de la respuesta a las siguientes cuatro preguntas:[31] ¿cuáles son los valores que están en juego en cualquier conflicto?, ¿cuál es la relación entre los recursos y el valor?, ¿qué tan directa es esta relación? y¿existe un modo de realizar algunos aspectos del valor al que apuntan cada uno de los demandantes (incluso si esto no lleva al valor al máximo nivel posible)?

En cuanto a la cuestión del valor que está en juego, no siempre se sigue que el más importante se imponga sobre el resto de los valores menores: pensemos en las necesidades. Por obvias razones, las demandas de recursos basadas en las necesidades resultan mucho más imperiosas que otras –como serían aquellas basadas en el acceso a un modo de vida particular–. Sin embargo, es dudoso que todas las demandas basadas en la necesidad se tornen automáticamente prioritarias y por encima del resto, en parte porque podría darse el caso de que la necesidad se pudiera cubrir por vías alternativas. En efecto, es probable que la prioridad lexicológica no sea realmente tan intuitiva, dado que sugiere que el valor más importante debería ser maximizado, en lugar de intentar generar compromisos entre demandas rivales que pretenden resolver algún aspecto de las demás (especialmente cuando la naturaleza de su rivalidad no es fundamental). Respecto a los intereses de las generaciones futuras, también deberíamos considerar los efectos más generales y a largo plazo de ciertos modos de usar los recursos. Dado que aquí se habla de la relación entre los seres humanos y el planeta, necesariamente implica obligaciones con los seres no humanos, quienes podrían depender de la existencia de ciertos ecosistemas, así como de las obligaciones humanas con respecto a las generaciones futuras.[32] Si una política particular genera daños a largo plazo, entonces muchos de los argumentos que se concentran en las necesidades o en los intereses de las generaciones futuras y en los recursos de los cuales dependen, podrían lograrse a través de otros métodos (para cubrir las necesidades mencionadas) en lugar de acceder a un bien particular. O también se podrían sugerir principios transicionales, en los que las personas que tengan intereses para acceder a algún tipo de recurso que es dañino a largo plazo (v.g. combustibles fósiles para mantener su modo de vida), deban hacer los ajustes necesarios y puedan ser compensados por ello siguiendo un criterio temporal.

Con las preguntas contextuales que se han mencionado, obtenemos una imagen más exacta de lo que está en juego a nivel normativo, a comparación de si nos enfocáramos exclusivamente en las necesidades para determinar nuestros derechos y obligaciones. Si bien es cierto que las personas necesitan alimento, agua, y otras cosas para vivir –y que esto da pie a un derecho moral a las necesidades para vivir–, de aquí no se sigue que las demandas basadas en las necesidades deban tener una prioridad absoluta en cualquier instancia de conflicto de los recursos. Esto en parte se debe a que las necesidades (de comida, agua, seguridad) tienden a apuntar hacia bienes genéricos, mientras que otras demandas se refieren a recursos particularizados o al control de ciertas extensiones particulares de tierra.

Teorías pluralistas sobre los recursos y la ética migratoria

En cuanto a la ética migratoria, aún no se han presentado argumentos sobre si las fronteras deberían ser abiertas, cerradas o porosas. En este documento se ha rechazado la visión de la propiedad común del mundo que en ocasiones se utiliza para defender la migración abierta. El fundamento se ha dado a partir de que esta postura constituye un modo muy problemático de concebir nuestra relación con el mundo, tanto con la tierra como con sus recursos. Esto no significa que no haya otra serie de buenos argumentos que pudieran justificar las fronteras abiertas.

Tampoco se ha ofrecido una explicación completa de una teoría alternativa sobre la justicia de los recursos, si bien se ha señalado la dirección que debería tomar una teoría semejante. Esta sección desarrollará algunas de las implicaciones de nuestro pensamiento sobre la migración, que es un caso en el que varios valores distintos están en juego, y que empujan hacia diferentes direcciones.

La sección anterior sugiere que estamos relacionados con el mundo y con los recursos de modos muy diversos, y que estas diferentes relaciones abordan la migración de manera distinta y guardan una tensión potencial entre sí. Esto no debería sorprender: se trata del principal reto al que se enfrenta una explicación pluralista de la justicia y que, evidentemente, incluye la de los recursos.

Las primeras dos relaciones –el consumo y la producción– tienen obvias implicaciones en cuanto a nuestro modo de pensar la ética migratoria. La segunda sugiere una ruta que justifica la propiedad privada. Como ya se ha hecho ver en un artículo que critica un amplio llamado a la libertad de movimiento para respaldar las fronteras abiertas, este derecho en realidad es muy apropiado, ya que normalmente no contamos con el derecho a movernos libremente por los hogares y lugares de trabajo de las personas, ni tampoco se nos permite exigir que retiren los candados de sus patios.[33] Aunque no constituya una crítica fundamental a las fronteras abiertas, sí pretende delimitar la pregunta de cuáles serían las condiciones que rodean nuestro derecho a la libertad de movimiento. En otras palabras, ¿bajo qué condiciones y por qué razones tendríamos derecho a movernos a través de las fronteras (o a entrar en las casas)?

Pasemos ahora al consumo, que está directamente relacionado con la presión migratoria en nuestro mundo injusto y desigual. Sin duda, los seres humanos requieren de recursos: necesitamos alimento, agua dulce, aire limpio, una vivienda y seguridad, entre otras cosas. Cuando al individuo se le niegan los derechos básicos, surge la obligación de un tercero de proveer o de resolver estas demandas, incluso si quien carga con esta responsabilidad no sea directamente responsable de haber socavado la vida de la persona o su acceso a alimentos y vivienda. Lo anterior genera, en un nivel mínimo, una suerte de derecho del que los refugiados suelen gozar, y que aplica no solo en el caso de los refugiados de la Convención de Ginebra, sino que se extiende a todas las personas cuyos derechos básicos no están asegurados.

Si bien lo dicho resulta en un derecho a refugiarse cuando los derechos de las personas están en riesgo, esto no necesariamente genera un derecho a la migración si los terceros se esfuerzan por cubrir estos derechos básicos de otras maneras. Probablemente la migración debería formar parte del escenario, y la posibilidad de migrar a los países ricos podría ser una forma de que estos países cumplieran su responsabilidad (o algunas de sus responsabilidades), aunque esta no es la única vía. Después de todo, las personas no tendrían por qué cambiar su residencia y sus comunidades para cubrir sus derechos básicos.

La primera, tercera y cuarta relación en la taxonomía de arriba sugieren que las personas tienen intereses especiales en lugares o ante recursos particulares, lo que generaría una potencial tensión con el derecho más genérico y ya mencionado que se basa en la necesidad/consumo. Todos estos argumentos implican que no tenemos igualdad de derecho a cualquier lugar del mundo, sino que pueden surgir relaciones y apegos especiales a través de las acciones individuales o colectivas y que estos, a su vez, dan pie a formas de autoridad especiales a nivel individual y comunitario sobre lugares particulares. Este modo de pensar no es extraño: ocupa un lugar fundamental en nuestro instinto sobre las injusticias del colonialismo, donde al menos, en parte, dicha injusticia fue la apropiación de territorios de personas que habitaban ahí, y a su vez ocupa un lugar central en las demandas de las personas indígenas respecto a lugares particulares.[34] Empero, para que este tipo de derecho sea plenamente legítimo, también ha de cumplirse otro tipo de demandas, como las basadas en las necesidades. No hay duda de que esto implica tensión, si bien no es una necesaria: la necesidad humana de alimento, agua y vivienda no suele implicar derechos a un tipo particular de alimento, o a un río en especial, o a un lugar en específico. Sin embargo, esto significa que debemos erigir instituciones transnacionales que asignen las diferentes responsabilidades y que garanticen que estos derechos se cumplan en algún lugar y a través de cierto mecanismo. Los derechos especiales podrán requerirse como parte de una noción más amplia de la justicia, pero también es necesario que sean consistentes con otras demandas de esta. La demanda final –relacionada con las generaciones futuras– es compleja e implica un gran desafío para una teoría de la justicia estrictamente distributiva que trata el mundo como un recurso disponible para su redistribución. Aquí solo puedo decir que nuestras teorías normativas han de considerar seriamente la idea de que los seres humanos tenemos obligaciones (y no únicamente derechos) de proteger el mundo natural, aunque éstas, en última instancia, quizá estén arraigadas en los derechos e intereses de las generaciones futuras.

Reflexiones finales

En este artículo se han planteado preguntas sobre la noción de la propiedad común del mundo. Se sugiere que nos relacionamos con el mundo natural de múltiples formas normativamente relevantes. Dado que esta concepción se usa para abogar por las fronteras abiertas, de aquí se sigue el rechazo a ese argumento. No obstante, esto no descarta la posibilidad de aceptar otro mejor argumento respecto a las fronteras abiertas (o para las fronteras más abiertas que las que hoy existen).

Este artículo también sostiene que los derechos básicos, que por su parte se basan en las necesidades fundamentales de los seres humanos, tienen importantes implicaciones en cuanto al diseño de nuestras instituciones y para la ética migratoria. Sin embargo, el argumento del artículo también sugiere que lo anterior ha de abordarse de una forma que sea consistente con otras maneras normativamente significativas en las que nos relacionamos con el mundo y sus recursos. Tengo la esperanza de que el reconocimiento de estos variados tipos de demandas, así como la intención de mitigar los conflictos entre sí, resultará en una teoría más poderosa y matizada tanto de los derechos a los recursos como también de los derechos de los migrantes, y las responsabilidades que tienen los Estados con respecto a la migración.

Referencias

Armstrong, C. Justice and Natural Resources, An Egalitarian Theory. Oxford: Oxford University Press, 2017.

Christman, J. The Myth of Property. Oxford: Oxford University Press, 1994.

Blake, M. & Risse, M. Migration, Territoriality and Culture, 2007. SSRN: recabado en http://papers.ssrn.com/sol3/papers.cfm?abstract_id=963130.

Blake, M. & M. Risse. "Immigration and Original Ownership of the Earth". Notre Dame Journal of Law, Ethics, and Public Policy 23, 1, Número especial sobre migración (2009): 133-167.

Cohen, G. A. Self-Ownership, Freedom, and Equality. Cambridge: Cambridge University Press, 1995.

Feser, E. "There Is No Such Thing As An Unjust Initial Acquisition". Social Philosophy & Policy 22, 1 (2005): 56-80.

Kolers, A. Land, Conflict, and Justice. Cambridge: Cambridge University Press, 2009.

Mack, E. "Distributive Justice and the Problems of Lockeanism". Social Philosophy & Policy 1, 1 (1983), 132-50.

Miller, D. National Responsibility and Global Justice. Oxford: Oxford University Press, 2007.

Miller, D. "Immigration: The Case for Limits". Contemporary Debates in Applied Ethics. A. I. Cohen & C. H. Wellman (eds). Oxford: Wiley-Blackwell, 2014, 193-206.

Moore, M. "The Taking of Territory and the Wrongs of Colonialism". *Journal of Political Philosophy* 27, 1 (2019): 87-106.

Nozick, R. *Anarchy, State and Utopia*. Nueva York: Basic Books, 1974.

Oberman, K. "Immigration and Equal Ownership of the Earth". *Ratio Juris* 30, 2 (2016): 144-157

Pevnick, R. "An Exchange: The Morality of Immigration". *Ethics & International Affairs*.

Simmons, J. *The Lockean Theory of Rights*. Princeton, NJ: Princeton University Press, 1982.

Steiner, H. *An Essay on Rights*. Oxford: Blackwell, 1994.

Steiner, H. "Left-Libertarianism and the Ownership of Natural Resources". *Public Reason* 1, 1 (2009): 1-8.

Steiner, H. "Territorial Justice". *National Rights, International Obligations*, S. Caney, D. George & P. Jones (eds). Boulder, Co: Westview Press, 1996.

Risse, M. *Global Justice and Common Ownership of the Earth*. Princeton, N.J.: Princeton University Press, 2012.

Risse, M. "Human Right to Water and Common Ownership of the Earth". *Journal of Political Philosophy* 22, 2 (2014): 178-203.

Rothbard, M. N. *Man, Economy, State*. Arlington: Institute for Humane Studies, 1970.

Waldron, J. "Rights in Conflict". *Ethics*, 99 (1989): 503-519.

Teoría democrática y coerción fronteriza: la falta de derecho a controlar unilateralmente las propias fronteras

Arash Abizadeh

McGill University, Canada

La cuestión sobre la legitimidad de una política de entrada con fronteras cerradas bajo el control unilateral de un Estado democrático no puede resolverse a menos que se determine, en primer lugar, a quién correspondería la justificación de un régimen de control. De acuerdo con la postura de la soberanía estatal, el control de la política de entrada –incluyendo la regulación de la movilidad–, de la inmigración y de la naturalización, deberían ceñirse al criterio unilateral del propio Estado: la justificación de la política de entrada correspondería exclusivamente a los miembros. Sin embargo, esta postura es inconsistente con la teoría democrática de la soberanía popular. Quien acepte la teoría democrática de la legitimación política interna, estaría por ello comprometido a rechazar el derecho unilateral interno a controlar las fronteras estatales. Dado que el *demos* de la teoría democrática en principio es ilimitado, el régimen del control fronterizo debería ser democráticamente justificado, tanto para los extranjeros como para los ciudadanos, en instituciones políticas en las que tanto extranjeros como ciudadanos pudieran participar.

"Democratic Theory and Border Coercion: No Right to Unilaterally Control Your Own Borders" de Arash Abizadeh, fue publicado originalmente por Sage Publications, Inc. en Political Theory, Vol. 36, No. 1 (Feb., 2008), pp. 37-65. La traducción al español se publica en Aliosventos Ediciones AC con permiso de SAGE.

La legitimidad del derecho de un cuerpo social a controlar y cerrar unilateralmente sus fronteras a los extranjeros no puede establecerse a menos que se determine, en primer lugar, a quién correspondería la justificación de un régimen de control fronterizo. De acuerdo con la postura de la soberanía estatal –la ideología dominante en el sistema interestatal contemporáneo– la política de entrada debería ceñirse al criterio unilateral (de los miembros) del propio Estado, y sea cual sea la justificación requerida por una política de entrada particular, esta correspondería simplemente a sus miembros: no habría por qué darle una justificación a los extranjeros y, por ende, no tendrían por qué ejercer ningún control sobre la política estatal de entrada.[1] La intención de este documento es demostrar que semejante postura es inconsistente con la teoría democrática de la soberanía popular. Cualquiera que acepte una teoría genuinamente democrática de la legitimación política interna estaría consecuentemente comprometido a rechazar un derecho unilateral interno a controlar y cerrar las fronteras del Estado, ya sean entendidas desde el punto de vista cívico (al regular la membresía), o bien, desde el punto de vista territorial (al regular la movilidad).[2]

Esta tesis sorprenderá a quienes estén familiarizados con la literatura sobre la ética fronteriza. Mientras algunos, como Joseph Carens, han atacado las fronteras unilateralmente cerradas recurriendo a fundamentos liberales,[3] muchos han respondido apelando a fundamentos democráticos para defender el derecho unilateral al control (y por ende al cierre) de las fronteras. En otras palabras, en la literatura se pueden observar aportaciones en las que se percibe una tensión fundamental entre el liberalismo y la teoría democrática al momento de tratar la cuestión de las fronteras: mientras el liberalismo exige fronteras abiertas, la democracia exige una política limitante para que los miembros ejerzan su autodeterminación. Lo anterior incluye el control de sus propias fronteras. Este horizonte filosófico también se refleja en la práctica político-legal de los autodenominados Estados democráticos liberales. Es cierto que muchos Estados han reconocido, hasta cierto punto, un régimen liberal de derechos humanos que atempera su reclamo de soberanía fronteriza: muchos confieren a los extranjeros derechos legales (por ejemplo, al asilo), así como cierta participación en lo referente a los procedimientos jurídicos de entrada.[4] No obstante, a estos derechos humanos se los percibe como limitaciones en tensión con el derecho del pueblo democrático a controlar unilateralmente sus propias fronteras.

Ahora bien, en contra de la postura casi universalmente aceptada, afirmo que la teoría democrática debería rechazar el derecho unilateral a las fronteras cerradas, o de lo contrario, permitiría este derecho sólo derivadamente y sólo tras haber justificado exitosa y de manera democrática este derecho para los extranjeros. Esto es así porque el *demos* de la teoría democrática en principio es ilimitado, y el régimen de control fronterizo debería quedar democráticamente justificado tanto para los extranjeros como para los ciudadanos. En consecuencia, el argumento sería interno a la teoría democrática, en tanto que no se deriva de constricciones externas hechas a la soberanía popular. A su vez, el argumento del presente texto sería asimismo limitado: no se ofrece una defensa de la teoría democrática: el argumento sólo muestra lo que se seguiría *si* ya se es un demócrata comprometido.

Ver las fronteras desde la perspectiva de la teoría democrática en lugar de hacerlo desde el liberalismo provee una ventaja distintiva: al enfocarse en quiénes deberían legitimar los procesos políticos con los que los controles fronterizos quedarían legítimamente determinados, la teoría democrática identifica los marcos *políticos* legítimos (y no meramente jurídicos) dentro de los cuales quedarían adjudicadas las afirmaciones morales rivales esgrimidas por los liberales y sus críticos respecto a las políticas fronterizas de entrada. Mientras que la ideología de la soberanía estatal ha retratado una ciudadanía Estado-céntrica como *precondición* para la voz y la subjetividad políticas,[5] la teoría democrática, por el contrario, hace de la ciudadanía y sus derechos un *objeto* de la evaluación política. El derecho a la libertad de movimiento exhortado por movimientos como No One is Illegal, Solidarity Across Borders, o Sans-Papiers podrían o no ser merecedores de reconocimiento legal. Lo que aquí se muestra es que el reconocimiento o negación legal de este derecho debería ser el resultado de procesos democráticos que confieran una legitimación participativa a los extranjeros que reivindiquen este derecho. La teoría democrática, si se la entiende adecuadamente, provee el marco interestatal de legitimidad dentro del cual las demandas de libre movimiento por parte de los extranjeros pueden ser democráticamente adjudicadas.

El principio de autonomía: la justificación liberal y la justificación democrática de las instituciones coercitivas

El ejercicio estatal del poder político está respaldado, en última instancia, por la coerción. Esta constituye una violación de la libertad del individuo. La cuestión sería cómo podría reconciliarse el ejercicio del poder político con una visión de los seres humanos en el núcleo normativo tanto del liberalismo como de la teoría democrática: una visión de los seres humanos como inherentemente *libres* e *iguales*.[6]

En ninguno de estos casos la libertad, definida como la ausencia de limitaciones externas, sería el valor último en cuestión. Si algunas de estas libertades (como la libertad de consciencia) fueran más valiosas que otras (como la libertad de las señales de tráfico), entonces se seguiría que el valor de estas libertades dependería del modo en que estuvieran al servicio de algún otro valor o valores.[7] Para los propósitos de este artículo, se asume que el valor central tanto del liberalismo como de la teoría democrática es la autonomía personal y que la libertad es valiosa precisamente en la medida en que está al servicio de la autonomía. En este sentido se sigue a Joseph Raz, en cuanto a la comprensión de que el ideal de la autonomía personal implica "la visión de que las personas controlan, hasta cierto punto, su propio destino", al grado de ser capaces de determinar y perseguir sus propios proyectos, viéndose a sí mismas como "creadoras en parte de su propio mundo moral", y no como si estuvieran "sometidas a la voluntad de otro".[8] Para Raz, una vida autónoma, entendida de este modo, sólo es posible si se cumplen tres condiciones: la persona (1) cuenta con las *capacidades mentales* apropiadas para formular sus propios proyectos personales y perseguirlos, (2) goza de un rango adecuado de *opciones* valiosas, y (3) es *independiente*; es decir, no está sometida a la voluntad de otro a través de la coerción o de la manipulación. Raz llama a estas las tres *condiciones para la autonomía*.[9]

Estar sometido a la coerción puede invadir la autonomía del agente de tres maneras que se corresponden con las tres condiciones de la autonomía. En primer lugar, estar sometido a la coerción en ocasiones simplemente destruye (o impide el desarrollo) de las capacidades mentales requeridas. En segundo lugar, esta situación elimina opciones que de otra forma estarían disponibles para la persona. La autonomía no requiere de la *maximización* del número de opciones, sino sólo de un rango *adecuado* de opciones *valiosas* –ninguna opción en particular, ni tampoco una cantidad máxima–. Por lo tanto, la reducción coercitiva de las opciones socava de manera ocasional la segunda condición de la autonomía; es decir, sólo si el agente dispone de un rango inadecuado de otras opciones valiosas. Sin embargo, la tercera condición de la autonomía –la independencia– *siempre* resulta invadida por el sometimiento a través de la coerción, ya que somete a un agente a la voluntad de otro. Por ello es que habría ciertas diferencias con respecto a la propia autonomía si agentes que actúan *intencionalmente* (en lugar de ocurrir, por ejemplo, por un desastre ineludible) eliminaran las opciones personales. Por esta misma razón, el sometimiento a través de la coerción afecta la autonomía de los esclavos, incluso si sus amos les ofrecen lo que de otro modo sería un rango adecuado de opciones valiosas.[10]

El aparato legal del Estado somete a los individuos a través de dos maneras: por medio de actos coercitivos, y a través de amenazas coercitivas. Un *acto coercitivo* priva directa y preferentemente a una persona de algunas opciones que de otro modo tendría. La modalidad más obvia de acto coercitivo sería el uso de la fuerza física con la que un agente actúa sobre el cuerpo o el ambiente físico de la persona. Por ejemplo, podría haber agentes legalmente autorizados por el Estado para aplicar la fuerza y evitar así que una persona llevara a cabo un acto homicida, que hablara en público, o que ingresara a su territorio. Una *amenaza coercitiva*, en contraste, simplemente comunica la intención de actuar en el futuro. Su efecto anticipado es impedir que la persona se decante por una opción que de otro modo podría elegir. Por lo tanto, además de impedir directamente la búsqueda de algunas opciones, los Estados también amenazan a las personas con sanciones en caso de cometer ciertas acciones proscritas.[11]

Dado que la coerción siempre invade la autonomía, se considerará que tanto el liberalismo como la teoría democrática comparten la visión de que las prácticas coercitivas por parte del Estado —es decir, aquellas que someten a la persona a través de la coerción— deben eliminarse, o bien, han de ser justificadas de un modo consistente con el ideal de autonomía. Para ello se seguirá a Michael Blake, y se denominará a esta demanda de justificación como *principio de autonomía*. Como Blake indica, aunque cualquier instancia de sometimiento coercitivo invade directamente la autonomía del agente, dado que para garantizar las tres condiciones de autonomía podrían necesitarse formas colectivas de vida que dependerían de las instituciones coercitivas del Estado, entonces un modo de justificar estas instituciones sería demostrar que su coacción les ayuda a contribuir de un modo más global (y más significativo) a la autonomía, precisamente, de las personas sometidas a dichas instituciones.[12]

El liberalismo y la teoría democrática persiguen esta estrategia general de justificación de diferentes maneras. El liberalismo, al modo en que aquí se presenta, interpreta que el principio de autonomía exige que el ejercicio del poder político sea en principio *justificable* para todos, incluyendo a las personas sobre las que se ejerce, de modo consistente con la visión de que cada persona es libre (autónoma) e igual. La teoría democrática de la soberanía popular, en contraste, sostiene que el ejercicio del poder político es legítimo sólo en la medida en que esté realmente *justificado por y para* las propias personas sobre las que se ejerce, de un modo consistente con la visión de que son libres (autónomas) e iguales.

Así, la diferencia clave entre el liberalismo y la teoría democrática es que mientras el primero recurre a una estrategia de justificación hipotética para establecer la *justicia* de las instituciones y de las leyes por medio de las cuales se ejerce el poder político, la segunda exige una *participación real* en las prácticas institucionalizadas de justificación discursiva, encaminadas al establecimiento de la *legitimidad* de las instituciones políticas y de las leyes.[13] Por lo tanto, lo que se consideraría como una justificación válida, diferirá en cada contexto. Bajo la estrategia liberal de justificación, afirmar que se debe una justificación "a todas las personas" equivale a decir que cualquier justificación putativa del ejercicio del poder político debería considerar los intereses de cada persona y su estatus como agente libre e igual del que surgen valores. No se trata de afirmar nada sobre el *proceso* de justificación como tal –es decir, sobre quién debería realmente participar en este proceso– sino sobre su contenido, por ejemplo, sobre qué cuenta como una razón en la justificación. En contraste, bajo la estrategia democrática, afirmar que se debe una justificación "a todos aquellos sobre los que se ejerce el poder" equivale a decir algo sobre el proceso: que todas estas personas deben tener la oportunidad (1) de realmente participar en los procesos políticos que determinan el modo en que se ejercerá el poder, en términos que sean (2) consistentes con su libertad e igualdad. Aquí se considera que estas dos condiciones –*participación* y *libertad/ igualdad*– se corresponden con una concepción deliberativa de la democracia, según la cual quienes están sujetos al poder político han de ser capaces de percibir sus instituciones políticas y leyes como resultado de su propia deliberación pública, libre y razonada, como iguales.[14]

Así pues, se dejan abiertas preguntas más concretas sobre la teoría democrática. Por ejemplo, este artículo no asume ninguna teoría de igualdad política, misma que sería necesaria para precisar qué clase de instituciones participativas cumplen con la segunda condición de la legitimidad democrática.[15] Se opta por dejar abierto el que la legitimidad democrática exija la participación en el sentido literal que promueven los demócratas participativos, o bien, que sea compatible con la representación u otros medios de articulación institucionales. Se empleará la palabra *participación* en cualquier sentido requerido por las personas con tal de percibirse a sí mismas como autoras libres e iguales de las leyes a las que están sometidas. Quienes lean el presente documento completarán por sí mismos los detalles normativos e institucionales que reflejen su elaboración preferente de la teoría democrática. Sin embargo, no deberían imponer la aplicación de la teoría democrática que aquí se propone en el terreno poco familiar de las fronteras con la carga poco atractiva de otras versiones implausibles sobre la teoría democrática, mismas que a su vez causarían estragos normativos en los terrenos internos conocidos. Tampoco deberían perder de vista que las dos condiciones que se han impuesto ya de suyo tienen consecuencias. Por ejemplo, la segunda condición descarta la reducción de la participación democrática a una votación mayoritaria directa simple, en la que una mayoría establecida podría simplemente imponer leyes sin razones deliberadas sobre una minoría establecida.[16]

De modo concomitante, la primera condición supone que la justicia, en el sentido liberal, no sería condición suficiente para la legitimidad democrática: podría ser que un conjunto de leyes pasara el examen liberal de la justificación hipotética, pero aun así, habría una falta de legitimidad democrática si las leyes sólo fueran los edictos de un autócrata iluminado. La teoría democrática moderna de la soberanía popular interpreta que el principio de autonomía requiere de instituciones políticas que puedan verse como medio para la *autodeterminación* colectiva del pueblo sometido a ellas. El principio democrático de la autodeterminación podría seguirse del ideal de la autonomía personal de dos maneras: ya sea porque las instituciones políticas democráticas son *instrumentalmente* necesarias para la protección de la autonomía personal de la intrusión coercitiva, o bien, porque el hecho de ser capaz de verse a uno mismo como el autor de las leyes a las que uno se somete es *inherentemente* necesario para justificar una coerción consistente con la autonomía.[17] En cualquier caso, lo que distingue a la teoría democrática del liberalismo es el principio de la autodeterminación.

¿Universalismo liberal frente a particularismo democrático?

A pesar de los fundamentos comunes de las teorías liberal y democrática concernientes a los valores de la libertad y de la igualdad, muchos creen que ambas se distancian precisamente en la cuestión de las fronteras cívicas y territoriales. La visión según la cual existe una tensión fundamental entre el liberalismo y la teoría liberal a este respecto está tan establecida que liberales como Philip Cole, contrarios a la defensa democrática de las fronteras cerradas, se ven obligados a restringir la visión de la teoría democrática: "Nosotros [liberales igualitarios] creemos que la igualdad moral de las personas (…) [establece] límites a la autodeterminación; se puede afirmar con acierto que algunas cuestiones trascienden el alcance de los poderes democráticos de cualquier cuerpo de personas. Esta clase de límites impuestos al poder democrático son familiares dentro de la filosofía política liberal".[18] Lo que Cole da por sentado es que la teoría democrática se enfrenta a la demanda liberal de fronteras abiertas.

Jean Cohen explicita esta tensión ostensible. Según él, el liberalismo es "universalizante e inclusivo, pero apolítico e individualista". De la democracia afirma que es "política, internamente igualitaria y uniforme, pero externamente exclusiva y particularizante".[19] De modo similar, Chantal Mouffe asegura que, en contraste con el liberalismo, la "concepción democrática [de la igualdad] precisa la posibilidad de distinguir quién pertenece al *demos* y

quién es externo a él; por lo mismo, no puede existir sin el correlato necesario de la desigualdad".[20] Si bien el liberalismo supuestamente debería referirse
a una serie de derechos *universales* poseídos por personas en tanto que seres
humanos, la democracia debería referirse a una serie de derechos civiles o
políticos poseídos por personas en cuanto *miembros* de comunidades políticas *particulares*. Por ende, la diferencia putativa sobre las fronteras puede
concebirse como la consecuencia lógica de la diferencia fundamental entre
el liberalismo y la teoría democrática: mientras el liberalismo exige una justificación hipotética, el principio democrático de autodeterminación exige
procesos políticos discursivos reales e institucionalizados que dependen de
la participación de ciudadanos movilizados como un pueblo democrático.[21]

En cuanto a la visión que nos compete, la democracia presupone un
demos colectivo que conforma una comunidad política *particular*: al distinguir entre miembros y no miembros está inherentemente limitada. Por consiguiente, Frederick Whelan ha concluido que "mientras el liberalismo en
su realización plena exigiría la reducción, si no es que la abolición, de los
poderes soberanos de los Estados (…) especialmente aquellos conectados con
fronteras y con la distinción ciudadano-extranjero". En contraste, la democracia "prácticamente exige la división de la humanidad en grupos distintos
y cívicamente limitados que funcionan como unidades políticas más o menos
independientes (…) y demanda que las *personas* se dividan en *pueblos*".[22]

Evidentemente, el hecho de afirmar que la democracia demanda la existencia de fronteras (*i. e.*, jurisdicciones políticas diferenciadas) no dice nada
sobre el tipo de régimen de control fronterizo que exigiría: la democracia podrá necesitar fronteras, pero no fronteras cerradas bajo el control unilateral
interno. Las cuestiones de la *existencia* y del *control*, aunque están relacionadas,
no deberían mezclarse. La mera existencia de una frontera que limita diferentes
jurisdicciones políticas no implica necesariamente nada sobre su régimen de
control fronterizo, que incluye la *política de entrada* imperante (qué tan abierta,
porosa, o cerrada sea la frontera), así como *quién controla* la política de entrada.
La frontera entre Ontario y Manitoba existe, pero la entrada política está abierta y está determinada de modo conjunto a través de instituciones federales.

La defensa del derecho putativo a controlar y cerrar las propias fronteras de modo unilateral exige otro argumento. Este invariablemente resur-
ge al apelar al principio distintivamente democrático de la autodeterminación que, como se sostiene, demanda el control fronterizo unilateral. Como
Whelan afirma, si de acuerdo con la teoría democrática "la operación de las
instituciones democráticas debería equivaler a la "autodeterminación", o al
control de las personas sobre todas las cuestiones que afectan sus intereses
comunes", y si, como parece ser el caso, la "admisión de nuevos miembros

en el grupo democrático" equivale a "una cuestión" que afecta "la calidad de la vida pública y el carácter de su comunidad", entonces, aparentemente, el principio de la autodeterminación necesitaría del derecho unilateral al control fronterizo y a la membresía.[23] Esta es precisamente la postura de Michael Walzer, quien llega incluso a afirmar que "la admisión y la inclusión… sugieren el significado más profundo de la autodeterminación".[24]

En cuanto a la visión común sobre las fronteras, la tensión fundamental entre el liberalismo y la teoría democrática consiste en el hecho de que el universalismo liberal reclama el trato imparcial de todos los seres humanos y, por lo tanto, exige fronteras abiertas. El principio democrático de la soberanía popular, por su parte (y su corolario, el principio de la autodeterminación), exige el control colectivo –sin interferencia externa– de los asuntos de la comunidad política, incluyendo la regulación de sus fronteras. Lo que se busca desafiar en este trabajo es la segunda mitad de esta postura; a saber, el que la teoría democrática de la legitimidad política, y en particular su principio de autodeterminación, derive en un derecho al control unilateral sobre las propias fronteras.

La tesis de la justificación democrática y la tesis del *demos* ilimitado

La cuestión inicial es si hay algunas consideraciones intrínsecas a la teoría democrática que generen un presupuesto, ya sea a favor del control unilateral interno de las fronteras, o a favor de un control conjunto entre los ciudadanos y los extranjeros. La respuesta dependerá de a quién corresponda la justificación democrática. No se puede determinar si una política de entrada con fronteras cerradas bajo un control unilateral de los ciudadanos sería democráticamente legítima, a menos que primero sepamos a quién corresponde la justificación de un régimen de control. La tesis de este documento es que, de acuerdo con la teoría democrática, *la justificación democrática de un régimen de control fronterizo corresponde, a fin de cuentas, tanto a los miembros como a los no miembros.*

El argumento de esta tesis en apariencia radical es, en realidad, simple. La premisa del primer argumento establece el principio normativo democrático de la legitimación política. La segunda cae en cuenta de un hecho empírico obvio. En primer lugar, una teoría democrática de la soberanía popular necesita que el ejercicio coercitivo del poder político esté democráticamente justificado para todos aquellos sobre los que será ejercido; es decir, la justificación corresponde a todos aquellos sometidos a la coerción estatal. En segundo lugar, el régimen de control fronterizo de una comunidad política limitada somete tanto a los miembros como a los *no miembros* al ejercicio coercitivo del poder por parte del Estado. Por lo tanto, la justificación de un régimen particular de control fronterizo corresponde no sólo a quienes serían miembros según las fronteras, sino también a los no miembros.

Nótese lo que el argumento *no* dice. El argumento no sostiene que a todos los *afectados* por el régimen político les correspondería una justificación democrática (y que, por lo tanto, tendrían derechos de participación democrática). El argumento apela a un principio más restringido que se refiere no a quienes resultan afectados por el régimen político, sino a quienes están *sometidos a la coerción*. El principio de todos los afectados ciertamente facilitaría el caso de esta tesis, y llevaría a conclusiones tan robustas como a las que llega.[25] Sin embargo, no apela a este principio, no porque lo rechace, sino porque no es necesario. Dado que el principio de autonomía es más restringido, el hecho de que este argumento proceda, corrobora la solidez de sus conclusiones.[26]

Partimos de que el punto controvertido del argumento se encuentra en su premisa tácita, reflejada en la referencia a "todos" en la primera premisa –es decir, al hacer referencia a todas las *personas* en lugar de a todos los *ciudadanos* (miembros)–. Esta formulación de la teoría democrática en torno a la soberanía popular tácitamente presupone que el *demos* al que corresponde la justificación democrática es, en principio, ilimitado. Llamo a esto la *tesis del demos ilimitado*. Se trata precisamente de la tesis rechazada por aquellos para los que la teoría democrática y el liberalismo chocan cuando de fronteras se trata.[27] Recordemos que estos teóricos hacen esta distinción con base en que la autodeterminación colectiva, demandada por la teoría democrática de la soberanía popular, presupone un *demos* inherentemente limitado. Por lo tanto, la objeción obvia al argumento sería que su primera premisa refleja la interpretación *liberal* universalista del principio de autonomía y no la interpretación *democrática* particularista que se necesitaría. El presente argumento a favor del *demos* ilimitado procede al demostrar que la tesis contraria –es decir, que el *demos* está inherentemente limitado– es incoherente. Esta incoherencia se deriva de dos problemas en la teoría democrática.

Lo primero se refiere a lo que Whelan ha llamado el *problema de la frontera*. Este surge en cuanto se concibe que la legitimación democrática necesita que el ejercicio del poder político corresponda con la voluntad "del pueblo". La cuestión entonces se reduce a quiénes constituirían *el pueblo*. El problema de la frontera consiste en el hecho de que la teoría democrática es incapaz de especificar, a través de términos consistentes con su propia teoría de legitimidad política, las fronteras del pueblo que la conforma. Independientemente del tipo de participación requerida por la legitimidad democrática para justificar el ejercicio del poder político, esta sería la pregunta obvia: ¿de *quién* sería la participación necesaria para la legitimización? Con igual obviedad, esta cuestión sobre la membresía no puede resolverse a partir de un principio de participación: para dar respuesta a la cuestión sobre la membresía tendríamos que preguntarnos nuevamente a *quién* correspondería la participación. Lo anterior, por su parte, da pie a una pregunta de segundo orden sobre la membresía, y así indefinidamente. Como afirma Whelan, "el problema de la frontera es una cuestión de decisión colectiva que no puede decidirse democráticamente (…) deberíamos tomar una decisión previa en cuanto a quiénes tendrían derecho a participar para llegar a una solución (…). [La democracia] no puede resolver la cuestión lógicamente previa de la constitución del propio grupo, cuya existencia presupone".[28] La teoría democrática es incapaz de legitimar las fronteras particulares que presupone en cuanto asume que el *demos* es inherentemente limitado.

El segundo problema refleja el hecho de que la teoría democrática *exige* un principio democrático de legitimación de las fronteras, pues éstas son uno de los modos más importantes en los que se ejerce de manera coercitiva el poder político sobre los seres humanos. Las decisiones sobre a quién se le permite o niega la membresía y sobre quién controla dichas decisiones, se cuentan entre las instancias más importantes del ejercicio del poder político. No lo olvidemos: los controles fronterizos modernos dependen de un conjunto aterrador de aparatos coercitivos, que incluyen perros policía, alambradas electrificadas, helicópteros, encarcelamientos, deportaciones, tortura, recibir disparos y demás. Por *su propia naturaleza*, el tema de la frontera plantea un *problema de externalidad*: mientras que la democracia afirma un ejercicio legítimo del poder político al referir a aquellos sobre quienes se ejerce el poder, las fronteras cívicas, que por definición distinguen entre los miembros y los no miembros, son siempre instancias de poder que se ejercen sobre los miembros *y sobre los no miembros* –precisamente ante estos últimos es que la política democrática limitada se proclama legítimamente justificada para ignorar sus voluntades, posturas e intereses–. En otras palabras, el acto de constituir las fronteras cívicas siempre constituye un ejercicio de poder sobre ambos, ciudadanos y extranjeros, e intrínsecamente, por el propio acto de constituir la frontera, margina a los extranjeros sobre los que se ejerce el poder. Este aspecto *conceptual* de las fronteras cívicas es precisamente lo que confronta a la teoría democrática con un problema de externalidad (el problema se transfiere directamente a las fronteras territoriales en tanto que la ciudadanía es un criterio para restringir la entrada).

Así, la asunción de que el *demos* está inherentemente limitado conduce a una teoría lógicamente incoherente de la legitimidad política. El problema de la frontera hace que la teoría democrática tradicional de la soberanía popular

limitada sea incoherente debido al compromiso consecuente con ciertas pro-
posiciones incompatibles: por un lado, el que el ejercicio del poder político
esté legitimado al corresponder con la voluntad del pueblo y, por otro lado,
que la determinación política de las fronteras que constituyen al pueblo sea
legítima incluso si dichas fronteras no son (y podrían no ser) producto de la
voluntad del pueblo. La segunda fuente de incoherencia apunta al problema
de la externalidad. Por un lado, la teoría democrática de la legitimidad política precisa la justificación del ejercicio del poder sobre quienes se ejerce.
Por el otro, la asunción de que el *demos* está inherentemente limitado hace
imposible que se cumpla este criterio en lo *conceptual*: debido a lo que una
frontera (cívica) es a nivel de concepto, constituirla siempre será un ejercicio
de poder sobre personas que, en la propia constitución de la frontera, serán
excluidas de la membresía con aquellos para quienes el poder está justificado.

Sin embargo, la fuente de incoherencia no es la teoría democrática como
tal: tanto el problema de la frontera como el problema de la externalidad
son artefactos de la teoría democrática de una soberanía popular *limitada*.
La postura según la cual el *demos* está inherentemente limitado acaba por
ser incoherente, pues se sustenta en una lectura errada del principio de la
legitimidad democrática. Esta lectura equivocada asume que el poder político es democráticamente legítimo sólo en la medida en que su ejercicio
corresponda con la "voluntad del pueblo" pre-políticamente constituida.[29] A
este respecto, la voluntad del pueblo debe estar pre-políticamente constituida
por sí misma, pues el mero hecho de poder hacerlo no implica que esté bien
hecho: así, el ejercicio del poder político ha de buscar su principio legitimado
en algo *previo a* sí mismo. Ahora bien, para siquiera hablar de una voluntad
colectiva, el pueblo debe tener cierta existencia corporativa. Con el fin de
que su voluntad sea una *fuente* legitimadora y no un producto del poder
político, dicho pueblo corporativo ha de existir por virtud de cierta cualidad
especificada antes de, o independientemente del ejercicio del poder político.
Por lo tanto, de acuerdo con esta mala lectura, la legitimidad democrática
presupone un pueblo pre-políticamente constituido, limitado y corporativo
(cuya voluntad justifica el ejercicio del poder político). El resultado es que
la teoría democrática en sí misma no puede *generar* una respuesta a lo que la
gente es; sólo presupone una respuesta. Este es el origen de la incoherencia.

En cuanto abandonamos esta imagen implausible del *demos* como una
entidad pre-políticamente constituida y realmente existente, surge en el
panorama una lectura alternativa de su legitimidad democrática: la postura
según la cual el poder político es legítimo sólo en tanto que su ejercicio
esté mutuamente justificado por y para aquellos sometidos a él, de un modo
consistente con su libertad e igualdad. Esta es la postura que se articuló desde

el inicio. No hay duda aquí de una voluntad corporativa pre-políticamente constituida. El principio democrático de la legitimidad exige el reemplazo de las relaciones coercitivas por relaciones de argumentación discursiva y la legitimación de las demás instancias de coerción. Estas someten a las prácticas discursivas participativas de justificación mutua siguiendo términos consistentes con la libertad y la igualdad de todos. De acuerdo con esta postura, la teoría democrática *provee* una respuesta al problema de la frontera: el alcance de este principio de legitimación se extiende hasta donde lleguen las prácticas de justificación mutua, lo que equivale a decir que el *demos* es, en principio, ilimitado. Por consiguiente, incluso el establecimiento y el control de las fronteras en definitiva deberían estar justificados para quienes se los definiera como no miembros por dichas fronteras.

La consecuencia de la tesis del *demos* ilimitado es que una política de entrada con fronteras cerradas podría ser democráticamente legítima sólo si su justificación está dirigida tanto a los miembros como a los no miembros; o bien, si está dirigida a los miembros cuyo derecho unilateral a la política de control de entrada recibiera una justificación dirigida a todos. En cualquier caso, el régimen de control en última instancia debe estar justificado tanto para los extranjeros como para los ciudadanos. Como resultado, el régimen estatal de control fronterizo sólo podrá adquirir su legitimidad si existen instituciones democráticas cosmopolitas en las que las fronteras estuvieran justificadas tanto para los ciudadanos como para los extranjeros. Obviamente, este tipo de instituciones participativas no existen actualmente como tales a nivel global; salvo con una visión limitada, por ejemplo, entre los países que forman la Unión Europea. La implicación es que, desde una perspectiva democrática, los actuales regímenes de control fronterizo adolecen de un vacío de legitimidad: los regímenes unilaterales de control fronterizo que parecen fluir naturalmente de la doctrina de la soberanía estatal serían ilegítimos desde el punto de vista democrático. A partir de su propia versión de la legitimidad política, los demócratas se ven en la necesidad de apoyar la formación de instituciones democráticas cosmopolitas que tengan jurisdicción tanto para determinar la política de entrada como para legítimamente delegar la jurisdicción sobre la política de entrada a Estados particulares (o a otras instituciones).

El argumento de la autodeterminación

La tesis del *demos* ilimitado no sólo sustenta el argumento que explica por qué la teoría democrática intrínsecamente requiere que los regímenes de control fronterizo estén determinados conjuntamente por ciudadanos y extranjeros (a menos que sea democráticamente delegado a los ciudadanos). También pone en evidencia por qué falla el argumento democrático intrínseco más importante –el argumento de la autodeterminación– para un derecho unilateral de la política para determinar su propio régimen de control fronterizo. Michael Walzer sugiere que la autodeterminación democrática intrínsecamente exige la discreción unilateral para cerrar las propias fronteras a los extranjeros, ya que, en ausencia de un control fronterizo, un pueblo podría no ser una "comunidad de carácter" con su propia forma de vida distintiva. Este criterio, afirma, forma parte del "significado" de la autodeterminación.[30] La incapacidad para cerrar las fronteras socavaría la capacidad de un pueblo de perseguir sus propios proyectos colectivos y bienes distintivos (como serían los generosos programas de beneficencia, la atención sanitaria universal, o la protección cultural).[31] Por su parte, esta incapacidad para determinar los términos de asociación política, dañarían la autonomía de cada ciudadano.

No obstante, la tesis del *demos* ilimitado dirige nuestra atención hacia lo que esta caracterización toma por hecho: la apelación a la autodeterminación aquí hace brotar la pregunta acerca de qué colectivo relevante estaría auto-determinándose cuando hablamos de auto-determinación Esto refiere precisamente a lo que está en juego en la teoría democrática. Si, en principio, el *demos* es ilimitado, entonces la autodeterminación de políticas democráticas diferenciadas se *derivaría* de la autodeterminación del "*demos global*" como un todo. La tesis del *demos* ilimitado *no* descarta la legitimidad potencial de las fronteras políticas y de las jurisdicciones diferenciadas; sólo confirma que la existencia de las fronteras políticas y su régimen de control demandan una justificación. Si, en principio, el *demos* es ilimitado, entonces la apelación a la autodeterminación para justificar el derecho de un cuerpo político *limitado* para determinar su propio régimen de control fronterizo presupone que los cuerpos políticos diferenciados y limitados están, de hecho, justificados. Esto implica que cualquier justificación putativa para un régimen de control fronterizo particular *debe ella misma ser consistente, para empezar, con las consideraciones que justifican la existencia de las fronteras.* La tesis que aquí se sugiere es la siguiente: el argumento de la autodeterminación a favor de un derecho putativo unilateral de control, y para cerrar las propias fronteras es, a nivel general, incompatible con los argumentos liberales y democráticos más plausibles a favor de la existencia de las fronteras.

Considérense los cinco argumentos más plausibles, basados en el valor de la autonomía, para la existencia de fronteras: (1) el argumento pluralista (o de la diversidad), (2) el argumento de la dispersión del poder, (3) el argumento de las preferencias fronterizas, (4) el argumento subsidiario, y (5) el argumento de la protección de las minorías. En cada caso, considero en primer lugar, la justificación de la *existencia* de las fronteras, y luego su compatibilidad con un *régimen unilateral de control fronterizo*.

1. El primer argumento afirma que un mundo político pluralista es necesario para posibilitar el desarrollo de modos de vida diversos y colectivos: sin las fronteras políticas, esta diversidad se perdería en un mar de homogeneidad. En cambio, el valor de semejante diversidad podría explicarse por su papel constitutivo en el ideal de autonomía. Recordemos que el ideal demanda la existencia de un rango de *opciones valiosas* entre las cuales el individuo pueda elegir para configurar su propia vida.[32] Raz sostiene que, por su parte, la existencia de semejantes opciones valiosas depende de la existencia de formas sociales de conducta ampliamente practicadas que les confieran su significado.[33] En la medida en que algunas formas sociales y la persecución efectiva de sus bienes característicos necesiten del apoyo de las instituciones políticas, entonces la pluralidad de las jurisdicciones políticas será un elemento constitutivo del ideal de autonomía: sólo entonces podrá un individuo elegir significativamente entre, digamos, las opciones de vida disponibles en una sociedad libertaria frente a aquellas disponibles en una sociedad más igualitaria.[34]

El argumento de la autodeterminación a favor del control fronterizo unilateral simplemente busca sostenerse en la noción subyacente al argumento pluralista a favor de la existencia de fronteras: afirma que la búsqueda de bienes colectivos distintivos no sólo depende de la *existencia* de fronteras, sino de la capacidad interna para *cerrarlas*.[35] (Lo anterior, claro está, es una afirmación empírica: nótese que se desmiente por la existencia de la diversidad regional dentro de regímenes federalistas, confederales e interestatales con fronteras centralmente controladas y/ o abiertas por subunidades. Pocos pensarían que el hecho de que haya fronteras abiertas entre Francia y Alemania transformaría a los franceses en alemanes. Sin embargo, persiste un problema intratable con este argumento a nivel normativo). El problema intratable es que el valor de la diversidad, al que apela el argumento pluralista de la existencia de las fronteras, quedaría totalmente comprometido si los individuos que quisieran entrar y unirse a otra comunidad política fueran unilateralmente excluidos. El argumento pluralista asume que el desarrollo de diversos modos de vida es valioso y que, por ende, las fronteras son instrumentalmente valiosas. La diversidad optimiza la autonomía al proveer a los individuos un rango de opciones valiosas. Ahora bien, si los cuerpos sociales tuvieran la discreción unilateral de cerrar sus fronteras a los extranjeros, entonces ya no sería claro por qué dicha diversidad sería valiosa desde un inicio. Si a los individuos se les negara unilateralmente la posibilidad de entrar y formar parte de otras comunidades políticas, entonces la mera *existencia* de modos diversos de vida (política) protegidos por dichas fronteras ya no les proveerían de opciones valiosas. El argumento es auto derrotista: el argumento de la autodeterminación a favor de un derecho unilateral a cerrar las fronteras a los extranjeros, con la finalidad de perseguir bienes colectivos distintivos es incompatible desde su punto de partida con el argumento pluralista a favor de la existencia de fronteras.[36]

2. El argumento más distintivamente liberal a favor de unidades políticas diferenciadas y limitadas se basa en el miedo liberal clásico a un poder político concentrado que potencialmente podría derivar en una tiranía. En consecuencia, los liberales han buscado contrarrestar a posibles tiranos, así como la amenaza que suponen para la autonomía, a través de la división y la dispersión del poder.[37] Dado que la tiranía más terrible de todas sería una de carácter mundial, muchos conciben la pluralidad de las unidades políticas como una defensa crucial contra la tiranía.[38]

Para cualquier individuo, una tiranía localizada resulta menos amenazante que una global en dos sentidos: otros cuerpos sociales podrían servir en el futuro como catalizadores externos para el cambio político dentro de la tiranía y podrían ofrecer un refugio seguro al cual llegar. Mientras la primera consideración es compatible ya sea con fronteras unilateral o conjuntamente controladas, abiertas o cerradas, la segunda consideración descarta totalmente las fronteras cerradas unilateralmente. Dado que otros cuerpos sociales sólo podrían ofrecer de modo creíble un refugio seguro si realmente fuera posible entrar en ellos, este argumento para la existencia de fronteras sólo procede si éstas no están unilateralmente cerradas.

3. El argumento de las preferencias fronterizas apela al valor de vivir en una asociación política a partir de los términos que podamos reconocer como propios. Uno de estos términos sería la determinación de nuestros compañeros ciudadanos: los individuos suelen tener preferencias en cuanto a *con quién quieren compartir una vida colectiva y sus instituciones políticas*; es decir, sus preferencias podrían referirse a la existencia y naturaleza de las fronteras.[39] Así, la existencia de las fronteras aquí estaría justificada como un mecanismo que permitiría al mayor número posible de individuos compartir la asociación política con quien lo deseen. Para algunos, esta justificación, que apela a la misma consideración del principio de la libertad de asociación, parece perfectamente razonable como una justificación general para la *existencia* de las fronteras.

Sin embargo, un *régimen de control* no podría justificarse apelando simplemente, como los defensores libertarios de la libertad de asociación podrían estar tentados a hacerlo, a las preferencias exclusivas de aquellas personas que una frontera particular determinaría como miembros. Consideremos un mundo estilizado dividido en dos Estados con cinco grupos de igual tamaño y las siguientes preferencias fronterizas: los individuos de los grupos A y B prefieren asociarse juntos a nivel político, pero no con los individuos de los grupos C, D o E. Los individuos del grupo C prefieren asociarse con los grupos D y E, pero no con los grupos A o B; y los grupos D y E prefieren asociarse entre sí, mas no con los grupos A, B o C. En ese caso, C preferiría unirse con D y E; A y B también preferirían que lo hicieran; pero D y E preferirían que no. (La situación C es más que común entre los refugiados: pensemos en los judíos que huían del nazismo a bordo del barco *St. Louis*, que fue rechazado por las autoridades cubanas y estadounidenses y finalmente regresó a Europa). Sin embargo, permitir a D y E el derecho unilateral de negar la entrada o membresía de C en realidad impide la satisfacción del número máximo de preferencias fronterizas. De nueva cuenta, las fronteras tienen externalidades: no sólo impactan coercitivamente a los *internos* putativos; también impactan coercitivamente a los extranjeros putativos. Se podría pensar en los posibles migrantes de un cuerpo social a otro como si expresaran su preferencia sobre con quién desean compartir una asociación política. La protección de esa preferencia es una de las motivaciones que subyacen a la defensa de la libertad de movimiento. Por lo tanto, el argumento de las preferencias fronterizas a favor de las fronteras ofrece razones tanto a favor *como en contra* de la capacidad de las fronteras cerradas. Desde la perspectiva de los internos, el argumento de las preferencias fronterizas provee razones para otorgar a los internos la capacidad de cerrar sus fronteras; pero desde la perspectiva de los externos, provee razones para no hacerlo. El equilibrio de las razones sugiere permitir a los internos *cierto* control sobre fronteras *porosas* (y no cerradas); el grado de extensión de lo anterior dependerá probablemente de las circunstancias. Sin embargo, la justificación de las preferencias fronterizas no es compatible con la simple afirmación de un derecho unilateral para controlar y cerrar las fronteras con base en la autodeterminación.

4. La justificación más distintivamente democrática de las fronteras, que apela directamente al principio de la autodeterminación, se deriva del problema clásico de la escala: cuanto más grande es el cuerpo social, menos significativa es la participación política y las aportaciones del individuo, y las instituciones políticas son menos receptivas a sus puntos de vista, necesidades y preferencias. El problema del *input* del *control* ciudadano surge en la medida en

que la participación democrática y el control sobre las instituciones políticas que moldean el propio ambiente se evalúan de forma no instrumental como elementos constitutivos de vivir una vida autónoma: el control del individuo se reduce proporcionalmente al tamaño del cuerpo social. El problema del *output* de la *capacidad de respuesta* surge en la medida en que la participación democrática se evalúa instrumentalmente como el mejor medio para garantizar que las instituciones políticas puedan responder a las necesidades y preferencias de los ciudadanos. El modo más eficiente de gobierno para servir a los intereses diversos y particulares de los ciudadanos podría, en consecuencia, ser la asignación de la jurisdicción y responsabilidad políticas a instituciones más locales.[40]

Sin embargo, algunos fenómenos escapan el control de instituciones más locales, y en este caso otorgar al individuo un mayor "control" sobre las instituciones políticas por vía del localismo sería un gesto vacío.[41] Como resultado, este tipo de argumentos a favor de la diferenciación convergen en un principio de subsidiaridad, según el cual las unidades políticas más pequeñas que sean capaces de ejercer un control efectivo sobre alguna cuestión deberían gozar de jurisdicción. Por lo tanto, la cuestión es si un régimen político limitado de control fronterizo debería encontrarse bajo una jurisdicción unilateral local o bajo algún nivel más "alto" de jurisdicción conjunta. El argumento de subsidiaridad está motivado por el interés de maximizar el control de cada individuo sobre los factores que afectan su vida; la cuestión específica que tratamos ahora es el control sobre las preferencias fronterizas; es decir, cómo maximizar el control del individuo en torno a la elección de con quién forma parte de un cuerpo social. En otras palabras, con referencia a la cuestión específica del control fronterizo, el argumento de la subsidiaridad converge con el argumento de las preferencias fronterizas a favor de la existencia de fronteras, cuyas implicaciones acabamos de revisar.

5. El último argumento busca proteger la autonomía de los miembros de los grupos minoritarios. Recordemos que la teoría democrática interpreta políticamente el ideal de la autonomía, lo que significa que un individuo debería ser capaz de percibir a las principales instituciones políticas que gobiernan su vida como si protegieran o reflejaran los valores y las preferencias que sostiene. El argumento de la protección de las minorías procede al hacer notar que los individuos que conforman una minoría dentro de un cuerpo social democrático particular tendrán más probabilidad, a comparación de los grupos minoritarios, de lograr que sus valores se vean reflejados en sus instituciones políticas y en su vida pública colectiva. Así, las minorías podrían tener dificultad para percibirse a sí mismas como autores de las leyes

bajo las que viven.[42] El argumento de la protección de las minorías defiende jurisdicciones diferenciadas como una forma de proteger a las minorías consolidadas del dominio político perpetuo de las mayorías consolidadas; las fronteras permiten que un mayor número de personas vivan bajo las instituciones políticas que reflejan sus aspiraciones a favor de la naturaleza de la vida pública colectiva.[43]

Este argumento a favor de la existencia de las fronteras no es incompatible con el argumento de la autodeterminación a favor del control unilateral interno. Si el objetivo de las fronteras es proteger a una minoría establecida (y sus términos favorecidos para la asociación política) para evitar que sea arrasada por extranjeros que podrían llegar a dominar el cuerpo social hasta transformar fundamentalmente su carácter, entonces es concebible que, bajo ciertas circunstancias limitadas, la legitimidad democrática debería otorgar, al menos, *cierta* discreción unilateral para cerrar las fronteras a fin de proteger las aspiraciones de una minoría política. Esto es así porque esta discreción debería ser necesaria para que se llevara a cabo la participación democrática de modo consistente con la libertad y la igualdad de los miembros de la minoría.[44]

En resumen: de los cinco argumentos plausibles a favor de la existencia de fronteras, sólo el argumento de la protección de las minorías sería compatible con el derecho unilateral de control y cierre de las propias fronteras a los extranjeros, y esto bajo ciertas condiciones empíricas muy específicas. Por su parte, todos los demás argumentos exigen al menos fronteras porosas bajo el control conjunto de los ciudadanos y de los extranjeros. En cuanto distinguimos adecuadamente entre los argumentos a favor de la existencia de las fronteras y los argumentos a favor de los regímenes de control fronterizo, el principio de autodeterminación, puede, a lo mucho favorecer *cierto* control local sobre la política migratoria y *ciertas* restricciones de entrada −es decir, fronteras controladas y porosas, mas no cerradas−.

Conclusión

La tendencia en la literatura acogida es enmarcar los debates sobre la ética fronteriza como si se tratara de un conflicto entre el derecho "liberal" individual a la libertad de movimiento y el derecho "democrático" colectivo a la autodeterminación −para luego contraponer las razones liberales y democráticas a favor o en contra de las fronteras abiertas−. Este modo de enmarcar la cuestión malinterpreta aquí el papel de la teoría democrática. Esta identifica el tipo de marcos de participación político-institucionales dentro de los cuales este tipo de razones, tanto a favor como en contra, deben sopesarse en su discurso y tratarse para que las políticas fronterizas adquieran legitimidad democrática.

Si bien podría haber una serie de razones (morales y prudenciales) potencialmente convincentes por las que en el mundo real las restricciones impuestas a la membresía o al movimiento serían hipotéticamente justificables, la intención de este documento no ha sido presentarlas o evaluarlas aquí de manera sistemática.[45] En cambio, se ha querido mostrar, en primer lugar, que un derecho al control (y cierre) unilateral de las fronteras es incompatible con las razones liberales y democráticas a favor de la existencia de fronteras (excepto bajo circunstancias rigurosas) y, en segundo lugar, que deben atenderse las potenciales justificaciones de las restricciones fronterizas en foros democráticos en los que los extranjeros, quienes sufren estas restricciones coercitivas, también tengan la posibilidad de participar. Para que pueda ser democráticamente legítimo, todo régimen de control fronterizo debe o bien estar controlado de modo conjunto por ciudadanos y extranjeros o, si quedará bajo el control unilateral de los ciudadanos, dicho control ha de ser delegado a cuerpos sociales diferenciados con base en los argumentos dirigidos a todos por medio de instituciones democráticas cosmopolitas que articulen un "*demos* global".

Esta tesis radical sin duda se enfrentará a numerosas objeciones. Algunos podrían objetar que, al enfatizar el sometimiento de los extranjeros a la coerción fronteriza, el argumento ignora el hecho putativo de que los regímenes de control fronterizo implican los intereses de los ciudadanos mucho más que aquellos de los extranjeros.

Dado que los ciudadanos (supuestamente) tienen una mayor participación, también su peso participativo debería ser mayor. El hecho de que algunos extranjeros abandonen todo lo que conocen y arriesguen sus vidas para cruzar las fronteras estatales –pensemos aquí en los africanos que se arriesgan y cruzan las aguas traicioneras entre Marruecos y España– pone en evidencia la falsedad de la afirmación de que los ciudadanos invariablemente arriesgan más que los extranjeros. Lo anterior es falso al menos en relación con estos extranjeros. Sin embargo, hay un elemento de verdad en la objeción de las participaciones desiguales. La fortaleza de la versión de tres condiciones de Raz en torno a la autonomía es que ésta asimila acertadamente este elemento de un modo que ayuda a enmarcar las implicaciones institucionales de la tesis que aquí se expone. Recordemos las tres condiciones de la autonomía –capacidades mentales apropiadas, un rango adecuado de opciones valiosas, e independencia– y los tres modos correspondientes en los que la coerción invade la autonomía.

Dado que la coerción fronteriza invade la independencia de *todos* quienes están sometidos a ella, cuando un Estado desea establecer restricciones de entrada a los extranjeros, debe a estas personas una participación democrática. No obstante, la coerción fronteriza socava las condiciones primera y segunda de la autonomía de sólo algunos extranjeros. Por lo tanto, al pensar en las instituciones democráticas cosmopolitas necesarias para legitimar los regímenes de control fronterizo, la segunda condición de autonomía sugiere otorgar los derechos más débiles de participación a los extranjeros para quienes la opción de entrada tendría poco valor; otorgar una mayor voz participativa a los extranjeros para quienes la entrada realmente represente una opción valiosa; y otorgar incluso mayor participación a aquellos para quienes la opción de entrada sea necesaria para tener un rango adecuado de opciones valiosas; y quizá otorgar la mayor participación a los propios ciudadanos.[46] (Desde una perspectiva democrática, claro está, las decisiones políticas sobre qué opciones son valiosas para cada quien no pueden proceder legítimamente sin el *input* participativo de las personas en cuestión). La determinación precisa en cuanto a qué tipo de derechos participativos y qué instituciones democráticas cosmopolitas serían consistentes con la libertad y la igualdad de todos, así como la determinación de cuánta participación relativa deberían tener diferentes extranjeros y ciudadanos, no puede articularse en ausencia de una teoría puntual de la igualdad política. Sin embargo, el principio de la autonomía ya provee un marco normativo para tomar en consideración las diferencias entre los extranjeros, así como las circunstancias particulares de los ciudadanos (por ejemplo, si su autonomía requiere una protección de las minorías).

La cuestión sería en concreto qué hacer. La ilegitimidad de los regímenes actuales de control fronterizo apunta a que a los cuerpos sociales les corresponde mantener sus credenciales democráticas, así como apoyar a la formación de instituciones democráticas cosmopolitas de algún u otro modo con la jurisdicción necesaria para determinar o delegar una política de entrada.[47] Estas instituciones podrían oscilar desde las más ambiciosas hasta las más modestas, como serían instituciones políticas verdaderamente globales (por ejemplo federales o confederales), instituciones interestatales multilaterales, o instituciones internas transnacionales. Las instituciones globales no tendrían por qué ser equivalentes simplemente a la mayoría votante de la población mundial –como ya se ha sugerido, el principio de autonomía justifica derechos diferenciados de participación para los ciudadanos y diferentes clases de extranjeros–.

Si bien las cinco justificaciones para las jurisdicciones políticas diferenciadas son, en gran medida, incompatibles con el control fronterizo unilateral, sí serían compatibles y podrían favorecer efectivamente la concesión de una participación especial a los ciudadanos sobre su propio régimen fronterizo. Dicho con mayor modestia, algunos cuerpos sociales podrían tener razones robustas, en cuanto a la distribución desigual de las proporciones, para dar a los propios ciudadanos de cada cuerpo social una participación en instituciones democráticas multilaterales y vinculadas que determinaran sus regímenes de control fronterizo. (Pensemos, en este caso, por ejemplo, en la relación especial que existe entre los Estados Unidos de América y México, así como en los actuales regímenes fronterizos dentro del propio Estados Unidos). Como alternativa, las democracias podrían ofrecer a los extranjeros de estos cuerpos sociales derechos transnacionales de participación política en los procesos internos de diseño de la política fronteriza.[48]

La postura que aquí se defiende no *describe* la realidad institucional: incluso entre las democracias, el reconocimiento legal de los derechos de los extranjeros a determinar la política extranjera es, al día de hoy, limitada. Empíricamente hablando, no existe un *demos* global, al menos no en el sentido de un pueblo institucionalmente articulado que sea consciente de su propia existencia. No obstante, el argumento que aquí se sostiene, así como la tesis del *demos* ilimitado que presupone, no pretende identificar una realidad empíricamente existente. Más bien, el argumento se refiere a un *demos* como principio regulador que provee un estándar para juzgar en qué medida cualquier *demos* empíricamente existente y sus instituciones políticas podrían no satisfacer una legitimidad democrática plena. Este principio tampoco se impone en la realidad existente a partir de "nada": se trata de algo ya implícito en la lógica normativa y en los principios de las instituciones y de las prácticas de democracias ya de hecho existentes.[49] Este es el mismo sentido regulador de *demos* que ha hecho posible defender la extensión del voto a las mujeres a partir de *fundamentos democráticos* internos. Los criterios para la membresía son un objeto propio de escrutinio democrático: hay buenos fundamentos internos para afirmar que una política que niegue los derechos a la participación de las mujeres socava su legitimidad *democrática*. Una política semejante sometería a una clase de personas a la coerción sin que dicho sometimiento estuviera democráticamente justificado por y para las propias personas. El principio regulador en el caso de los extranjeros y de las fronteras sería el mismo.

El papel de este principio regulador no es disponer los planos, ni de las "instituciones ideales", ni de las acciones políticas específicas que deberían llevarse a cabo aquí y ahora para hacerlas realidad. El *demos* ilimitado como principio regulador provee un estándar para la crítica, pero las implicaciones respecto a qué diseños institucionales serían ideales y qué acciones políticas serían las mejores dependerán de circunstancias históricas contingentes.

Sin embargo, algo es claro sobre *nuestras* circunstancias: en términos de su legitimidad democrática, los regímenes actuales de control fronterizo difícilmente podrían ser peores. Sea lo que sea que nuestra legitimidad democrática demande hoy en día, exige dar una mayor voz a los extranjeros respecto al control fronterizo. Dado que la factibilidad y la efectividad de cualquier conjunto de instituciones es impredecible de antemano, y sólo se podrá comprobar a partir de ensayo y error, los detalles institucionales han de reducirse políticamente. Resulta por demás claro que deberían serlo.[50]

Apéndice

Sobre la coerción

Los extranjeros, incluso aquellos que nunca se vayan a presentar en la frontera o que nunca vayan a buscar la ciudadanía, ¿estarían realmente sometidos a la coerción fronteriza? La respuesta es sí. Para apreciarlo ha de distinguirse entre ser *realmente coaccionado* y estar *sometido a la coerción*. El Estado realmente coacciona las acciones de una persona sólo si logra impedir exitosamente que ésta haga algo que de otro modo no haría. Por ejemplo, la (in) acción pacífica de un probable asesino estaría realmente coaccionada por el Estado sólo si las amenazas o actos coercitivos de sus agentes ayudaran a impedir que cometiera un homicidio. Sin embargo, mientras una persona cuyas acciones fueran realmente coaccionadas también estaría *sometida* a la coerción, sus acciones no necesariamente estarían coaccionadas. Afirmar que una persona o institución es *coercitiva* sería simplemente afirmar que sometería a otras a la coerción.[51] Estar sometido a la coerción sería normativamente significativo pues, de acuerdo con el principio de autonomía, dicho sometimiento bastaría para detonar una demanda de justificación. (La relevancia normativa de que las acciones de alguien sean *realmente* coaccionadas sería diferente: por lo general hace excusable, e incluso justificable a nivel moral, una acción que de otro modo sería reprochable). De igual modo, dado que lo que hace la coerción relevante para este argumento es que basta para detonar una justificación, aquí se considera que la coerción incluye tanto los *actos coercitivos* (coerción no-comunicativa) como las *amenazas coercitivas* (coerción comunicativa).[52]

El ejemplo paradigmático de la primera clase de coerción por parte del Estado sería el encarcelamiento. Un agente *sometería* a otro a una coerción

no-comunicativa sólo si realiza un acto intencional, o si autoriza efectivamente un acto futuro por mano de sus agentes y cuyo efecto normal sería
el de evitar preventivamente la posibilidad de que la persona actuara de un
modo que de lo contrario le sería posible.[53] Lo anterior especifica únicamente
una condición necesaria. Considero que el uso real o la autorización efectiva
del futuro uso de la *fuerza física* contra la persona –ya sea al actuar directamente sobre el cuerpo de la persona, o al restringir el espacio físico en el
que su cuerpo puede moverse– es suficiente para que el acto sea considerado
coercitivo. (La relevancia normativa de que las acciones de alguien sean *realmente* coaccionadas sería diferente: por lo general hace excusable, e incluso
justificable a nivel moral, una acción que de otro modo sería reprobable).
Por ende, el Estado somete a la persona a coerción si sus agentes emplean
la fuerza física o si están autorizados y son capaces de emplear dicha fuerza
contra la persona (por ejemplo, si empujan o violentan los cuerpos de las personas, o construyen barreas físicas que impidan su movilidad), lo que suele
resultar en la evitación preventiva o persuasiva de cierta conducta tentativa.
Quien es coaccionado está sometido a la coerción, independientemente de
si los agentes del Estado logran o no prevenir u obligar una conducta, e
independientemente de las intenciones de quien coacciona. Por ejemplo,
una persona estará sometida a la coerción estatal incluso si logra cometer un
homicidio y a pesar del hecho de que la policía haya intentado impedir su acción por la fuerza. También seguiría sometida a las leyes coercitivas contra el
homicidio, incluso si dicha persona no tuviera esta tendencia y nunca hubiera tenido intenciones homicidas, y por ende no necesitara leyes coercitivas
para detenerse.[54] De modo similar, una persona que deseara deambular libremente pero estuviera recluida en prisión por el Estado, estaría bajo coerción.
Una persona que lograra escapar rompiendo las cerraduras y golpeando a los
guardias, o que disfrutara de la prisión y no quisiera abandonarla, aunque
no estaría realmente (exitosamente) coaccionada para permanecer, seguiría,
de todos modos, sometida a la coerción. El sometimiento es suficiente para
detonar la demanda de justificación.

Algo paradigmático del segundo ejemplo de coerción sería amenazar
con matar a alguien en caso de no obedecer. La siguiente definición ayuda
a distinguir entre estar *sometido* a una *amenaza coercitiva* y estar realmente
coaccionado por ésta. La amenaza de P sometería a Q a coerción sólo si

1. P comunica a Q su intención de causar un resultado X si Q realiza
   la acción A.

2. Q cree que $X \cap A$ es pero para ella que $(\sim X) \cap (\sim A)$, al grado que X provee a Q una razón para no hacer A.

3. La razón de P para amenazar a X es su creencia de que X provee a Q una razón para no hacer A.

4. Q cree que P tiene la capacidad de causar X y buscará hacerlo si Q hace A.

Pero la amenaza de P *realmente coacciona* la (in)acción de P sólo si también se cumplen dos condiciones:

5. Q no hace A.

6. Parte de las razones de Q para no hacer A incluyen evitar X.

Estos criterios especifican condiciones *necesarias* para las amenazas coercitivas.[55] Como Raz indica, especificar las condiciones *necesarias* dependerá de la importancia normativa de la coerción. Para nuestros actuales propósitos, su importancia dependerá, al menos, del hecho de que siempre invade la autonomía, lo que equivale a decir que, además de las condiciones descriptivas arriba desarrolladas, también procedería la siguiente condición normativa necesaria de coacción:

N: La amenaza de P invade la autonomía de Q.

Asimismo, propongo la siguiente condición que, de combinarse con 1 a 4 con N, es *suficiente* para que una amenaza someta a Q a coerción (y que, cuando es combinada con 1 a 6 más N, es suficiente para realmente coaccionar a Q):

S: X implica el uso de la fuerza física contra Q.[56]

Por lo tanto, una persona que evite hablar en público porque la ley le amenaza con prisión habrá sido realmente coaccionada a no hablar. Pero una persona que hablara incluso a pesar de la ley contra la libre expresión (violando la condición 5) estaría sometida a la amenaza coercitiva de la ley. De hecho, una persona para quien la amenaza coercitiva de la ley no influyera en su decisión –dado que nunca tuvo la intención de hablar (violando la condición 6)– también estaría sometida a la coerción legal.

Si se combinan la condición N (que implica que una amenaza coercitiva sea suficiente para invadir la autonomía) con la condición S (que implica que la amenaza de fuerza física que cumpla con las condiciones 1 a 4 sería suficiente para ser coercitiva) llegaríamos a lo siguiente: someter a una persona a la amenaza de la fuerza física al cumplir las condiciones 1 a 4 sería suficiente para invadir la autonomía de la persona.[57] Esta amenaza lo hace independientemente de que tenga cualquier interés en llevar a cabo la acción proscrita A, e independientemente de si aún tiene un rango de otro modo adecuado de opciones valiosas, dado que esta amenaza invade su independencia, y esto es porque amenaza con interferir con el establecimiento y búsqueda de sus propios fines usando su cuerpo para propósitos distintos a los suyos. El enfoque aquí no es tanto el modo en que la persona y sus intereses se ven *afectados* (más allá del interés en la autonomía), sino en el modo en que es *tratada*.[58] Este punto queda ilustrado nuevamente en el caso del esclavo feliz, cuyo amo inteligente le ha dejado un rango adecuado de opciones valiosas y por lo tanto no desea abandonar su protección, pero que, no obstante, sigue bajo la amenaza de castigos corporales si intenta escapar. La propia amenaza le somete a coerción e invade su autonomía.

El resultado es el siguiente: los mexicanos y los zambianos a los que (1) se les impide cruzar la frontera de los EUA por agentes estadounidenses empleando la fuerza física, así como aquellos que (2) evitan cruzarla por la amenaza coercitiva de las sanciones legales de los EUA comparten el honor de estar sometidos a la coerción con aquellos que (3) cruzan ilegalmente la frontera y (4) nunca tuvieron la intención de entrar. (Todos los grupos están sometidos a la autorización efectiva de actos coercitivos y de amenazas coercitivas. El grupo 1 está siendo realmente coaccionado [de modo no-comunicativo]; los grupos 2, 3 y 4 cumplen con las condiciones 1 a 6, 1 a 4, y 1 a 5, respectivamente; todos cumplen la condición S). Dado que se invade la autonomía siempre que una persona queda sometida a la coerción, de acuerdo con el principio de autonomía, las acciones y leyes estatales deberían ser justificadas no sólo para quienes *realmente* son coaccionados, sino para todos los que están *sometidos* a la coerción. El hecho de que una persona pueda ocasionalmente evadir la ley coercitiva de modo exitoso, o que nunca se haya visto tentado a acciones fuera de la ley, no anula el requisito de la justificación —ya sea que la ley regule los homicidios, la libre expresión, o el cruce de fronteras—.[59] Esto es lo que expresa la primera premisa de mi argumento en contra del control fronterizo unilateral: la legitimación democrática exige que las leyes coercitivas estén justificadas para todos los que estén sometidos a ellas.

Referencias

Abizadeh, A. "Does Collective Identity Presuppose an Other?". *American Political Science Review* 99, 1 (2005): 45-60.

Anderson, S. "Coercion". *Coercion: Nomos XIV*. Pennock, J. R. & Chapman, J. (eds). Chicago: Aldine, 1972.

Held, V. "Coercion and Coercive Offers". *Coercion: Nomos XIV*. Pennock, J. R. & Chapman, J. (eds). Chicago: Aldine, 1972.

Anderson, S. "Coercion". *Stanford Encyclopedia of Philosophy*, 2006. http://plato.stanford.edu/ (consultado abril 3, 2007)

Arash Abizadeh, "Does Liberal Democracy Presuppose a Cultural Nation?" *American Political Science Review* 96, 3 (2002): 495-509.

Archibugi, D., Held, D. & Köhler, M (eds). *Re-Imagining Political Community*. Stanford. CA: Stanford University Press, 1998.

Barry, B & Robert E. Goodin, (eds). *Free Movement*. University Park: Pennsylvania State University Pres, 1992.

Bayles, M. "A Concept of Coercion". *Coercion: Nomos XIV*. Pennock, J.R. & Chapman, J. (ed.), Chicago: Aldine, 1972.

Beitz, C. *Political Equality*. Princeton: Princeton University Press, 1989.

Benhabib, S. *Toward a Deliberative Model of Democratic Legitimacy. Democracy and Difference*. Princeton: Princeton University Press, 1996.

Benhabib, S. *The Rights of Others*. Cambridge: Cambridge University Press, 2004.

Berns, W. "The Case Against World Government". Readings in World Politics. Goldwin, R. A. (ed.). Nueva York: Oxford University Press, 1959.

Blake, M. "Distributive Justice, State Coercion, and Autonomy". *Philosophy & Public Affairs* 30, no. 3 (2002): 257-96.

Bohman, J. *Public Deliberation*. Cambridge, MA: MIT Press, 1996.

Bohman, J. "From Demos to Demoi". *Ratio Juris* 18, 3 (2005): 293-314.

Carens, J. "Aliens and Citizens". *Review of Politics* 49 (1987): 251-73.

Carens, J. "Immigration and the Welfare State". *Democracy and the Welfare State*. Amy Gutmann (ed.), Princeton: Princeton University Press, 1988,

Carens, J. "Migration and Morality". *Free Movement*. Barry, B. & Goodin, R. E. (eds). University Park: Pennsylvania State University Press, 1992.

Chang, H. "Immigration Policy, Liberal Principles, and the Republican Tradition". Georgetown Law Journal 85, 7 (1997): 2105-19.

Cohen, J. "Reflections on Habermas on Democracy". *Ratio Juris* 12, 4 (1999a): 385-416.

Cohen, J. "Changing Paradigms of Citizenship and the Exclusiveness of the Demos". *International Sociology* 14, 3 (1999b): 245-68.

Cohen, J. "Deliberation and Democratic Legitimacy". *The Good Polity*. Hamlin, A. & Pettit, P (eds). Oxford: Basil Blackwell, 1989.

Cole, P. *Philosophies of Exclusion*. Edimburgo: Edinburgh University Press, 2000.

Dahl, R. *After the Revolution?* New Haven, CT: Yale University Press, 1970.

Dahl, R. "Can International Organizations be Democratic?" *Democracy's Edges*, ed. Shapiro, I. & Hacker-Cordón, C. (eds). Cambridge: Cambridge University Press, 1999.

Gibney, M (ed,). *Open Borders? Closed Societies?* Nueva York: Greenwood Press, 1988.

Goodin, R. E. "What is so Special about Our Fellow Countrymen?". *Ethics* 98, 4 (1988): 663-686.

Goodin, R. E. "Enfranchising All Affected Interests, and Its Alternatives". *Philosophy & Public Affairs* 35, 1 (2007): 40-68.

Gorr, M. "Toward a Theory of Coercion". Canadian Journal of Philosophy 16, 3 (1986): 383-406.

Habermas, J. *Between Facts and Norms*. Cambridge: MIT Press, 1996.

Habermas, J. *The Inclusion of the Other*. Cambridge: MIT Press, 1998.

Habermas, J. *The Postnational Constellation*. Cambridge: MIT Press, 2001.

Hailbronner, K. "Citizenship and Nationhood in Germany". *Immigration and the Politics of Citizenship in Europe and North America*. W. R. Brubaker & Lanham (eds). Maryland: University Press of America, 1989.

Will Kymlicka, W. "Territorial Boundaries". *Boundaries and Justice*, Miller, D. & Hashmi, S (eds). Princeton, NJ: Princeton University Press, 2001.

Kymlicka, W. *Multicultural Citizenship*. Oxford: Clarendon Press, 1995.

Lamond, G. "The Coerciveness of Law". *Oxford Journal of Legal Studies* 20, 1 (2000).

McMahan, J. "The Limits of National Partiality". *The Morality of Nationalism*. McKim, R & McMahan, J. Nueva York: Oxford University Press, 1997.

Michelman, F. "How Can the People Ever Make the Laws?". *Deliberative Democracy*. Bohman, J. & Rehg, W. (eds). Cambridge, MA: MIT Press, 1997.

Miller, D. & Hashmi, S. (eds). *Boundaries and Justice*. Princeton, NJ: Princeton University Press, 2001.

Montesquieu. *L'Esprit des lois*. Paris: Hachette BNF, 2017.

Mouffe, C. *The Democratic Paradox*. Londres: Verso, 2000.

Neuhouser, F.. "Freedom, Dependence, and the General Will". Philosophical Review 102, 3 (1993): 363-95.

Nozick, R. "Coercion". *Philosophy, Politics and Society: Fourth Series*. Laslett, P., Runciman, W. G. & Skinner, Q. (eds). Oxford: Basil Blackwell, 1972.

Owen, D. "Resistance in Movement". *Philosophy and Social Sciences Conference*, Institute of Philosophy. Praga, República Checa, mayo 2005.

Patten, A. "Democratic Secession from a Multinational State". *Ethics* 112 (abril 2002): 558-86.

Patten, A. "The Autonomy Argument for Liberal Nationalism", *Nations and Nationalism* 5, (1999): 1-17.

Pogge, T. "What We Can Reasonably Reject". *Philosophical Issues* 11 (2001): 118-47.

Rawls, J. *The Law of Peoples*. Cambridge. Harvard University Press, 2001.

Raz, J. *The Morality of Freedom*. Oxford: Clarendon, 1986.

Raz, J. *Ethics in the Public Domain* (rev. ed.). Oxford: Clarendon, 1995.

Ripstein, A. "Authority and Coercion". *Philosophy & Public Affairs* 32, 1 (2004): 2-35.

Schmitt, C. The Crisis of Parliamentary Democracy. Cambridge, MA: MIT Press, 1985.

Schotel, B. "How Political and Legal Theorists Can Change Admission Laws". *Ethics and Economics* 4, 1 (2006).

Schuck, P. "The Transformation of Immigration Law". *Columbia Law Review* 84, 1 (1984): 1-90.

Skinner, Q. *Machiavelli*. Oxford: Oxford University Press, 1981.

Taylor, C. *Philosophy and the Human Sciences*. Cambridge: Cambridge University Press, 1985.

Taylor, C. "The Dynamics of Democratic Exclusion". *Journal of Democracy* 9, 4 (1998): 143-56.

Thompson, J. *Justice and World Order*. Nueva York: Routledge, 1992.

Walzer, M. *Spheres of Justice*. Oxford: Blackwell, 1983.

Whelan, F. G. "Prologue: Democratic Theory and the Boundary Problem". *Nomos 25: Liberal Democracy*. Pennock J. R. & Chapman, J. (eds). Nueva York: New York University Press, 1983.

Whelan, F.G. "Citizenship and Freedom of Movement". *Open Borders? Closed Societies?* Gibney, M (ed.). Nueva York: Greenwood, 1988.

Woodward, J. "Commentary". *Free Movement*. Barry. B & Goodin. R.E (eds). University Park: Pennsylvania State University Press, 1992.

¿Tenemos deberes de respetar los controles fronterizos de los Estados?

Enrique Camacho Beltrán

Universidad Nacional Autónoma de México
Universidad Panamericana, Campus Ciudad de México

Introducción

En teoría política, la situación normativa o moral de las y los inmigrantes potenciales frente a los controles fronterizos excluyentes ha sido escasamente estudiada.[1] Muy pocas personas se pregunta en textos académicos si las y los inmigrantes potenciales tienen obligaciones de obediencia de algún tipo con respecto a todos o algunos controles fronterizos; o bien si las y los inmigrantes potenciales pueden simplemente ignorarlos o resistirlos sin incurrir en una conducta moralmente incorrecta.

Sospecho que existen cuando menos dos razones para que este problema esté sub-teorizado. La primera es que la mayor parte de la literatura convencional está concentrada en determinar qué requiere la justicia de nuestras instituciones fronterizas excluyentes. Pero la justificación de la exclusión no se traduce automáticamente en una fundamentación sólida para las obligaciones de las personas sujetas a esas políticas excluyentes. La segunda es que el debate ha permanecido más o menos ajeno a la ética internacional o ética de las Relaciones Internacionales. La discusión acerca de los intereses de los ciudadanos y residentes en mantener a las y los inmigrantes fuera de las fronteras con frecuencia deja fuera los intereses y puntos de vista de las personas migrantes.

Por estas razones, en este capítulo voy a tratar de sugerir que la sub-teorización antes mencionada se debe, cuando menos en parte a un problema metodológico que con frecuencia pasamos por alto. En vez de preguntar

–como hace *la visión convencional*– sobre los requerimientos de justicia migratoria; yo propongo hacer una pregunta metodológicamente anterior: desde la ética de las relaciones internacionales, cuestiono si los controles migratorios excluyentes son *meramente permisibles* o *moralmente requeridos*. La importancia de esta distinción radica en que, en vez de enfocarse en los derechos de las personas, se enfoca en la naturaleza o carácter moral de las fronteras mismas. Para ello, como en otras ocasiones,[2] utilizaré mi concepto alternativo de fronteras que no las entiende como meros dispositivos limítrofes jurisdiccionales; sino como instituciones públicas globales, que sean objeto pleno de nuestros juicios morales.

Lo que espero en este texto es que la distinción mencionada contribuya a aclarar la naturaleza de los deberes que tengan las y los inmigrantes potenciales con respecto de los controles fronterizos, si esos deberes dependen, en cierta medida del carácter moral de las fronteras: si las fronteras son moralmente permisibles quizás nuestras obligaciones de respetar la exclusión sean suaves y/o derrotables por otras consideraciones. O bien si son moralmente requeridas, nuestras obligaciones aumentarán. Sospecho que en el mundo que conocemos los controles fronterizos son en unos pocos casos permisibles. Pero no sostengo esa tesis aquí. Antes bien propongo algunos lineamientos metodológicos para pensar precisamente ese tipo de evaluaciones.[3]

Ahora bien, mi esperanza tiene límites. Es fácil ver que la distinción entre fronteras permisibles y requeridas no podría resolver, por sí misma la pregunta de si las y los inmigrantes potenciales tienen el deber de obedecer los controles migratorios. Esta cuestión muy probablemente sería parte de una teoría más completa acerca de la ética de las fronteras, inscrita en el ámbito más amplio de la ética de las relaciones internacionales. Pero lo que me propongo en este capítulo es sentar precisamente las bases de ese tipo de teoría y dibujar el camino que seguiría la reflexión. Para ello primero mostraré que la visión convencional en teoría política no está preparada metodológicamente para afrontar el problema de si los controles fronterizos son permisibles o requeridos. Aunque tampoco resuelvo la cuestión sustantiva de qué controles fronterizos deberíamos de tener para que den lugar a obligaciones de obediencia, propondré un nuevo punto de partida normativo. Sugeriré que, para determinar si los controles fronterizos son moralmente permisibles, moralmente requeridos o moralmente impermisibles, hay que considerar primero tres problemas previos: (i) la legitimidad de las fronteras, (ii) la legitimidad de priorizar los intereses de ciudadanos y residentes y (iii) la legitimidad de nuestros reclamos morales sobre la tierra entendida no como territorio, sino como el tipo de recurso natural que sirve para que ocurran las relaciones humanas que establecen formas de protección de la libertad y de cuidado mutuo.

Voy a ordenar mi discusión de la siguiente manera. En la sección dos explico algunos aspectos básicos de la aproximación pluralista que considero adecuada para el problema en cuestión. Particularmente, voy a valorar las teorías de la ética de la inmigración desde un punto de vista crítico con el fin de caracterizar el problema en su metodología que ya mencionaba arriba. Las secciones tres a cinco se ocupan de mostrar que esa visión convencional de la inmigración no nos da razones para creer que las fronteras excluyentes son moralmente requeridas; y que, al contrario, esa visión convencional es vulnerable a objeciones poderosas. En la tercera sección hago un recuento de los dos principales argumentos que intentan justificar que las fronteras excluyentes sean moralmente requeridas desde el punto de vista de los derechos y las obligaciones de los ciudadanos y residentes. Muestro que estas teorías no explican la ocupación de la tierra y por eso pueden perder la capacidad de explicar por qué el interés de los ciudadanos y residentes en excluir a los inmigrantes es moralmente más pesado que el interés de los inmigrantes regulares de entrar. Después, trato de explorar críticamente si podemos complementar la visión convencional de manera que nos dé razones morales para justificar que la exclusión sea moralmente requerida. Con base en el método dialéctico o del equilibrio reflexivo, en la sección cuarta intento mostrar que la visión convencional repite irreflexivamente el sesgo arbitrario que es propio de una visión caduca de la soberanía. Esta pertenece a la visión más tradicional en teoría política y teoría de las relaciones internacionales: la idea de que todo aquello que justifica el Estado justifica también su soberanía, lo que incluye el control sobre la tierra y las fronteras.

Kant fue quien desafió la visión tradicional y trató de dar razones para la apropiación excluyente del territorio. La anterior es la razón por la que aquí examino también los orígenes kantianos del argumento de la exclusión. Ahora bien, el argumento kantiano tampoco ayuda demasiado: si bien justifica la existencia de los Estados y fronteras en general, en realidad sólo lo hace en general y en condiciones ideales. Así, en la quinta sección de esta investigación muestro la complementariedad de la visión convencional con desarrollos kantianos contemporáneos destacados. Pero también intento destacar, no obstante, que, a pesar de hablar de la importancia normativa del territorio y la necesidad de justificar la exclusión para los inmigrantes de manera sustantiva, estos planteamientos tampoco abordan realmente el tema de la tierra. En otras palabras, estos no especifican de qué manera la exclusión fronteriza puede justificarse en un reclamo moral sobre la tierra como recurso natural que hace posible las fronteras y las instituciones justas. Finalmente, en la sección seis, planteo un nuevo argumento normativo que inicia en otro lugar distinto al que caracteriza a la visión convencional.

La tesis central es que, desde mi concepto alternativo de fronteras, las preguntas acerca de la naturaleza de los deberes que generan las fronteras se responden mejor al vincular la inmigración a los derechos de asociación y las obligaciones asociativas, pero no de una manera abstracta sino relacional en el ámbito de la ética global o internacional. De esta manera establezco una agenda de investigación en tres pasos para desarrollar ese argumento alternativo. Primero, un concepto distinto de fronteras que las conciba como objeto de la ética de las relaciones internacionales. Después, un estudio sobre si las fronteras así concebidas pueden priorizar los intereses de los ciudadanos y residentes para fundamentar la política migratoria que ejercitan. Finalmente, está el "misterio" del reclamo moral sobre la tierra que las fronteras abrazan.

Es importante notar que en este capítulo permanezco agnóstico ante la pregunta de si las fronteras deberían ser más o menos porosas. Aquí no defiendo ningún criterio de justicia cosmopolita o estatista; si bien, sospecho que de estas consideraciones pueda desprenderse la idea de que quizás las fronteras son moralmente permisibles en muy pocos casos hoy día. Pienso que quizás también podría desprenderse la idea de que las fronteras son moralmente requeridas, por un lado, en casos de emergencia y otros casos especiales; o, por otro lado, en un mundo plenamente justo donde quizás a pocos Estados les interesen las restricciones y la posibilidad de institucionalizar controles fronterizos duros sea meramente hipotética o trivial. Pero en este artículo no defiendo esta conclusión.

Elementos metodológicos previos

Como he dicho en la introducción, en este trabajo no proveo ninguna teoría sustantiva ni de las fronteras ni de la tierra que permitan fundamentar la exclusión de los inmigrantes potenciales. El objetivo de este trabajo es metodológico y solamente pretendo mostrar cómo la controversia sobre la naturaleza de los deberes que generan las fronteras podría simplificarse de manera que se reinicie la deliberación filosófica, si organizamos cuando menos la base de la discusión como sugiero: estudiando distintos aspectos de la legitimidad de las fronteras comenzando por aclarar si ellas son moralmente requeridas o solamente tenemos un permiso moral de establecerlas. Pero, para examinar la metodología apropiada, conviene primero introducir algunas aclaraciones.[4]

Migrar es *cruzar las fronteras que limitan el alcance de la autoridad y la jurisdicción de los Estados*. Migrar incluye en general costos personales descomunales de carácter financiero y emocional, por lo que es poca la gente que de manera espontánea está dispuesta a migrar si no tiene la necesidad o un interés extraordinariamente poderoso para hacerlo. La mayor parte de los migrantes escapan de los peores males sociales; a saber, la guerra, el hambre, la miseria, fenómenos naturales que desembocan en desastres, problemas políticos, económicos, financieros, persecuciones políticas o religiosas, discriminación o falta de oportunidades. Las personas, a su vez optan por migrar cuando se ve afectada su identidad, su concepción del bien o del valor, el reencuentro con sus familiares o su realización como persona. Por eso, en primer lugar, hay que aclarar que, de la pluralidad de tipos de migrantes, en este trabajo solamente me referiré a la admisión o exclusión de inmigrantes potenciales *regulares*.

Así pues, para obtener el nivel de simplificación que la metodología requiere, no voy a hablar del reclamo urgente de refugiados, reunificación familiar o de migrantes económicos. Tampoco me referiré al reclamo de exclusión urgente de países endeudados, con tasas de desempleo amplias, de aquellos que tienen grandes rezagos sociales o de fronteras cerradas por emergencias sanitarias o de otra índole. Sé que esos casos y otros parecidos dan lugar a reclamos sólidos para ser incluidos o para excluir. Pero creo que, para poder concentrarme en la permisibilidad o requerimiento de las fronteras y en las obligaciones que de ello emanen, es preciso excluir –cuando menos de momento– los casos donde no es la naturaleza de las fronteras y los deberes, sino la urgencia del caso lo que realiza el trabajo normativo de justificación de la inclusión o la exclusión. Así, en este trabajo, voy a referirme exclusivamente al caso de las personas que buscan migrar no por necesidad o urgencia sino simplemente para poder descargar sus deberes morales con respecto de sí mismos y de los demás de una manera determinada que es específica de una o algunas comunidades políticas y/o que buscan recíprocamente tener sus derechos protegidos también de una manera que les parece atractiva en el lugar al que quieren inmigrar.

De este modo, cuando pienso en admisiones regulares, pienso por ejemplo en una estudiante de ópera que quiere ir a un país donde esa forma de arte es más apreciada o a una persona que vive en un país donde muy pocas personas comparten su fe. También en personas que quisieran ejercer sus profesiones de abogados o contadores sin tener que escoger entre desempeñar su profesión corruptamente o abandonar su profesión. Sé que este modelo que aquí presento puede resultar controvertido porque aborda los casos más débiles de inclusión y de exclusión, respectivamente. Pero la razón de centrar la discusión en estos casos es precisamente que, si podemos entender metodológicamente el reclamo *pro tanto* de inclusión/exclusión más débil, quizás podamos extender después nuestras conclusiones *mutatis mutandis* a casos más complejos.

En segundo lugar, podemos distinguir entre una acción o estado de cosas que es moralmente requerido de uno que es solamente moralmente permisible.[5] Sin embargo, si la exclusión de migrantes regulares es sólo permisible, quiere decir que es contingente y podría o no darse. El que sea permisible quiere decir que no viola ningún deber moral natural o *prima facie*. Ahora bien, si fuera moralmente requerida, significaría que, bajo ciertas condiciones, los Estados y las fronteras tendrían un deber moral concluyente de establecer controles fronterizos excluyentes. En este caso, los controles fronterizos implicarían que los inmigrantes potenciales tendrían deberes de no interferencia.[6] Esos deberes de no interferencia a controles fronterizos excluyentes podrían fundamentar deberes de los inmigrantes potenciales de respetar o no violentar los controles fronterizos precisamente porque esos controles protegerían a ciudadanos y residentes de un tipo de daño que es moralmente impermisible hacerles.

Bajo ciertas aproximaciones deontológicas estos argumentos están planteados en el lenguaje de los derechos y de la justicia, cuando los derechos humanos o los derechos morales básicos son considerados la moneda más básica de la justicia.[7] En el lenguaje de los derechos podría decirse que, cuando los controles excluyentes son moralmente permisibles, los Estados tienen el permiso calificado de excluir bajo ciertas condiciones a los inmigrante potenciales, aún cuando decidan no ejercer ese permiso y aún cuando los inmigrantes no tengan un deber de no interferencia o este deber sea fácil de derrotar. Sin embargo, si los controles excluyentes son moralmente requeridos, entonces los Estados tienen el derecho y el deber de imponer estos controles excluyentes; y los inmigrantes potenciales tienen deberes de no interferencia con respecto de esos controles fronterizos.

Como puede verse, a este tipo de discusión se la puede considerar más primitiva que la que debate si la justicia es un asunto jurisdiccional o global en el que las fronteras deban estar *pro tanto* abiertas o cerradas. La anterior es la razón por la que en este capítulo no se abordarán los argumentos cosmopolitas prospectivos que hablan de cómo deberían de ser las comunidades políticas del futuro.[8] Tampoco se tocará el tema del caso ideal de los derechos de exclusión que tendrían los Estados si la injusticia global no existiera.[9] Antes bien, voy a concentrarme en los controles migratorios que nos son familiares aquí y ahora para el caso de las admisiones regulares como lo especifiqué arriba; pero sólo en su dimensión ética y metodológica; es decir, en determinar la manera en la que se puede aproximar alguna respuesta acerca de si los controles migratorios son sólo permisible o realmente moralmente requeridos.

En tercer lugar, hace falta notar que podemos hacernos la pregunta de si los controles migratorios excluyentes son permisibles o requeridos *exclu-*

sivamente para el caso de las democracias liberales. La razón es que éstas –en contraste con otros Estados– tienen un carácter moral.[10] Lo anterior quiere decir que sus políticas públicas –que incluyen las migratorias– han de ser coherentes con principios morales fundamentales como los derechos humanos, la ciudadanía democrática y la igualdad de oportunidades.

Hay otro tipo de Estados que ejercen el poder con violencia y no con autoridad moral. Esos casos no ofrecen una oportunidad amplia e interesante de crítica moral. En contraste podemos criticar todo lo injusto que sean las prácticas fronterizas de Estados Unidos, la Unión Europea, Canadá, y el Reino Unido precisamente porque las políticas públicas de estas naciones son permeables a razones morales. De hecho, se sabe que esos países son de los que más inmigrantes han admitido durante las últimas dos décadas; mientras que países como China y Rusia son de los que menos admiten.[11] Al mismo tiempo, no hay flujos migratorios dirigiéndose hacia países enormemente injustos o sin capacidad institucional, como Venezuela o Siria. Desde luego, las políticas internacionales de los países con un carácter moral sustantivo –incluyendo las migratorias– dejan mucho qué desear desde el punto de vista normativo de la ética de las relaciones internacionales. Pero es muy importante y razonable notar que podemos plantear la crítica precisamente porque el carácter moral de estos Estados permite ese tipo de valoración.[12]

En cuarto lugar, es importante aclarar la aproximación o metodología de este texto. Es claro que hay varias maneras en las que las fronteras internacionales se pueden pensar y estudiar. Las ciencias sociales y las relaciones internacionales abordan metodologías cualitativas y cuantitativas. Para entender un fenómeno como problema, se debe utilizar la aproximación cualitativa que revela la compleja interacción entre los procesos colectivos históricos, las estructuras sociales, y las subjetividades. Por ejemplo, entender el problema de que los reportes estatales de criminalidad de los inmigrantes pueden estar sesgados por cuestiones de raza y prejuicios culturales requiere una interpretación de las actitudes de los ciudadanos frente a los inmigrantes.[13] Pero la problematización tiene que comprobarse a través de mediciones. Por ejemplo, saber quiénes, y cuántos son los migrantes en términos de edad, género ocupación, etc. Esta investigación cuantitativa constituye una descripción parcial y atomizada de la realidad: los datos, por sí mismos, no permiten entender ni problematizar a cabalidad.

Ahora bien, ni el enfoque cualitativo ni el cuantitativo indican por sí mismos qué debemos hacer con los problemas. ¿Cómo deberían ser las instituciones para afrontarlos de manera coherente con nuestras convicciones morales y políticas? Para contestar eso se requiere de investigación normativa que determine qué requiere la moralidad de nuestras instituciones. Existen varios métodos normativos. Por ejemplo, para determinar qué es lo que la moralidad requiere de nuestras fronteras podríamos enfocarnos en los resultados o en los principios. También podríamos enfocarnos en las prácticas sociales y las convenciones comunitarias.

Esta investigación normativa es pluralista: parte del método de la filosofía anglosajona deontológica (orientada por principios), pero valora sus resultados a través de una interpretación de la historia de esas ideas y conceptos, y toma el punto de vista de la filosofía crítica. A este método pluralista lo han llamado *equilibrio reflexivo* o *método dialéctico*.[14] Sin que importe demasiado el nombre, lo importante es considerar que (i) parto de la teoría deontológica convencional angloamericana de los derechos de exclusión de inmigrantes, pero (ii) la problematizo desde el punto de vista crítico, para obtener (iii) un método más situado en los problemas concretos que, a modo de *ensayo y error* en la historia, parte desde los principios, abriéndose camino hasta la realidad, y de vuelta; con la esperanza de arribar en algún momento a la reforma plausible. Esto quiere decir que es capaz de abordar precisamente las injusticias migratorias y no sólo los controles fronterizos en condiciones ideales que no existen.[15]

Argumentos a favor de la visión convencional de la justicia en la inmigración

Distingamos primero *la visión convencional* de la justicia en inmigración de su *visión tradicional*, que –como se verá más adelante– sólo asumía como axioma que los Estados deberían controlar de manera discrecional la inmigración si es que son soberanos. Por su parte, la visión convencional piensa que ese axioma se debe justificar en lo normativo, o bien rechazarse si es que no tiene ninguna buena justificación. Así, pues, la visión convencional de las fronteras y la inmigración considera que se comete una sensible injusticia cuando el ingreso –y sobre todo la permanencia– de extranjeros no se encuentra, de alguna forma, bajo el control de los ciudadanos.[16] A continuación, trataré de mostrar cómo ninguna de estas visiones está equipada para determinar la naturaleza moral de las fronteras y aclarar si ellas son moralmente permisibles o requeridas.

Para ello es importante notar cómo el dominio de la ética se relaciona con el lenguaje de los derechos. El dominio de nuestros deberes morales es siempre más amplio que el dominio de nuestros derechos morales y legales. Por ejemplo, tengo el deber de no mentir, aunque Elisabetta no tenga el derecho de que no le mienta acerca de cómo le queda ese corte de cabello. En el problema que nos ocupa; a saber, las restricciones éticas de las políticas fronterizas, esto querría decir que deberíamos encontrar buenas razones para explicar en qué sentido, desde el nivel de nuestros principios fundamentales, hay condiciones bajo las cuales la exclusión fronteriza no solamente es moralmente permisible sino hasta requerida. Si las razones no son concluyentes, entonces quizás sea el caso de que las restricciones fronterizas son solamente permisibles. Por ejemplo, quizás creeríamos que la protección de los derechos de los ciudadanos y residentes dan razones morales que hacen de las fronteras restrictivas instituciones moralmente requeridas para su protección.[17]

Ha habido dos formas importantes y persuasivas en las que se ha defendido este derecho. La primera está basada en nuestros derechos de asociación y la otra está basada en nuestras obligaciones asociativas.[18] En ambos casos, la esperanza de sus defensores es que los derechos de asociación o las obligaciones asociativas aporten rasgos morales tan fundamentales que hagan a las fronteras excluyentes moralmente requeridas. En esta sección mostraré que esta visión convencional es, cuando menos, inconcluyente a ese respecto.

La visión desde los derechos de asociación comienza con un caso de autodeterminación política grupal. Los Estados son legítimos cuando protegen los derechos humanos de los ciudadanos. Los ciudadanos que participan y sostienen este tipo de instituciones adquieren según Wellman un caso robusto para determinar sus destinos en común.[19] Una manera de entender este derecho es pensar que los miembros de los grupos, como los Estados, tienen derecho de asociación. Esto implica que también tienen derecho a no asociarse con otras personas si así lo deciden, como en el caso típico del matrimonio o la pareja.

Nadie tiene derecho de forzar una relación de pareja con otra persona y ese derecho de *no asociarse* es invulnerable a consideraciones de daño o de justicia. Por mucho que el rechazo amoroso de Mariflor devaste anímicamente a César, Mariflor no está obligada a asociarse amorosamente con César. Así, si el divorcio de Mariflor la ha dejado financieramente aventajada y César vive en la pobreza, Mariflor tampoco tendría obligaciones de justicia o de caridad de entablar una relación con César para elevar su bienestar. Esto quiere decir que no sólo es permisible que Mariflor rechace a César; sino que, si Mariflor no ama a César, rechazarlo puede ser hasta moralmente requerido y César tendría obligaciones de no interferencia.

Wellman cree que los grupos y los Estados tienen derechos de exclusión similares que son moralmente requeridos. Ahora bien, por supuesto que los Estados son diferentes a muchos grupos, sobre todo a los más íntimos. En particular los Estados tienen enormes y muy importantes obligaciones de justicia global con Estados menos desaventajados. Pero en un caso ideal, si los Estados cumplieran con estas obligaciones en el exterior y cumplieran con su cuota de ayuda internacional (cualquiera que esta sea), entonces los Estados tendrían derecho a excluir prácticamente a todos los inmigrantes potenciales que quisiesen.[20]

Hay varias maneras de rechazar –o cuando menos debilitar– el derecho de exclusión de Wellman.[21] No parece haber una conexión conceptual evidente y directa entre el derecho de autodeterminación política y el derecho de asociación que impliquen directamente y sin reparos la justicia de cualquier política que el grupo sancione, incluyendo la política de la exclusión y la membresía.[22] El derecho de autodeterminación política y el derecho de asociación consisten en que los miembros del grupo tomen decisiones que sólo conciernen a ellos. Lo anterior forma parte de los límites morales de la obligación que se crea mediante el consentimiento de los participantes. Regresaré a este tipo de obligación más adelante. Lo importante aquí es que, sin un argumento adicional, los controles migratorios no parecen requeridos, sino que quizás sean sólo permisibles.

Por otro lado, están los argumentos que se basan no en los derechos de asociación, sino en las obligaciones asociativas. Estos argumentos suelen provenir de una tradición nacionalista.[23] Nacionalismo es la doctrina que propone que es mejor que las fronteras de la nación coincidan lo más posible con las fronteras del Estado. Como en el caso de la defensa de los derechos de asociación, la defensa de las obligaciones asociativas también se articula a partir de un caso de autodeterminación política. La diferencia es que, en el caso de los miembros de una nación, los nacionalistas creen que la cultura nacional brinda a sus miembros formas de identidad, de reconocimiento y de pertenencia mutuas que son intrínsecamente valiosas porque son imprescindibles para la autonomía y una agencia políticas significativas. Los nacionalistas sospechan que los inmigrantes podrían injustamente amenazar esta agencia política. Por lo que los controles migratorios serían requeridos éticamente para proteger esa relación íntima intrínsecamente valiosa que los miembros de una nación conservan entre sí; sobre todo de la intromisión cultural de inmigrantes.

El problema con argumentos de este tipo es que podemos distinguir los derechos de autodeterminación cultural de los derechos de autodeterminación política de una manera que desconecta normativamente la autodeterminación política de la determinación de la política fronteriza. Suponer que un grupo deba tener control sobre su propia cultura no brinda argumentos para suponer que debería también tener un control privilegiado sobre las instituciones del Estado; y menos aún derecho de imponer su cultura al resto de los miembros de la comunidad por medio de estas instituciones de manera que los intereses culturales determinen la política fronteriza.[24] Hace falta un argumento complementario que muestre que los controles migratorios excluyentes son moralmente requeridos.

Quizás por este tipo de críticas, recientemente David Miller, otrora un defensor del nacionalismo, ha replanteado sus argumentos en la forma de obligaciones asociativas.[25] Las obligaciones asociativas no surgen del consentimiento de las personas como ocurre, por ejemplo, con una promesa. Otras obligaciones dependen simplemente de nuestros roles de una manera en la que nuestro consentimiento no es necesario. Por ejemplo, la relación entre hijos y sus padres no es voluntaria. Tampoco los padres decidieron voluntariamente tener a esa hija en particular. Pero eso no quiere decir que padres e hijos no tengan obligaciones no voluntarias. De la misma manera, los miembros de una comunidad política participan de la misión intergeneracional e histórica de concebir y llevar a cabo formas de libertad y de cuidado mutuo, que le son propias y a veces únicas a los miembros del grupo, y que dan lugar a obligaciones asociativas en virtud de esa membresía y rol involuntario de ciudadano.[26]

Si el ingreso de los inmigrantes pone en peligro la capacidad de los miembros de descargar esas obligaciones asociativas fundamentales, entonces sería profundamente injusto permitir su ingreso.[27] Ahora bien, este argumento tampoco muestra que la exclusión es éticamente requerida. Miller reconoce que este tipo de argumento no da razones para excluir completamente a los inmigrantes, sino sólo razones para regular su flujo y quizás razones para solicitar su asimilación o cuando menos solidaridad con respecto del proyecto de sostener esas formas de libertad y de igualdad que el grupo valora.[28] Pero hay otro problema que puede cimentar mis sospechas críticas.

Ambos argumentos establecen los derechos y las obligaciones de los miembros de un grupo; por ejemplo, los deberes de ciudadanía o los deberes de los connacionales. Quizás esto podría dar lugar a derechos limitados de controlar la membresía al grupo; es decir, razones para admitir que los controles migratorios pueden ser permisibles bajo ciertas condiciones limitadas. Pero estos argumentos no establecen los derechos de los miembros del grupo sobre la tierra que ocupan. Esto es importante porque una diferencia crucial de los Estados con otros grupos o colectivos es que los Estados son grupos sociales y comunidades políticas e institucionales *territoriales*.[29]

Los Estados no solamente pretenden excluir a los inmigrantes de la ciudadanía o de la membresía al grupo, sino que, crucialmente, los quieren excluir *de la tierra* y evitar que establezcan su residencia en ella. Ninguno de los argumentos que analizamos parecen desarrollar ese trabajo conceptual y argumentativo, por lo que, así como están, parecen inconcluyentes para justificar derechos de exclusión migratorios. Sobre todo, no queda claro por qué sería permisible o moralmente requerido que las fronteras priorizaran el interés de los ciudadanos y residentes de encontrarse presentes en esa tierra sobre el interés de los inmigrantes de ingresar. Esto significa que podemos distinguir entre el derecho a la autodeterminación política de un grupo de definir su destino en común, de un derecho de autodeterminación territorial o de ocupación excluyente de la tierra. La conexión entre ambos intereses y derechos no es obvia y debería ser fundamentada; pero hasta que ese trabajo sea elaborado no parece claro que los controles fronterizos excluyentes sean permisibles y menos aún requeridos.

Un complemento a la visión convencional

Una manera de complementar la visión convencional para que esta explique si los controles fronterizos excluyentes son requeridos o sólo permisibles es preguntar qué falla en la historia de las ideas y los conceptos que componen esa visión. Para eso es útil el método dialéctico del que hablé antes.

Una interpretación dialéctica relevante es que la visión convencional, en realidad, no supera el defecto esencial de la visión tradicional que trata de desplazar; al contrario, arrastra sus mismos sesgos. En otras palabras: si a la idea de que todo aquello que justifica el Estado, justifica también su soberanía –incluyendo el control sobre la tierra y las fronteras– se la puede rechazar porque no se la ha justificado, entonces también debería rechazarse la creencia de que todo aquello que justifica la soberanía popular justifica también la exclusión y el control sobre la tierra. Examinemos esto.

Como ya adelanté, llamo *visión tradicional* acerca de las fronteras y la inmigración justamente a esa visión que simplemente toma como un axioma que los Estados tienen derecho a admitir extranjeros en sus propios términos. Es decir, un Estado soberano tiene discrecionalidad total o casi total sobre la admisión de extranjeros dentro del territorio y también control autónomo sobre las condiciones en las que dichas admisiones se lleven a cabo.[30] Para Locke,[31] por ejemplo, la soberanía se descompone en tres derechos del Estado: el derecho sobre los gobernados, el derecho en contra de los extranjeros y el derecho sobre el territorio.

La colección de derechos de Locke se descompone, a su vez, en los distintos ejercicios de la soberanía del Estado; es decir: en derechos jurisdiccionales sobre aquellos que se encuentren dentro del territorio, derechos sobre la tierra y sus recursos, derechos a cobrar impuestos, derechos a regular el uso del suelo y otros recursos, derecho a controlar el movimiento de personas a través de las fronteras y derecho a repeler cualquier separatismo invasión o secesión. Según Sidgwick, este conjunto de derechos en general se interpreta como que el Estado tiene derecho a admitir o rechazar extranjeros en sus propios términos.[32] El Estado puede imponer las condiciones a discreción (impuestos, cargos, restricciones) y goza de entera libertad para tratar a los inmigrantes según lo decida (restricción de derechos, suspensión de privilegios, deportación, etc.).

Así, pues, la idea central de este apartado es que esta visión tradicional y axiomática es inaceptable desde el punto de vista de la visión convencional de los controles migratorios articulada por la teoría política contemporánea. La razón radica en que la teoría política contemporánea se propone, precisamente, justificar esos controles migratorios en términos de justicia. No obstante, como se vio en el apartado anterior, parece que la visión convencional contemporánea fracasa en sus propios términos.

Una manera de entenderlo es que fracasa porque arrastra el mismo sesgo básico de la visión tradicional: así como ésta suponía que al justificar el Estado justificaba sus fronteras, la visión convencional supone que justificar el derecho de los miembros de un grupo a rechazar a miembros potenciales equivale al derecho de mantenerlos fuera de una sección de la tierra y de evitar que residan ahí. La visión convencional asume que lo que justifica la autodeterminación política justifica el ejercicio de esa autodeterminación en la apropiación de la tierra. Sin embargo, esto es una petición de principio que debería ser inaceptable, pues la misma necesidad de justificación aplica a ésta: sin un argumento que explique cuál es el fundamento del reclamo moral de los Estados o las naciones sobre la tierra, entonces no podemos asignársela normativamente a grupos. Pero eso es precisamente lo que el argumento no hace.

En síntesis, la visión tradicional asume que lo que justifica al Estado justifica la exclusión territorial de los inmigrantes. Por su parte, la visión convencional pretende justificar la exclusión de los inmigrantes, pero fracasa en sus propios términos pues deja sin atender el problema del territorio. Ambas cometen un tipo parecido de petición de principio; por lo que, quizás, nos encontramos frente a un problema metodológico común a ambas visiones. Podemos preguntarnos primero si es moralmente aceptable, como una cuestión fundamental de principios, el excluir del territorio y de los bienes sociales que se encuentran ahí, a las personas externas que quisieran ingresar y pertenecer a una comunidad política distinta de aquella en la cual nacieron y/o de aquella a la que pertenecen sus padres.

Una estrategia usual para enfrentar este problema es recurrir a la teoría de las Relaciones Internacionales de Kant como fuente sólida de juicios acerca de los derechos sobre la tierra. Kant ofrece, además, la posibilidad de conceptualizar la exclusión de las personas (de secciones delimitadas de tierra) como una cuestión de derecho moral fundamental porque fue él mismo quien primero desafió la visión tradicional y trató de dar razones para la apropiación excluyente del territorio.[33] La idea central en el pensamiento internacionalista de Kant es que lo más valioso de la naturaleza humana, lo que fundamenta su dignidad o valor especial, es la libertad que puede lograr la persona, en el sentido de ser independiente o autónomo de la voluntad arbitraria de los otros y de las determinaciones naturales.[34] El peor daño que puede hacérsele a una persona es coartar su posibilidad de volverse autónomo. Más aún: todos tenemos intereses y reclamos fundamentales de justicia porque nuestra condición humana de seres imperfectos y limitados requiere que encontremos formas ordenadas de lidiar con el conflicto que provoca la autonomía de cada uno, en roce o hasta conflicto con la autonomía de todas y todos los demás; ello sin recurrir a la violencia que nos hace vulnerables a todos.[35]

Una interpretación de este punto de vista kantiano es que el problema de la justicia es *conceptualmente territorial*: todos nacemos en el seno de grupos y comunidades que *naturalmente* residen en territorios delimitados quizá por accidentes geográficos como montañas, ríos y la colindancia con otros grupos humanos. Por ello, sería un daño moralmente impermisible retar la autoridad de los controles fronterizos cuando hacerlo pusiera en peligro el establecimiento y mantenimiento de instituciones justas.[36] Ahora bien, ¿son estas condiciones suficientes para concluir que las fronteras son moralmente permisibles y/o requeridas?

Un potencial problema para contestar afirmativamente a esa pregunta es la arbitrariedad de nacer en un lugar y dentro de un grupo y no en otro. Para conservar la coherencia del planteamiento de Kant con el mundo que conocemos tenemos que distinguir entre hechos arbitrarios, hechos accidentales y hechos contingentes. Aunque la diferencia entre estos sea clara, los límites no se dibujan tan fácil. Así, si un Estado anexa un territorio sobre el cual no tiene un reclamo moral, puede resultar arbitrario. En contraste, el que yo y otros hayamos nacido en este grupo social (y no en cualquier otro) y ocupemos en consecuencia este territorio (y no otro) es un hecho accidental, pero no necesariamente arbitrario. Lo que convertiría este hecho accidental en un hecho moralmente significativo (esto es, no arbitrario) es precisamente que yo y los que me rodean cumplamos con las condiciones kantianas de establecer relaciones de justicia entre nosotros. El problema es que el reclamo moral territorial que se obtiene no es propiamente necesario, sino más bien es contingente al hecho accidental de ocupar ese territorio y a que se mantengan relaciones de justicia sobre de él (pues podemos dejar de mantener esas relaciones en cualquier momento).

Esto puede significar que las razones para rechazar migrantes sean también contingentes al establecimiento de relaciones de justicia. Por ejemplo, tendremos razones para excluir a aquellos con intenciones hostiles o que quieran venir a establecer prácticas injustas, pero las razones para excluir a personas que vienen de buena fe a trabajar y descargar sus obligaciones de justicia no quedan claras.[37]

Frente a estas aclaraciones ahora la pregunta puede reformularse así: ¿cuáles son las consecuencias normativas de esta visión conceptual de Kant sobre la justicia de las instituciones con respecto a nuestros reclamos morales sobre el territorio y la exclusión? Una respuesta kantiana a esta pregunta se puede articular de manera paralela a su concepto de propiedad privada. Según Kant, la justicia sobre la propiedad se da si y sólo si las instituciones de un Estado son capaces de establecer leyes que regulan la propiedad de manera que incorporen el juicio racional de todos aquellos sujetos a la ley en materia de la libertad (como autonomía) de tener propiedad. Esta libertad de tener propiedad tiene que estar limitada por una esfera igual de cada uno de acceder a esa libertad. Un corolario de esto es que el límite de la propiedad privada es la injusticia y la necesidad. Si nuestras instituciones son tan corruptas que permiten que cada vez más personas sean tratadas injustamente (por ejemplo, cuando algunas personas requieren tener dos o tres trabajos y aún así no alcanzan a cubrir sus necesidades básicas de manera digna) entonces aquellos de nosotros privilegiados por tener ahorros o propiedad, perdemos también incrementalmente la capacidad moral de reclamar esas posesiones como nuestras. De manera inversa, ganamos incrementalmente esa capacidad cuando más personas antes tratadas injustamente comiencen a recibir los beneficios de las instituciones justas. Sólo hasta que todos estén sujetos a instituciones justas en pie de igualdad podemos tener un reclamo moral pleno sobre nuestras posesiones como propias. Paralelamente, si en vez de propiedad hablamos de territorio, tenemos que los Estados no pueden reclamar derechos plenos sobre su territorio –como los que se necesitan para fundamentar el derecho de exclusión– hasta que la injusticia en el mundo haya sido eliminada y todas las personas vivan en Estados que garanticen la paz, el mutuo reconocimiento y sus derechos.

¿Significa esto que las fronteras actuales no tienen fundamento moral y no pueden ser ni siquiera permisibles? No necesariamente. En efecto, no tenemos el *derecho pleno* (poderes, inmunidades, reclamos y privilegios sobre el territorio en contra de los reclamos de los inmigrantes potenciales), pero, bajo ciertas condiciones quizás podamos justificar el *permiso* de usar las cosas que necesitamos. Una de esas cosas que necesitamos es el territorio; por lo que quizás tengamos permiso de usar el territorio de manera excluyente, aunque no tengamos el derecho; aunque en ese caso la exclusión no sea moralmente requerida. Pero hace falta explicar esto último con más detalle.

Lea Ypi explica que los permisos son reclamos remediales aplicables a Estados de cosas sobre los cuales no se puede reclamar aún un derecho pleno.[38] En una sociedad injusta no podemos reclamar derechos plenos de propiedad privada, pero tenemos el permiso de usar las cosas que necesitamos para vivir de manera digna. La diferencia importante es que aquellos tratados injustamente también tienen ese permiso. Más aún, tienen ese permiso aunque las instituciones injustas no les permitan tener propiedad ni vivir dignamente; y ese permiso se conserva aún sobre aquello que las personas privilegiadas tenemos como nuestro (pero que no lo es tanto, dadas las condiciones generales de injusticia).[39] Pero, entonces, paralelamente, los inmigrantes tratados injustamente quizás también tengan el permiso moral de inmigrar aún sin autorización legal, siempre y cuando no pongan en peligro la existencia y el sostenimiento de las instituciones que procuran justicia.

¿Significa esto que los Estados no pueden establecer jurisdicciones ni usar sus territorios? De nuevo, esto no parece necesario pues los Estados pueden tener el *permiso* de establecer jurisdicciones territoriales y el permiso de administrar sus fronteras de manera coherente con los derechos de los miembros de la comunidad política que proteja ese permiso jurisdiccional siempre que estén en proceso de crear instituciones justas. Esto significa que se le puede otorgar un valor moral limitado a las instituciones cuasi-justas creadas y sostenidas por una comunidad política que tienen un compromiso histórico con el mejoramiento de sus instituciones. Pero, como estas instituciones no son aún justas, este permiso podría incluir solamente un derecho muy limitado de exclusión, basado en la idea de que los inmigrantes potenciales adquieren una obligación moral de no interferir en la creación y sostenimiento de esas instituciones y relaciones de justicia. Al mismo tiempo, el inmigrante potencial no ha formado parte de la creación y el sostenimiento de esas instituciones, por lo que la imposición de esa autoridad sobre de él podría ser injusta o ilegítima. En caso contrario, sin ese permiso limitado de exclusión quedaría permitido el asentamiento, residencia, reclamo y/o reapropiación constante de los territorios (que están siendo usados temporalmente por instituciones cuasi-justas) por personas externas a la comunidad política y eso, a su vez, sería fuente de conflictos, guerras y otras injusticias adicionales que pondrían en peligro el establecimiento y/o el sostenimiento de instituciones justas o que harían de ellas un despropósito al crear más injusticia de la que proporcionan. Estos derechos de exclusión están limitados por el deber de hospitalidad.

La hospitalidad es un concepto muy interesante en el pensamiento de Kant porque recupera las restricciones mencionadas que la justicia impone a la propiedad privada. Dado que los Estados que conocemos no tienen derecho pleno a su territorio en virtud de la magnitud de la injusticia global que conocemos, hasta que un Estado no pueda reclamar derechos plenos sobre ese territorio, los demás en el mundo retienen ciertos derechos sobre la tierra de todo el planeta, incluyendo los territorios usados por las instituciones justas o cuasi-justas.[40] Esos derechos retenidos son los derechos de hospitalidad. Si no tienen intenciones hostiles, las personas tienen el derecho de establecer relaciones amistosas y comerciales con personas en otras comunidades políticas territoriales. Este argumento tan radical es atractivo desde cierto punto cosmopolita. Aquellos Estados que deseen ejercer derechos amplios de exclusión deben ganarse esos derechos mediante la participación constante y comprometida en el establecimiento de un sistema internacional justo. Sin embargo, muy probablemente si la mayor parte de las personas en el mundo estuvieran sujetas a instituciones más o menos justas, la inmigración no sería ni un interés tan apremiante de tantas personas ni un problema para los Estados ricos. Quizá, si viviéramos en un mundo más justo, pocos estarían interesados en ejercer el derecho de exclusión.

El argumento kantiano tiene tres problemas principales. El primero radica en que no es evidente lo que requiere el punto de vista kantiano de las instituciones fronterizas aquí y ahora. Al cosmopolitismo kantiano no se lo suele interpretar como una teoría acerca de los deberes que tenemos para con los Estados que conocemos, más bien se trata de una teoría prospectiva acerca de qué comunidades políticas tenemos el deber de formar en el futuro. En este caso, la falta de derechos plenos sobre el territorio, que fundamenten derechos plenos de exclusión, puede significar que, si mostráramos que los inmigrantes no representan un riesgo o que son necesarios para el sostenimiento de esas instituciones, entonces perderíamos la capacidad de justificar el permiso de exclusión. No obstante, lo anterior no se sostiene utilizando solamente la argumentación de Kant. Ese argumento necesita ser complementado.

En segundo lugar, acerca de la posibilidad de complementar el argumento kantiano, se puede decir lo siguiente. En otro lugar he argumentado que, en las democracias liberales que conocemos, un derecho no calificado de exclusión de inmigrantes regulares es empírica y conceptualmente difícil de plantear.[41] En primer lugar, las democracias liberales tienen tazas de reposición de la población muy bajas, iguales a cero o incluso negativas. El sostenimiento fiscal y laboral de esos Estados requiere de la mano de obra migrante y del pago de impuestos de los recién llegados. En segundo lugar, muchos de los mercados laborales internacionales suelen ser regulares. Los migrantes ordinariamente van adonde hay trabajo y dejan de ir adonde las oportunidades escasean. En tercer lugar, si elimináramos el incentivo político de culpar al recién llegado o a los migrantes en general de los problemas endémicos de las democracias liberales; y los gobiernos explicaran de qué manera y hasta qué punto las expectativas de crecimiento y desarrollo que los gobiernos plantean periódicamente dependen de los inmigrantes; entonces podríamos plantear cómo el mantenimiento de estas instituciones depende de la participación de los migrantes con sus impuestos, su talento y su trabajo. Diré más acerca de posibilidades de complementar el argumento kantiano en la siguiente sección.

Finalmente, en tercer lugar, bien puede ser que el argumento kantiano nos hable de nuestro deber moral de crear o sostener las instituciones justas del Estado o de las relaciones internacionales, pero no muestra cómo dibujar y justificar las fronteras que conocemos. Se trata del viejo reto metodológico de encontrar una manera normativa de explicar la membresía y relacionar grupos *determinados* de personas con autodeterminación política con sistemas de instituciones concretos y definidos; y ellos con pedazos delimitados y específicos de tierra.[42] He llamado a esto *el problema de la indeterminación*.[43] Los deberes de Kant son tan generales que no explican la *particularidad* y *especificidad* de las fronteras. Es decir, no explican por qué son éstas y no otras las instituciones las que aplican a nosotros en particular y no a cualquier otro grupo; ni explica porqué, aunque estas instituciones justas en particular aplicaran *de facto* a mí, son estas instituciones y no otras las que *tienen el derecho* de extraer obediencia de mí y de nosotros. Si todos tenemos deberes fundamentales de justicia de crear o mantener instituciones justas que nos permitan descargar nuestros deberes morales y que protejan adecuadamente nuestros derechos, entonces quizás tengamos un deber de emigrar ahí donde estas instituciones existen, florecen y son más perfectas. Y, paralelamente, los miembros de los países que cuentan con estas instituciones quizás tengan un deber de justicia de permitirnos incorporarnos para poder descargar nuestros deberes morales en sus instituciones.

Pero esto querría decir que las fronteras excluyentes solamente son permisibles (no requeridas) cuando los inmigrantes representan un peligro directo y concreto para la sociedad de acogida; no cuando los inmigrantes satisfacen el mercado laboral interno de un Estado que no puede satisfacer ese mercado con sus propios ciudadanos. Si la inmigración responde a las necesidades del mercado interno entonces puede ser que encontremos difícil justificar la permisibilidad de las restricciones migratorias.[44]

Visiones kantianas contemporáneas desde el territorio

Como sugería en la sección anterior, quizás el argumento político de Kant puede ser complementado de una manera que explique el carácter moral de los derechos de exclusión. Dos académicos canadienses han seguido esta línea de inspiración. Arash Abizadeh sugiere que las fronteras necesitan una justificación en términos de legitimidad democrática para que puedan ser justas.[45] Margaret Moore, por su parte, piensa más bien que hay ciertos grupos sociales llamados *pueblos* que desarrollan el tipo de agencia política que puede ser normativamente suficiente para reclamar derechos sobre el territorio.

Quizás Abizadeh toma de Kant la intuición de que, cuando una comunidad política establece fronteras que delimitan una parte de la tierra, ese grupo está dañando al resto de los seres humanos de una manera que requiere una justificación o compensación para ser permisible moralmente. Moore quizá tome de Kant la idea de que los grupos sociales que son capaces de realizar formas valiosas de organización y de justicia son candidatos para reclamar ciertos derechos morales sobre el territorio que ha de servir para fundamentar el supuesto derecho a excluir. Yo creo que, aunque ambas perspectivas resultan iluminadoras e incluso complementarias (entre sí y con respecto de la aproximación kantiana), creo que cada una por sí misma es insuficiente para mostrar que tenemos razones para excluir de manera moralmente permisible o requerida. Al contrario, como se verá, yo tomaré algunos aspectos interesantes de ambos planteamientos para reconstruir una propuesta alternativa.

Lo primero que hay que recordar es que las concepciones de justicia convencionales simplemente no toman a los extranjeros como objeto central de la reflexión. Por ello, no queda claro ni siquiera qué tipo de relación moralmente relevante se dé entre los migrantes potenciales y el Estado al que aspiran entrar. Por ello, típicamente encuentran difícil determinar la extensión de los derechos de exclusión de un Estado justo y la extensión de las demandas de ingreso que puedan tener los inmigrantes potenciales.

Una alternativa interesante sería dejar las teorías de la justicia distributiva domesticas de lado un momento para concentrarse en la relación entre Estado y potenciales migrantes.[46] Uno puede suponer, por ejemplo, que la relación moralmente relevante entre migrantes potenciales y el Estado al que aspiran migrar está caracterizada por la coerción.[47] Cuando se rechaza a los inmigrantes, las autoridades migratorias los coaccionan. Para la teoría democrática, alguien que es coaccionado por la autoridad institucional merece no sólo una justificación democrática por esa coerción, sino que debe participar de alguna manera en la toma de decisiones de las instituciones que lo coaccionan. Según esto, una interpretación del principio de determinación política que fuera coherente con la manera en la que la teoría democrática entiende la relación entre coerción y justificación democrática, no incluiría el derecho de definir unilateralmente la política fronteriza: el interés de aquellos mayormente coaccionados por esta política debería ser igualmente considerado de forma participativa. La interpretación de Abizadeh resulta bastante controvertida desde el punto de vista de la visión convencional y desde la doctrina clásica de la soberanía. En esta, parece difícil que un extranjero tenga voz y voto en lo que respecta a las instituciones básicas del Estado.[48] Para Blake el caso es más bien el opuesto.[49] Él afirma que la relación entre migrantes y Estado se caracteriza por la falta de coerción. Como las instituciones básicas sólo coaccionan a los ciudadanos, entonces el Estado está justificado cuando exhibe la parcialidad que le permite rechazar a los inmigrantes potenciales, según convenga a los intereses de los ciudadanos. Pero Abizadeh insiste en que la autoridad que ejercen las fronteras, aun cuando se quede en una mera amenaza del tipo "No cruzar aquí" cuenta como coerción. Más aún, si queremos ser coherentes con el principio de autonomía[50] que fundamenta el liberalismo y con la teoría democrática, deberíamos tener un régimen migratorio que incorpore de alguna manera el interés de los migrantes potenciales. Lo importante es que los controles migratorios no podrían ser ni permisibles ni requeridos si no cumplen con estos requerimientos básicos de una teoría democrática.

Independientemente de que resolvamos la controversia acerca de qué cuenta como el tipo de coerción que da lugar a demandas morales de legitimación democrática, de cualquier manera, según Moore, la propuesta de Abizadeh puede que sea implausible, pues parece requerir que redibujemos las fronteras y comencemos de nuevo, con la salvedad de que Abizadeh no provee ningún criterio de cómo deberíamos proceder para redibujarlas.[51] Desde luego esto no basta para mostrar que el argumento es incorrecto. Pero muestra cuando menos qué necesita ser a su vez complementado para pensar en una manera de lidiar con las fronteras que conocemos aquí y ahora. Por ejemplo, no queda claro en qué sentido podríamos hacer que las instituciones fronterizas que conocemos sean justificables para todos o casi todos (puesto que cualquiera podría ser un migrante potencial), o bien de qué manera el interés de todos los potenciales inmigrantes puede ser incorporado al diseño y justificación de una política migratoria reformada. Abizadeh sólo insiste en que *el nivel de apertura o cierre relativos de las fronteras dependerá de la interpretación de una ponderación de razones de los interesados y de la consideración de las circunstancias.*[52] Pero eso nos deja más o menos donde comenzamos, pues lo que necesitábamos desde el inicio es algún principio o grupo de principios normativos para ponderar esas razones y evaluar la política migratoria resultante para determinar si los controles migratorios excluyentes son permisibles o requeridos.

Consideremos ahora el proyecto de Margaret Moore de conectar grupos sociales con territorios de una manera que permita fundamentar derechos de exclusión. Ya vimos con Wellman y con Miller que los Estados y las naciones tienen derechos de autodeterminación política. El problema es que los reclamos jurisdiccionales de los Estados y de las naciones fracasan en ser traducidos a reclamos morales sobre porciones de la superficie de la tierra. Según Moore, hay algunas comunidades políticas que pueden desarrollar el tipo de agencia colectiva que sostenga el proceso de socialización identitaria de una manera que construya y sostenga instituciones sociales y políticas justas. Este tipo de comunidades tiene un fuerte caso de autodeterminación política, de manera que su reclamo es jurisdiccional y con ello intrínsecamente territorial, como en Kant. El reclamo puede tornarse territorial porque Moore piensa que las personas y los grupos tenemos un derecho fundamental al espacio que necesitamos para vivir. La vida individual requiere un *derecho de residencia* y la vida social requiere un *derecho a la ocupación* de cierto espacio. Esto quiere decir que hay ciertos grupos cuya naturaleza moral incluye un reclamo sobre el territorio, en la medida en la que el establecimiento de una jurisdicción territorial e institucional son esenciales para sostener y mantener a lo largo del tiempo la autodeterminación política de ese grupo.[53] Moore llama a estas comunidades políticas *pueblos*.

En contraste con las naciones de David Miller, los pueblos no dependen del poder político de las instituciones del Estado para sostener su cultura y su identidad; sino que los pueblos sostienen orgánicamente, como un ejercicio cotidiano y voluntario, la autodeterminación colectiva. En la medida en la que un grupo sea un pueblo con estas características, o cuando menos tenga la aspiración razonable de llegar a serlo en un tiempo relativamente corto, ese grupo tiene reclamos morales sobre el territorio a lo largo del cual se extiende su jurisdicción. Esto porque en ese territorio se desarrolla una forma única de construir instituciones justas que reflejan la identidad de un pueblo.[54] Quizás esto pueda fundamentar un permiso moral de establecer controles fronterizos excluyentes con ciertas restricciones.

Sin duda, la aproximación de Moore es enormemente seductora. Pero creo que los derechos territoriales que sugiere tergiversan los reclamos territoriales que son más importantes en las relaciones internacionales actuales. Les atribuye así los derechos territoriales a los pueblos y no a los Estados, que son el agente social más destacado en las relaciones internacionales. Lo anterior lo hace sin explicar cómo los reclamos territoriales de un pueblo pueden transferirse legítimamente a los Estados, o cuando menos, compararse y ponderarse con los reclamos de estos. Moore misma reconoce este defecto cuando dice que su teoría es incapaz de delimitar fronteras concretas, sino que sólo identifica lo que podríamos llamar "terruños" (*heartlands*). Por ejemplo, en el extenso territorio de los Estados Unidos, su teoría puede identificar grandes grupos urbanos que se concentran en algunas partes del país. Por ejemplo, en la Costa Este, alrededor de grandes centros urbanos como Atlanta, Filadelfia, Washington D. C., Nueva York y Boston. En la Costa Oeste, otros pueblos identificables en California alrededor de San Diego, Los Ángeles y San Francisco. Pero, en el resto del territorio, el reclamo moral se vuelve más difuso, débil y complicado de teorizar.

En todo caso, el punto importante para nosotros es que sería difícil hacer coincidir los reclamos morales territoriales de los pueblos con las actuales fronteras. En principio, sin la capacidad de determinar fronteras, una teoría perdería la capacidad de justificar que las fronteras excluyentes sean moralmente requeridas. Es claro que Moore pretende que su aproximación jurisdiccional sea una primera piedra para una teoría más completa del territorio que sí sea capaz de determinar fronteras y justificar la exclusión.[55] Examinemos esta posibilidad porque creo que el potencial de la visión de Moore es más bien limitado a este respecto. Hay dos distinciones importantes que parece que Moore parece ignorar y que problematizan enormemente el potencial de su aproximación jurisdiccional.

En primer lugar, podemos distinguir entre jurisdicción y tierra. La tierra es toda superficie que no está cubierta por agua. Es un hecho físico de la geografía del planeta y un recurso natural que por sí mismo es normativamente inerte como las nubes o las avestruces. Ahora bien, aunque sea normativamente inerte, la tierra es un recurso que es moralmente relevante pues tiene un valor instrumental: está llena de otros recursos y, sobre ésta es que nuestras relaciones personales, sociales, económicas y políticas son posibles. En cierto sentido, la tierra es un recurso natural que parece necesario para que existan grupos con reclamos de autodeterminación política y con capacidad para crear, mantener y fortalecer instituciones que –sobre de ella– protejan los derechos de las personas. Esto explica porqué los grupos están interesados en la tierra. Ahora bien, ese interés no equivale a un derecho a una extensión de tierra en particular, solamente a una porción suficiente para vivir. Una jurisdicción es, en cambio, la extensión delimitada de tierra donde es válido un sistema de reglas o de derecho. La jurisdicción entonces es un hecho jurídico y social.[56] La jurisdicción requiere una extensión de tierra, pero no de una extensión de tierra en particular.[57]

En segundo lugar, y como un corolario a la primera distinción; podemos separar conceptualmente también la tierra del territorio. El territorio es un hecho social: corresponde con la visión, imaginario y concepción que un grupo social determinado se forma de una extensión de tierra. El territorio, por lo tanto, no es un hecho físico ni un recurso material, sino que es una construcción social elaborada a partir de los símbolos y significados colectivos de un grupo que habita la tierra.[58] Pero territorio y tierra no siempre coinciden: el territorio Palestino es distinto al territorio de Israel, aunque se traslapen en la misma tierra. Esto muestra que tener un reclamo moral a una jurisdicción y a un territorio no equivalen a un reclamo moral sobre la tierra.

Lo importante de estas distinciones es que revelan que Moore muestra, correctamente que un grupo social puede tener derecho de autogobernarse y eso incluye la capacidad de establecer reglas para sí mismo. Esto tiene que ocurrir necesariamente sobre la tierra en la que estas personas viven. Naturalmente, ese terruño adquiere, con el paso del tiempo, un significado simbólico y representacional para la gente que ahí vive, de manera que el territorio constituya una construcción social para ellos. Sobre todo, hay que notar que el reclamo moral sobre la tierra no es una función simple de la localización geográfica de las personas que viven y reconocen cierto cuerpo de reglas. Por ejemplo, muchos británicos se retiran en España, que está mucho más cerca del Reino Unido que Nueva York de Florida. Sin embargo, a pesar de la cercanía física y geográfica, no asumimos que los británicos que residen en España pueden simplemente desconocer el régimen jurisdiccional español, por mucho que se concentraren en algún área geográfica de la península ibérica muy cercana a las islas británicas. En efecto, podríamos perfectamente concederle a Moore que los pueblos adquieren derechos morales sobre el territorio en virtud de su agencia política y de su derecho de autodeterminación; pero eso sólo significa que tienen derecho de autodeterminación sobre su propia construcción social del territorio, aunque no necesariamente sobre la tierra misma como recurso material. Es decir, podemos distinguir el derecho de autodeterminación del territorio, del derecho de apropiación y uso de la tierra como recurso, sin que exista entre estas dos cosas una conexión conceptual evidente o simple.

Esta conclusión puede parecer decepcionante, pero no debe sorprendernos. De hecho, sabemos que la naturaleza de las jurisdicciones es siempre incluyente y raramente excluyente: lo sabemos cuando vamos de turistas a un país extranjero. Nadie supone que su condición de extranjero le permite robar un banco sin consecuencias legales, o bien, que los locales tengan permiso de violar los derechos humanos del turista sin repercusiones legales. De hecho, lo que sucede es lo contrario: independientemente del estatus migratorio, cuando una persona se encuentra en una jurisdicción, ésta aplica a esa persona. Esto quiere decir que el argumento de Moore es más aclaratorio que propositivo. Nos explica con mayor claridad qué fundamenta las jurisdicciones y nos recuerda el significado social del territorio, pero omite fundamentar el reclamo moral de una jurisdicción o de un territorio, sobre un pedazo de tierra. De nuevo, el argumento gira en torno al interés que tiene un grupo social en la tierra, pero no es capaz de establecer un caso sólido de reclamos morales sobre de ella. Veamos a continuación si podemos hablar moralmente de la tierra y no sólo del territorio y la jurisdicción de un modo que explique si las fronteras son moralmente requeridas.

Otro comienzo normativo

Hasta aquí se ha sugerido que la visión convencional no ofrece razones concluyentes para fundamentar derechos de exclusión a inmigrantes regulares. Así, no permite entender si los controles migratorios excluyentes son moralmente permisibles o requeridos. En esta sección elaboro sobre algunos argumentos revisados en las secciones anteriores con el fin de delinear una aproximación metodológica alternativa. Mi enfoque alternativo está basado en siete etapas desarrolladas en tres pasos.[59]

Paso 1. *Determinar qué son las fronteras y explicar exactamente cómo ellas deben estar sujetas a nuestras evaluaciones y juicios morales.* Esto incluye lo siguiente:

(a) Los principios de justicia distributiva que gobiernan las relaciones entre residentes y ciudadanos.

(b) Los principios de justicia internacional que en general regulan las relaciones entre las naciones.

(c) La ética de las relaciones internacionales que permite evaluar el tipo de desempeño que tienen las fronteras entre dos Estados.

El paso 1 recupera buena parte de los argumentos que hemos examinado hasta ahora. Como muestra correctamente la visión convencional, proteger los intereses de los ciudadanos y los residentes de la interferencia de los extranjeros es una función definitoria legítima de las fronteras (a). Al mismo tiempo, las relaciones entre los Estados se establecen a través de su consentimiento mediante entendimientos, acuerdos, tratados y convenciones (b).

Estos forman parte del derecho internacional y articulan el tipo de orden internacional que conocemos. El problema es que ni los principios de justicia interna ni el consentimiento entre Estados parecen agotar los aspectos morales del sistema internacional.

Sabemos que el consentimiento no agota nuestros deberes: siempre nos podemos preguntar si debimos haber consentido ciertas situaciones o si esos acuerdos no son vinculantes por razones morales de peso.[60] Entonces podemos separar las obligaciones que nacen del consentimiento de las obligaciones morales que tenemos que considerar para evaluar aquellas cosas a las que consentimos.[61] Como vimos, parte de los deberes que no consentimos, los adquirimos en virtud de los roles que ocupamos –hijo, hermano, amigo, ciudadano–. Quizás los deberes internacionales también pueden ser asociativos y se puedan derivar del rol específico que una nación juega en la región y en el mundo. Este punto es central para la migración entre dos países: aunque no exista un tratado migratorio entre estos, la relación puede ameritar algunos derechos morales de inclusión basados en esas obligaciones asociativas.

Aquí es preciso hacer una aclaración. Quizás sería implausible creer que las obligaciones asociativas cancelen directamente los derechos de exclusión, y puede que tampoco se traduzcan directamente a un derecho no calificado de inclusión. Sin embargo, creo que entender que los Estados tienen obligaciones asociativas cuando menos limita enormemente la posibilidad de fundamentar el derecho de exclusión con base en derechos de asociación. Hay que recordar que, en la visión convencional, los derechos de exclusión están basados en los derechos de asociación entre los miembros de una comunidad política o en las obligaciones asociativas entre ellos. El problema es que estos enfoques suelen ignorar por completo las asociaciones exteriores y las obligaciones asociativas internacionales (c). Lo que digo es que los derechos de asociación y los deberes asociativos deben sopesarse y ponderarse no sólo internamente, sino también internacionalmente. Con estos tres elementos podemos ya preguntar ¿qué concepción de las fronteras es coherente (a) con su función típica de proteger los intereses de residentes y ciudadanos, (b) con la concepción estándar de las relaciones internacionales entre los Estados y (c) con las obligaciones asociativas entre los estos?

Yo creo que las fronteras son instituciones en ellas mismas y no límites de otras instituciones estatales, como generalmente se las toma. Sólo de esa manera las fronteras pueden ser coherentes con las etapas de la a-c. A las fronteras se las ha entendido como un dispositivo jurisdiccional institucional que delimita físicamente el alcance de la soberanía con una variedad de diferentes propósitos.[62] Las fronteras de las democracias liberales se han complejizado tanto que, para administrar las relaciones entre los Estados, se han convertido en instituciones complejas. Por ello, las fronteras de un Estado contemporáneo ejercen una forma de autoridad sobre otros Estados y, en especial, sobre los potenciales migrantes en el sentido en el que les prohíbe o posibilita la entrada, tránsito o inclusive la residencia. Según yo, las fronteras son entonces instituciones sociales *sui generis* porque son al mismo tiempo domésticas e internacionales. Esto quiere decir que son instituciones interestatales o intergubernamentales.[63] Dos Estados determinados (aunque no tuvieran colindancia) establecen una frontera cuando establecen relaciones transnacionales de cualquier índole (comerciales, diplomáticas, culturales, etc.). Esta relación requiere casi siempre el flujo de personas entre los dos Estados. Típicamente, en la medida en la que se densifica la relación, el flujo de personas moviéndose de un lado al otro aumenta también. Los controles fronterizos serían moralmente aceptables cuando codificaran correctamente la relación entre los Estados; y no sólo en cuanto al consentimiento entre ambos (tratados, entendimientos, etc), sino también en lo que toca a las obligaciones asociativas adquiridas entre ambos. Naturalmente, en las relaciones internacionales que conocemos y que son multilaterales, las fronteras entre los Estados van tejiendo un complejo sistema de instituciones internacionales.

¿Cómo se evalúa el desempeño de una frontera en particular entre dos Estados según los criterios establecidos en a-c? La opción más obvia sería invocar alguna concepción de justicia. Pero vimos en las secciones 2-5 que la visión convencional de justicia en inmigración no nos da razones para justificar que los controles excluyentes sean moralmente requeridos. ¿Cómo se pueden sopesar los reclamos de justicia entre residentes y miembros con los reclamos morales asociativos de los migrantes regulares potenciales? Una opción es invocar una virtud política más general y débil que pueda valorar distintos reclamos morales y de justicia. La legitimidad política es la virtud que exhiben las instituciones que toman decisiones en nombre de otros, de manera justificada.[64] En particular, es una virtud que deben tener las instituciones coercitivas; de otra manera, la coerción es moralmente impermisible. La legitimidad se distingue sobre todo de la virtud política de la justicia en que esta última evalúa la calidad del uso del poder legítimo en términos de qué tanto cada uno recibe lo que merece o aquello a lo que tiene derecho.[65] La distinción entre estas virtudes es controversial, pero ese debate sobrepasa el propósito de este trabajo. Lo importante es que, precisamente al no haber un Estado global que vincule moral y políticamente a una sola comunidad mundial liberal, la justicia y la legitimidad no son necesariamente coextensionales en el ámbito internacional. La anterior es precisamente la dificultad de hablar sobre justicia global y, al mismo tiempo, lo que vuelve las evaluaciones sobre legitimidad internacional más importantes y urgentes.

Pero, en el paso 1, la legitimidad de las fronteras evalúa solamente que la política de exclusión-inclusión refleje no sólo el interés de proteger a ciudadanos y residentes y los tratados y convenios firmados entre dos Estados; sino también la relación cooperativa y asociativa que se ha establecido entre ellos. Esto incluye los intereses de los potenciales migrantes en ese Estado. Por ejemplo, suponga que a los países M y U los unen tratados de libre comercio que se fundamentan en la obligatoriedad de los derechos de asociación. Es un tratado firmado soberanamente que obliga a ambos Estados por medio del consentimiento. El tratado no incluye un capítulo migratorio, pero a M y a U también los unen convenios diplomáticos, culturales y sociales de carácter asociativo. Para que U tuviera derecho de excluir a todos los miembros de M, no podría limitarse a excluir a los trabajadores pobres que vienen a integrarse a la comunidad política de U, sino también, y para ser coherente, tendría que cerrar las fronteras para todo el sistema comercial y financiero y terminar con los vínculos asociativos con M. La reducción de la cooperación entre M y U daría lugar a menos obligaciones asociativas y, con ello, fortalecería un posible derecho de exclusión. De otra manera, en la medida en la que M y U incrementen la intimidad de su relación, los miembros de los Estados adquieren, cuando menos, un derecho asociativo de no ser rechazados arbitrariamente. En todo caso, de nuevo hablamos de derechos u obligaciones de exclusión o inclusión con respecto al grupo o a la comunidad política. Ahora bien, estos derechos no se traducen en reclamos morales sobre la tierra.

Hay que notar, sin embargo, que el paso 1 no es definitivo para fundamentar derechos de exclusión si las fronteras no rodean una extensión de tierra sobre la cual el Estado tiene derechos plenos; ni tampoco si las fronteras no tienen el derecho de privilegiar los intereses de ciudadanos y residentes.

Paso 2. *Determinar si las fronteras (según el estudio conceptual del paso 1) tienen el derecho de priorizar los intereses de los residentes y ciudadanos sobre el derecho de los inmigrantes regulares.* Se compone de las siguientes etapas:

(a) Condiciones bajo las cuales es legítimo priorizar el interés de residentes y ciudadanos en cuanto a las admisiones regulares.

(b) Condiciones bajo las cuales es legítimo priorizar el interés de inmigrantes regulares.

(c) Rasgos de las fronteras para que sean permisibles para las democracias liberales.

El paso 1 determina que las fronteras como instituciones transnacionales son legítimas cuando reflejan la relación entre dos Estados. No obstante, eso no determina cómo las fronteras deben asignarles peso a los intereses de cada parte. Consideremos el caso de las democracias liberales. Creo que las etapas (d) y (e) pretenden determinar el nivel de intimidad y valor de la relación establecida entre dos democracias liberales (f). Éstas –en contraste con otros Estados– tienen un carácter moral porque el uso del poder político que ellas hacen debe ser justificando, apelando a principios morales como la ciudadanía igualitaria, las libertades fundamentales, los derechos humanos y la igualdad de oportunidades.[66] Si, como dice el paso 1, podemos entender a las fronteras como instituciones que tienen también un carácter moral, entonces este carácter moral dependería de la justicia interna (distributiva) y externa (derecho internacional), pero también de la legitimidad externa en términos de las obligaciones asociativas.

Esto quiere decir que las condiciones para privilegiar o no el interés de ciudadanos y residentes dependen en cierta medida del carácter moral de las relaciones internacionales en general y de la relación entre dos Estados en particular. Dicho de otra manera, el carácter moral de las democracias liberales debe incluir no sólo el carácter moral de las distribuciones y la protección de los derechos de los ciudadanos, sino también el carácter moral de las relaciones internacionales. Para que una democracia liberal mantenga la integridad de su carácter moral, no puede involucrarse en el exterior en una conducta que solo puede verse como una franca negación de los principios que sostiene al interior.[67] Si en el contexto de la teoría política nos concentramos únicamente en los derechos de asociación y las obligaciones asociativas de los ciudadanos, existe la tentación de concluir sin más que los ciudadanos tienen derechos de excluir a los no-ciudadanos (d). Pero lo anterior parece una visión que se refiere a un Estado de independencia o aislamiento (autarquía) que rara vez se da para las democracias liberales, por lo que se trata de una visión distorsionada que toma a los Estados, las naciones y las ciudadanías como mónadas aisladas. Los Estados establecen relaciones internacionales ejerciendo su derecho de asociación. Las democracias liberales defienden un conjunto de derechos y prácticas al interior relacionadas con el florecimiento de todo tipo de asociaciones y aventuras comunes (f). Estas prácticas, a su vez, están relacionadas con prácticas similares más allá de las fronteras por lo que los ciudadanos individuales con frecuencia se asocian con extranjeros dentro y fuera del territorio.[68]

Los miembros de las democracias liberales tienen un interés legítimo en entablar y mantener relaciones y asociaciones con miembros y entidades al exterior. Conforme estas relaciones se hacen más complejas, es posible que se adquieran relaciones asociativas como en el caso del ejemplo entre U y M. Sería difícil pensar que este ejercicio internacional no sea vinculante ni afecte nuestras obligaciones para con los extranjeros, en particular en el área migratoria. Esto quiere decir que las fronteras tienen derecho a privilegiar el interés de los ciudadanos y residentes cuando las relaciones con otros Estados son muy delgadas y pobres. Ahora bien, ese derecho se va adelgazando en la medida en la que las relaciones internacionales se van haciendo más cooperativas y fuertes en el sentido de crear relaciones valiosas que preservan la paz, protegen el ambiente y afrontan los problemas comunes (e).

Desde esta perspectiva de las relaciones internacionales –cuando menos para el caso de los Estados con un carácter moral que, como las democracias liberales, están enormemente vinculados con el exterior–, la migración no parece del todo opcional, sino que es un efecto de defender en la arena internacional los mismos valores y principios de libertad e igualdad que defienden en la arena doméstica.[69] Las democracias liberales no son grupos cerrados de participantes que distribuyen entre ellos los beneficios de sus actividades, sino que son comunidades políticas territoriales que crecen en vinculación comercial, financiera, diplomática, cultural y tecnológica con el exterior. Esta relación y esta dependencia son moralmente relevantes y vinculantes en términos asociativos. Si valoramos de manera intrínseca las libertades y la igualdad, no podemos involucrarnos en el exterior en prácticas que contradicen esos valores y principios.

Aspirar a obtener sólo los beneficios de la economía transnacional, las finanzas globales y los mercados abiertos, pero sin afrontar los costos, es una práctica predatoria ilegítima. No es difícil asumir que cierto tipo de migración constituye uno de esos costos. Pero no toda inmigración es así de costosa y, aunque lo fuese, se asocia con todos los beneficios de la apertura y la globalización de los mercados. La legitimidad de las fronteras que permite la exclusión es, entonces, una función de la cooperación y el cumplimiento de los deberes internacionales en general; pero, sobre todo, de los deberes de asociación y los asociativos. Este enfoque parece atractivo porque resulta mucho más terrenal y aplicable a las condiciones que conocemos: el país que desee tener mayores derechos de exclusión necesita hacerse un agente más activo en la cooperación internacional descargando sus deberes internacionales. Aunque es probable que, si la mayoría de los estados descargara sus obligaciones asociativas internacionales, entonces habría menos desigualdad e injusticia; en consecuencia, el descenso en la presión migratoria disminuiría el interés de aplicar los derechos de exclusión.

Como puede verse, aunque la respuesta sería condicional a lo que ocurra en el paso 3, los pasos 1 y 2 permiten ya comenzar a abordar el problema de este capítulo. Las condiciones bajo las cuales las fronteras son moralmente requeridas en el caso de las admisiones regulares son muy escasas. Seguramente hay casos urgentes que pueden dar razones para que las fronteras excluyentes sean moralmente requeridas; pero para el caso de las admisiones regulares en las democracias liberales, las fronteras parecen moralmente requeridas sólo en casos aislacionistas en los que un Estado es más o menos autárquico y decide sustraerse de las relaciones con otros Estados. Y, aún así, si estos casos existieran, en la teoría de las relaciones internacionales este tipo de Estados serían considerados peligrosos pues el nacionalismo proteccionista asociado a ellos suele ser disruptivo de la cooperación internacional y disminuye la posibilidad de mantener la paz.[70]

Así, quizás sea moralmente requerido que estos Estados adopten una actitud cooperativa e integracionista con respecto del sistema internacional. Por otro lado, para las democracias liberales que tengan relaciones débiles con otros Estados, sería moralmente permisible excluir a los miembros de los Estados con los que llevan ese tipo de relación mínima. Pero hay que notar que, para que la exclusión sea permisible, el ejercicio de ésta sobre los miembros de una comunidad política debe ser ser coherente con la debilidad de la relación específica que se mantenga con ese Estado en particular. Claro que mientras más densa sea la relación con un Estado, una democracia liberal pierde gradualmente su permiso de rechazar a los miembros de ese Estado, tal y como ha ocurrido con los países miembros de la Unión Europea. Como se sabe, esto es fuente de conflictos con el Reino Unido: este Estado quisiera ejercer derechos de exclusión con algunos países miembros de la unión que, sin embargo, no son coherentes con las obligaciones consentidas y asociativas establecidas entre los miembros. Sin embargo, en cualquier caso, las fronteras no son permisibles si el Estado no tiene reclamos morales plenos sobre la tierra que esas fronteras rodea; y, por eso, la necesidad del paso 3.

Paso 3. *Explicar cómo se pueden articular reclamos morales sobre la tierra entendida no como territorio sino como el tipo de recurso natural que sirve para que ocurran las relaciones humanas que establecen formas de protección de la libertad y de cuidado mutuo. Estos reclamos deberían ser delimitables a una porción demarcada de tierra que coincidiera con la jurisdicción.*

(a) Derecho de uso de la tierra para fines gubernamentales legítimos y justos.

(b) Legitimidad del establecimiento de fronteras excluyentes para uso gubernamental en (g).

Lo primero que hay que notar es que no se trata de la apropiación de la tierra como propiedad (g).[71] Al contrario, la propiedad es posible sólo hasta que hay una jurisdicción que determina las condiciones de su existencia.[72] Se trata más bien de la visión de Kant que Moore recupera y que podemos rastrear desde tiempos de Hobbes.[73] Esta visión establece derechos fundamentales –individuales y colectivos– a tener un lugar que habitar relacionado con el establecimiento de instituciones sociales y políticas. Como vimos, el problema con esta aproximación es su carácter abstracto y general que no justifica el dibujo de las fronteras actuales; o cualquier dibujo en particular. Sólo nos dice que un grupo social tiene derecho a *algún* pedazo de tierra porque las relaciones sociales justas y legítimas no se pueden dar en el agua o en el aire. Aún si agregamos el enfoque construccionista de Moore e identificamos territorios, esto no nos determina normativamente cuál pedazo de tierra corresponde a qué grupo específico porque, como vimos, podemos distinguir territorio de tierra.

Para afrontar el problema que nos dejan los kantianos (g) necesitamos desarrollar un concepto de legitimidad internacional más sofisticado que no sea meramente agregativo y condicional al consentimiento y al reconocimiento; sino que sea normativo en el sentido de tomar en cuenta las relaciones asociativas según su dimensión física sobre la tierra (h). Para ello hace falta notar que, sobre estas obligaciones, hay un conjunto amplio de principios que pueden ser aplicables. Los voy a agrupar –sin análisis– de dos maneras: los deberes de ética global y los de justicia global. Los primeros son imperfectos en el sentido de que pueden descargarse con cierta discrecionalidad y los segundos son perfectos en el sentido de no ser opcionales.[74] Los que interesan aquí son los segundos, porque son los que pueden identificarse con el deber de establecer un orden internacional pacífico y cooperativo.

Hay cuando menos tres tipos de deberes de ética global. Primero, los que son deberes *imperfectos* de ayuda. Que sean imperfectos significa que se descargan discrecionalmente porque, si fueran obligatorios de manera no opcional, resultarían supererogatorios en el sentido de que –en el mundo injusto que conocemos– nadie podría hacer otra cosa más que ayudar. Por ejemplo, ayudar en la protección y difusión de la cultura en el mundo o establecer un sistema de becas para extranjeros.

En segundo lugar, están otros deberes de ayuda, pero no perfectos sino más bien *estrictos*. Se trata de deberes de ayudar en casos urgentes que requieren prontitud, pero donde la obligación está particularizada por la capacidad de ayudar. Se trata de los deberes de ayuda a Estados que sufren a consecuencia de un terremoto o un huracán o una epidemia inesperada. Por ejemplo, durante el huracán Katrina, el gobierno mexicano estaba mejor situado que otros, en términos de cercanía y capacidad operativa, para ayudar a las víctimas del desastre natural. Tenemos deberes estrictos con los refugiados y otras obligaciones medioambientales pueden caer fácilmente en esta categoría; como por ejemplo la protección de la flora y la fauna.[75]

En tercer lugar, entonces están los deberes de justicia global. Decía que son deberes *perfectos* porque no son renunciables ni se deben descargar discrecionalmente. Muchos dudan de que, en el ámbito global, estos deberes existan porque no hay un Estado global que los haga cumplir.[76] Pero el problema del cumplimiento y el de las obligaciones son distintos y sabemos que de hecho la cooperación es posible en el ámbito internacional. Por lo tanto, estos deberes pueden descargarse cooperativamente procurando su cumplimiento mediante mecanismos diplomáticos y de presión de grupo. En primer lugar, están los deberes fundamentales. Estos son los menos controvertidos pues forman parte de la doctrina de la soberanía.[77] Por ejemplo, la protección de los derechos fundamentales de las personas determina el límite de las obligaciones de no intervención. Si un gobierno comete un ataque generalizado contra una parte de la población civil, entonces ese Estado pierde su inmunidad en contra de la intervención internacional para la protección de las víctimas.[78] En segundo lugar, están los deberes de protección del planeta. Se tratan de deberes perfectos de no-daño como por ejemplo algunas obligaciones urgentes con respecto de las emisiones contaminantes. Las obligaciones sobre emisiones contaminantes deben distribuirse cooperativamente considerando la capacidad y oportunidad de absorción de los costos, la conexión causal y de responsabilidad con el daño causado en el pasado y la conexión moral con los beneficios asociados.[79]

Nada en el paso 3 es nuevo (pues forma parte de la amplia literatura de ética y justicia global), salvo la importancia de la tierra como recurso físico para la justicia. Ahora bien, este análisis, sin embargo, revela una conclusión de carácter metodológico que no era evidente. No debemos ponderar las obligaciones de inclusión y los derechos de exclusión de manera aislada. La visión convencional distribuye el derecho de excluir de acuerdo con el principio de autodeterminación política. Pero si la compartimentalización estatista de nuestros deberes asociativos y de nuestros derechos de asociación es arbitraria, entonces la discusión acerca de del derecho de excluir a los inmigrantes no puede estar metodológicamente disociada de la discusión sobre nuestros deberes globales.

En vez de un método atomista, requerimos un método integracionista que distribuya los derechos de exclusión considerando una visión completa de la ética internacional. Un corolario curioso de esto es que, si las democracias liberales tuvieran fronteras que ejercieran la exclusión de manera moralmente permisible, quizás este tipo de legitimidad fronteriza abriría la puerta para que las instituciones fronterizas se articularan mediante organismos supranacionales cuya función fuera evaluar y organizar la política fronteriza de cada democracia liberal; en particular con respecto al cumplimiento de otros deberes de ética y justicia global. Este organismo, entonces, distribuiría los derechos de exclusión moralmente permisibles de manera que fueran justos. Pero no puedo discutir esta propuesta aquí.[80]

Esto completa mi esquema de la metodología para pensar normativamente las fronteras de manera que ellas provean de razones para fundamentar la permisibilidad o requerimiento de la exclusión de migrantes regulares. Desde luego que este esquema necesita ser desarrollado puntualmente en cada uno de sus pasos. Sobre todo, es necesario proveer de contenido sustantivo el uso legítimo de la tierra para fines gubernamentales en el paso 3. Como insistí en la introducción, no he pretendido proveer una teoría sustantiva de los controles migratorios, sino apenas la metodología para irse aproximando a esa teoría. Mi tesis es que los tres pasos con sus etapas pueden mostrarnos cuál es el uso legítimo de la autoridad de las fronteras para excluir inmigrantes regulares de manera permisible o requerida. La idea fundamental es que es inapropiado analizar los derechos de exclusión de manera aislada, sólo desde el interés de los residentes y ciudadanos en materia de asociaciones o deberes asociativos. Sólo de esa manera concebimos la exclusión de inmigrantes regulares de manera equilibrada, ponderando los distintos reclamos morales internos y externos desde la ética internacional. Tras este análisis es que podremos averiguar qué deberes tenemos de respetar los controles fronterizos a los lugares a los que deseemos migrar.

Conclusiones

Este capítulo ha cubierto una gran cantidad de temas y de argumentos, así que es útil ofrecer un recuento. En general, el resultado de este trabajo es un *desiderata* o lista de estándares de lo que nuestros argumentos, en principio, deberían hacer para aclarar la relación normativa entre inmigrantes potenciales y fronteras: para empezar, hay que establecer en qué sentido las fronteras son moralmente requeridas; o, si eso es imposible por el momento, explicar hasta qué punto y bajo qué límites son moralmente permisibles.

Sobre esta base de ética aplicada a las relaciones internacionales podríamos después elaborar el argumento que determine qué es lo que la moralidad pública requiere de las fronteras. Pero como vimos, en la visión convencional, los derechos de exclusión están basados primordialmente en los derechos de asociación que existen exclusivamente entre los miembros de una comunidad política o en las obligaciones asociativas entre ellos. El problema es que esto ignora por completo las asociaciones exteriores y las obligaciones asociativas internacionales. Sin embargo, vimos que, si abandonamos el sesgo de la visión tradicional y de la visión convencional, y dejamos de asumir que hay una conexión conceptual entre membresía y tierra (como vimos que existe en la visión convencional), entonces puede verse que los argumentos de la visión convencional están desconectados de una visión más holística o completa de nuestros intereses asociativos (concretamente de las asociaciones y los roles de facto que adquirimos en el ámbito internacional).

Creo que es un error considerar nuestros derechos de asociación y obligaciones asociativas domésticos como si estuvieran desconectados de nuestros derechos de asociación y obligaciones asociativas internacionales porque ambas son expresiones del mismo interés fundamental que refleja el carácter moral de las democracias liberales. Adicionalmente, vimos que la visión convencional de la teoría política contemporánea rechaza enfáticamente la visión tradicional que toma los derechos de soberanía como axiomáticos; pero, en lo general, sólo alcanza a fundamentar el derecho de autodeterminación política sin que se muestre una conexión sustantiva con derechos de exclusión. Sin este tipo de fundamentación, creo que se diluye la diferencia entre la visión tradicional y la visión convencional en teoría política contemporánea.

Después, intentando complementar la visión convencional, retorné a Kant, pero Kant fracasa en relacionar grupos específicos, con instituciones particulares y pedazos de tierra delimitados. El argumento sólo establece una generalidad: que todos tenemos obligación de crear o sostener instituciones que protejan los derechos de las personas y que estas instituciones son jurisdiccionales y se extienden sobre la tierra.

A continuación, atendí una objeción: quizás una teoría política más sofisticada sobre el territorio pueda realizar el trabajo justificatorio. Para ello recurrí a dos académicos que desarrollan dos intuiciones kantianas. Abizadeh desarrolla sus argumentos sobre la idea de que las fronteras dañan a las personas pues les quitan parte de la tierra que es de todos, por lo que las fronteras requieren justificación. Moore, a su vez, desarrolla el valor del establecimiento de una jurisdicción y de instituciones que administren la justicia soportada autónomamente por un grupo con agencia social y política. Ambos casos fracasan porque sólo logran establecer, en el caso de Abizadeh, que el establecimiento de fronteras requiere una justificación metodológicamente previa al establecimiento de instituciones justas; y, en el caso de Moore, que los grupos socialmente valiosos en términos de justicia tienen un caso importante de derechos jurisdiccionales y territoriales. Pero no abordan el tema de la tierra.

Espero haber mostrado que por eso las preguntas acerca de la naturaleza de los deberes a los que dan lugar las fronteras, se responden mejor si vinculamos la inmigración a los derechos de asociación y las obligaciones asociativas, pero no de una manera abstracta sino relacional en el ámbito de las relaciones o la ética internacionales. En teoría liberal de las relaciones internacionales las democracias liberales no son grupos cerrados de participantes que distribuyen entre ellos los beneficios de sus actividades, sino que son comunidades políticas territoriales relacionadas con el exterior de manera cooperativa y vinculante. Por eso, en el caso de las democracias liberales, la migración no es opcional. La migración es simplemente otra forma en la que las democracias liberales crecen, como crecen cuando la gente nace, pero de una manera que refleja los vínculos con el exterior y la legitimidad de las fronteras debe dar cuenta de ello. La inmigración es un efecto legítimo de defender en la arena internacional los mismos valores y principios de libertad e igualdad que defendemos en la arena doméstica.

Entonces el problema de determinar nuestros derechos de exclusión parece requerir un análisis casuístico: nuestro derecho de exclusión aumenta o disminuye con respecto de la manera en la que nuestro Estado descarga sus obligaciones morales nacionales e internacionales. El problema con esta visión es el pluralismo que incluye. ¿Cómo ponderar tantos tipos distintos de reclamos morales?[81] Pero ese problema queda fuera de la propuesta de este trabajo pues en este capítulo solamente atendimos a los fundamentos metodológicos.

Regresemos entonces a la pregunta central de este texto. Según todas las posibilidades analizadas en le texto, la visión convencional parece fracasar en mostrar que las fronteras son moralmente requeridas en las admisiones regulares porque no hay un reclamo especial sobre la tierra que pueda atribuirse a un grupo en particular con respecto de los méritos de este grupo como pretenden los kantianos. Al contrario, desde el punto de vista de la teoría política ideal, esos derechos serían distribuidos mejor con respecto del mérito cooperativo global. Pero el análisis de la ética aplicada a la teoría liberal de las relaciones internacionales permite sugerir que las fronteras excluyentes son moralmente permisibles si el derecho de excluir es distribuido globalmente, como una función del descargue de deberes voluntarios, asociativos y generales en la arena global.

La conclusión que alcanza este texto no tiene un alcance mayor pero tampoco es tan modesta: con una metodología más integracionista es posible que encontremos que los derechos para excluir a los inmigrantes sean un beneficio que tiene que distribuirse utilizando el criterio de la legitimidad internacional y para ello necesitamos una metodología compleja y pluralista que permita ponderar varios reclamos morales de naturalezas muy distintas. Si un Estado se beneficia del sistema internacional, para que ese beneficio no sea producto de la explotación, tiene que absorber sus obligaciones voluntarias y asociativas en la arena internacional, incluyendo su cuota de inmigración. Si un Estado desea blindarse de ese costo, entonces también tiene que blindarse de los beneficios de la cooperación y el sistema internacionales. Una vez que efectuamos este tipo de análisis podremos determinar la calidad de los deberes que la población de un Estado tiene con respecto de los controles migratorios de un Estado al que quisiera inmigrar.

En cualquier caso, una visión más clara de la determinación que un Estado en particular tiene de excluir a los inmigrantes, requiere de seguir desarrollando la metodología que permita ponderar las obligaciones y derechos de los miembros de una comunidad política, y al mismo tiempo las obligaciones y los derechos contraídos con la comunidad global. Y, dada la desigualdad en el mundo y los enormes retos de seguridad y medio ambiente que enfrentamos, la exclusión de inmigrantes bien podría volverse un lujo caro que las naciones ricas y desarrolladas dudarían en pagar.[82]

Referencias

Abizadeh, A. "Democratic Theory and Border Coercion: No Right to Unilaterally Control Your Own Borders". *Political Theory* 36, No. 1 (2008): 38.

Arash Abizadeh. "Closed Borders, Human Rights, and Democratic Legitimation." In *Driven from Home: Human Rights and the New Realities of Forced Migration*. Ed. David Hollenbach. Washington, DC: Georgetown University Press, 2010, 147-166.

Abizadeh, A. "On the Demos and Its Kin: Nationalism, Democracy and the Boundary Problem". *American Political Science Review* 106, 4 (2012): 867-882.

Altman, A. & Wellman, H. *International Justice*. Oxford: Oxford University Press, 2009.

Barry, B. & Goodin R. E. (eds). *Free Movement*. London: Routledge, 1992.

Barry, B. *Liberty and Justice: Essays in Political Theory (Vol. 2)*. Oxford: Clarendon Press, 1991.

Blake, M. "Distributive Justice, State Coercion and Autonomy". *Philosophy and Public Affairs* 30, 3 (2001): 257-296.

Bolaños, B.. *Biopolítica y Migración. El Eslabón Perdido de La Globalización*. México DF: Ediciones Acapulco, 2015.

Cabrera, L. *The practice of Global Citizenship*. Cambridge University Press, 2010.

Camacho Beltrán, E. "The Moral Character of Immigration Controls". En *Migración= Migration= Migração*. Universidad de Santiago de Compostela 18-20 Set. 2015, Instituto Internacional Casa de Mateus, (2016): 19-40.

Camacho Beltrán, E. "¿Son Malos Los Derechos Sociales para los Migrantes Internacionales?". *Los derechos sociales desde una perspectiva filosófica*. México: Tirant Lo Blanche, 2017a.

Camacho Beltrán, E. "Nacionalismo y crisis". *Tópicos* (México) 52 (2017b): 427-454.

Camacho Beltrán, E. "Legitimate Exclusion of Would-Be Immigrants: A View from Global Ethics and the Ethics of International Relations". *Social Sciences* 8 (2019).

Camacho Beltrán, E. "How and When Are We Right to Prioritize the Interests of Residents and Citizens?". *World Affairs* 183, 1 (2020).

Camacho Beltrán, E., & Valenzuela Moreno, K. A. "¿Son las personas migrantes una carga pública? Medidas antinmigrantes y deportabilidad en Estados Unidos". *Inter Disciplina*, 11, 29 (2023), 53–77. DOI: https://doi.org/10.22201/cei-ich.24485705e.2023.29.84480

Caney, S. Justice Beyond Borders: A Global Political Theory. Oxford University Press, 2006.

Caney, S. "Just Emissions". *Philosophy & Public Affairs* 40, 4 (2012): 255-300.

Carens, J. "Aliens and Citizens: The Case for Open Borders". *The Review of Politics* 49, 2 (1987): 251-273.

Carens, J. *The Ethics of Immigration*. Oxford: Oxford University Press, 2013.

Dahl, R. A. *Democracy and its Critics*. Yale University Press, 1991.

Dworkin, R. "A New Philosophy of International Law". *Philosophy and Public Affairs* 41:1 (2013): 2-30.

Fine & Sangiovanni. Immigration. Moellendorf & Widdows (eds). *The Routledge Handbook of Global Ethics*. Routledge: London, 2015, 193-209.

Fine, S. "Freedom of Association Is Not the Answer". Ethics 120, 2 (2010): 338-356.

Gans, C. "Nationalism and Immigration". *Ethical Theory and Moral Practice* 1, (1998): 159-180.

Goodin, R. E. "What is so Special About our Fellow Countrymen?". *Ethics* 98, 4 (1988): 663-686.

Hart, H. L. A., Hart, H. L. A., & Green, L. *The Concept of Law*. Oxford University Press, 2012.

Hidalgo, J. "Self-Determination, Immigration Restrictions, and The Problem of Compatriot Deportation". *Journal of International Political Theory* 10, 3 (2012): 261-282.

Hidalgo, J. "Resistance to Unjust Immigration Restrictions". *Journal of Political Philosophy* 23, 4 (2015): 450-470.

Hidalgo, J. "The Case for The International Governance of Immigration". *International Theory* 8, 1 (2016): 140-170.

Hobbes, T. *Leviathan*. C.B. Mcpherson (ed). Harmondsworth: Penguin, 1968.

Kagan, S. *The Limits of Morality*. Oxford: Oxford University Press, 1991.

Kant. *Practical Philosophy*. M. Gregor (ed). Cambridge: Cambridge University Press, 1991 [1781].

Kant. *The Metaphysics of Morals*. R. Sullivan (ed.), M. J. Gregor (trans.). Cambridge: Cambridge University Press, 1996 [1797].

Kant. "Toward Perpetual Peace". *Practical Philosophy-Cambridge Edition of the Works of Immanuel Kant*. Gregor, M. J. (ed.) Cambridge: Cambridge University Press, 1999 [1795].

Kolers, A. Land, Conflict, and Justice: A Political Theory of Territory. Cambridge: Cambridge University Press, 2009.

Kukathas, C. "The Case for Open Immigration". *Contemporary Debates in Applied Ethics*, 2005, 207-220.

Locke, J. *Two Treatises of Government*. P. Laslett (ed). Cambridge: Cambridge University Press, 1988.

Lægaar, S. "What is the Right to Exclude Immigrants?" *Res Publica* 16 (2010): 245-262.

McMahan, J. *Killing in War*. Oxford University Press, 2009.

Miller, D. *On Nationality*. Oxford: Clarendon Press, 1995.

Miller, D. "Immigration: The Case of Limits". *Contemporary Debates of Applied Ethics*. A. Cohen & C. Wellman (eds). New York: Wiley-Blackwell, 2005.

Miller, D. "Immigrants, Nations and Citizenship". *The Journal of Political Philosophy* 16, 4 (2008): 171-390.

Miller, D. "Justice in Immigration". *European Journal of Political Theory* 14, 4 (2015): 391-408. DOI: https://doi.org/10.1177/1474885115584833

Miller, D. *Strangers in our Midst*. Harvard University Press, 2016.

Moore, M. *A Political Theory of Territory*. Oxford: Oxford University Press, 2015.

Nagel, T. "The Problem of Global Justice". *Philosophy & Public Affairs* 33, 2 (2005): 113-147.

Nine, C. "A Lockean Theory of Territory". *Political Studies* 56, 1 (2008): 148-165.

Rawls, J. *The Law of Peoples: with "The Idea of Public Reason Revisited"*. Harvard University Press, 2001a.

Rawls, J. *Justice as Fairness: A Restatement*. Harvard University Press, 2001b.

Raz, J. "Multiculturalism". *Ratio Juris* 11, 3 (1988): 193-205.

Simmons, J. "On the Territorial Right of States". *Philosophical Issues: Social, Political and Legal Philosophy* 11, 12 (2001): 300-326.

Sidgwick, H. *The Elements of Politics*. London, New York: Macmillan, 1897.

Stemplowska, Z., Swift, A., Sobel, D., Vallentyne, P., & Wall, S. "Dethroning Democratic Legitimacy". *Oxford Studies in Political Philosophy Volume 4*. Oxford University Press, 2018.

Stilz, A. "Why Do States Have Territorial Rights?". *International Theory* 1, 2, (2009): 185-213.

Tamir, Y. *Liberal Nationalism*. Princeton: Princeton University Press, 1993.

Van der Vossen, B. "Immigration and self-determination". *Politics, Philosophy & Economics* 14, 3 (2015): 270-290.

Waldron, J. "Special Tides and Natural Duties". *Philosophy and Public Affairs* 22, 1 (1993): 3-30.

Waldron, J. "A Right to do Wrong". *Ethics* 92, 1 (1981): 21-39.

Waltz, K. N. *Theory of International Politics*. Tennessee: Waveland Press, 2010 [1979].

Walzer, M."The Moral Stand of States". *Philosophy and Public Affairs* 9, 3 (1980): 209-229.

Walzer, M.*Spheres of Justice*. Oxford: Basil Blackwell, 1983.

Wellman, H. C."Immigration and Freedom of Association". *Ethics* 119, 1 (2008): 109-141.

Whelan, F. G. "Prologue: Democratic Theory and the Boundary Problem". *Nomos 25 Liberal Democracy*, Pennock & Chapman (eds). New York: New York University Press, 1983, 13-47.

Williams, B. *In the Beginning Was the Deed: Realism and Moralism in Political Argument*. Princeton: Princeton University Press, 2005.

Yong, C. "Justifying Resistance to Immigration Law: The Case of Mere Noncompliance". *Canadian Journal of Law & Jurisprudence* 31, 2 (2018): 459-481.

Ypi, L. *Global Justice and Avant-Garde Political Agency*. Oxford: Oxford University Press, 2012.

Ypi, L. "A Permissive Theory of Territorial Rights". *European Journal of Philosophy* 21, 1 (2013). Publicado en línea (DOI: 10.1111/j.1468-0378.2011.00506.x.).

Ofensas, derechos y regularización

Linda Bosniak

Rutgers University, New Jersey

Los considerables esfuerzos que los Estados han llevado a cabo para controlar el acceso de extranjeros a su territorio resultan aún ilimitados. Una consecuencia de lo anterior es que hay grandes poblaciones cuya presencia en los territorios de dichos Estados no ha sido formalmente autorizada. Así, la teorización de la ética de la inmigración debería dirigir la atención al interior de los Estados y ocuparse de cuestiones en torno a las fronteras interiorizadas.

Una de estas cuestiones se refiere a qué hacer con los inmigrantes irregulares ya presentes. Muchos liberales apoyan, bajo ciertas circunstancias, la regularización –la legalización o la amnistía– de alguna porción o clase de inmigrantes irregulares. Mas, ¿cómo justificar este apoyo? Entre dichos liberales, la mayoría afirma que los Estados poseen, bajo ciertas circunstancias, la autoridad legítima para excluir a los extranjeros. Por defecto, en general, la postura consecuente es que los inmigrantes que hayan ingresado sin autorización, o que hayan violado los términos de sus visas, habrán cometido una ofensa contra el Estado. Por ello, la cuestión del apoyo a la regularización se enfrentará con la presunta ofensa de los inmigrantes y quienes busquen la regularización tendrán que resolver esta cuestión de algún modo. Así, la historia de los debates sobre la regularización trata sobre el esfuerzo de ambas partes por abordar la premisa de la ilicitud. El presente artículo analiza cómo se construye, comprende, gestiona, procesa, ignora, minimiza e incluso cuestiona este supuesto de la ilicitud con miras a la regularización.

¿Por qué esta noción de la ilicitud de los migrantes es tan central? Porque, dicho en pocas palabras, se trata de un concepto que capta la fuerza normativa de la frontera una vez que ha sido interiorizada en el Estado democrático liberal. La propia existencia de inmigrantes irregulares presupone tanto las reglas fronterizas excluyentes como la insuficiencia o fracaso de las mismas. Al abordar los resultados sociales a través de una aproximación individualista y moralizada del liberalismo, la ilicitud de los inmigrantes se convierte en el marco organizativo predeterminado a través del cual abordamos este fracaso. Las disputas en torno al significado, relevancia, manejo y posible revocación de la ofensa de los inmigrantes sirven para estructurar los debates sobre cómo empatar estas normas fronterizas con las normas más inclusivas de democracia liberal prevalentes dentro del territorio.

El propósito de este documento es contribuir a la reconciliación de una postura relativa de límites –que colinda con compromisos aparentemente incluyentes de los Estados– con un análisis del pensamiento normativo sobre los inmigrantes irregulares. Su presencia representa una complicación para los Estados liberales.

La literatura de la ética migratoria y los migrantes irregulares

Con contadas excepciones, la cuestión de la migración irregular no parece haber recibido mucha atención en las principales discusiones filosóficas sobre la ética migratoria.[1] La mayoría se ha limitado a debatir si los Estados legítimos tienen el derecho de excluir a los no nacionales, así como las circunstancias y procedimientos. Algunos teóricos trasladan el enfoque ético de los Estados hacia los individuos, y se cuestionan la posibilidad y circunstancias bajo las cuales aquellos extranjeros que desean inmigrar tendrían derecho de entrada. No obstante, la conversación suele detenerse en este punto: los teóricos rara vez consideran detenidamente qué ocurre cuando un no nacional ya se encuentra en el territorio de los Estados que defienden sus fronteras –esto es, cuando a pesar de todo acaban ahí, en contra del marco excluyente del Estado–. Lo anterior resulta lamentable porque muchas de las cuestiones éticas más importantes sobre la migración surgen precisamente a partir de esta circunstancia particular.[2]

En efecto, las cuestiones éticas surgidas ante la migración irregular podrían considerarse como subsidiarias desde el punto de vista de los defensores de las fronteras abiertas, quienes han repudiado la legitimidad normativa de las fronteras excluyentes a partir de fundamentos cosmopolitas de diversas conceptualizaciones. Estos podrían concluir que, si las propias fronteras de entrada son ilegítimas, entonces la propia categoría de migrante irregular estaría –o debería ser, en principio– invalidada y, por ende, no habría nada más que discutir. Para ellos no existiría algo así como un "extranjero ilegal".

Sin embargo, son más los teóricos políticos que sostienen que los Estados democráticos liberales, con base en ciertas teorías que lo justifican, tienen derecho a excluir a los extranjeros.[3] Pero, ¿qué ocurre cuando las fronteras consideradas éticamente justificables *fallan* en disuadir el ingreso y controlar las condiciones de permanencia? ¿Qué ocurre entonces con el supuesto poder legítimo del Estado? Ante esta situación, surgen las preguntas que se explorarán a continuación.

La primera, y que es determinante, tiene que ver con la ilicitud de los inmigrantes: si alguien ha entrado y, por ende, no ha acatado el régimen fronterizo que el Estado afirma poseer por derecho propio, ¿habrá entonces cometido una *ofensa* contra el Estado? De ser este el caso, ¿qué tipo de ofensa sería? ¿Acaso la naturaleza de la ofensa se corresponde con la razón fundamental de la exclusión, al grado de poder afirmar que el migrante ha violado el supuesto derecho del Estado para su autodeterminación, o su derecho declarado para mantener la integridad cultural? O bien, ¿sería la ofensa en cuestión el hecho de haber violado la ley?

Si se asume que la presencia del migrante representa una ofensa contra el Estado, ¿qué derechos posee éste para corregir o responder a tal ofensa? Específicamente, ¿cuándo y en qué sentido la aplicación (en principio) legítima de "la frontera" se extiende al interior del Estado en este proceso de corrección o respuesta? O bien, ¿cuándo quedaría esta autoridad fronteriza superada, socavada o revocada por otras consideraciones, en específico, aquellas derivadas de las normas que, al menos, predominan dentro de los ambientes democráticos liberales en donde se localizan los migrantes?

El que estas preguntas suelan ser minimizadas o ignoradas sólo refleja la persistencia de la premisa, tan idealizada como criticada, de que el Estado es un "sistema completo y cerrado", al menos si el Estado desea serlo. Una gran cantidad de literatura da por sentado que las fronteras del Estado realmente funcionan como pretenden hacerlo: si los Estados *pueden* excluir y *eligen* hacerlo, se presupone que *lo hacen*.[4] La literatura tiende a proceder como si los "actores en general quisieran cumplir cualesquiera principios [de justicia] se elijan" y, por lo tanto, "idealizan, eliminando la posibilidad de transgredir la ley".[5] En este caso, la literatura tiende a minimizar el que hay personas que entran o permanecen en el Estado y que con ello violan sus reglas fronterizas formales.

Sabemos, sin embargo, que aun cuando el Estado hace esfuerzos considerables por controlar el acceso de extranjeros a su territorio, estos son insuficientes. Gran parte de la migración transnacional rebasa el control estatal –independientemente de las fronteras y de su cumplimiento– y hay una cantidad significativa de personas cuya presencia no ha sido autorizada y, no obstante, se encuentra dentro del territorio de esos Estados. Al mismo tiempo, esta presencia no supera el ámbito de la *regulación fronteriza* como una cuestión jurisdiccional, ya que el trazado y cumplimiento de las fronteras nacionales no se encuentran sólo en los perímetros del Estado, sino también dentro de su territorio.

Como consecuencia de lo anterior, el ejercicio teórico de la ética migratoria ha de extenderse más allá de las investigaciones sobre los derechos y limitaciones de los Estados con miras al exterior para incluir también un análisis más sistemático de la naturaleza, alcance y justificación de las fronteras interiorizadas. Una vez dirigida la mirada hacia adentro, los especialistas en ética migratoria descubrirán la importancia de considerar la compleja interacción entre las fronteras interiorizadas y las normas e instituciones de la democracia liberal que también operan en su interior.[6]

Los derechos de los Estados y las ofensas de los migrantes

Los teóricos políticos y los filósofos que defienden la prerrogativa de los Estados de mantener políticas migratorias excluyentes suelen argumentar a partir de un lenguaje de derechos.[7] Los Estados que cumplen con un mínimo estándar de decencia o legitimidad democrática –entre otras formulaciones–, tienen el derecho moral a decidir si excluyen a los extranjeros que desean ingresar a sus territorios, sujetos a ciertas restricciones. Esto no necesariamente significa que *deberían* excluir; sólo significa que *podrían* hacerlo con base en las exigencias de justicia.

El fundamento planteado para este derecho se ha concebido de diversas maneras: según algunos, lo que está en juego es el derecho del Estado a autodeterminarse; según otros, lo que corre peligro es el derecho de los Estados a preservar, o mejorar, la cultura comunitaria, la solidaridad, o los *sentidos sociales*. Para otros, lo que está en entredicho es el derecho (e incluso el deber) a proteger los intereses de propiedad colectivos, o garantizar la solidaridad democrática.[8] Además, también se encuentran los diversos argumentos sobre la soberanía y la autopreservación de los Estados con base en derechos, mismos que todavía dirigen el pensamiento legal liberal en torno a la inmigración.

No obstante, nótese que en ninguna versión del argumento este derecho moral del Estado se considera absoluto. Todos los defensores de la exclusión reconocen ciertas circunstancias que anularían este derecho. El principal ejemplo de lo anterior es la necesidad de proveer protección territorial a los refugiados –como enfatizan, a los "refugiados genuinos"–. Hay quienes citan ciertos principios de no discriminación como una especie de limitación. Asimismo, entre los teóricos, hay una concepción diversa sobre la fuente meta-ética de este derecho moral. Algunos fundamentan este derecho sobre una moralidad deontológica de corte kantiano, mientras que otros construyen sus argumentos a partir de un "análisis contextual" de la ética –una formulación que busca transmitir que sus fundamentos son políticos, y no metafísicos–. Aun así, a pesar de semejante variabilidad, el elemento común de todas estas versiones permanece: los Estados legítimos poseen un derecho moral en tanto decidan excluir o no a los extranjeros.

Sin embargo, el hecho de añadir el reconocimiento de una "efectividad fronteriza incompleta", como aquí se propone, implica el reconocimiento de que estos derechos no siempre se cumplirán ni serán efectivos. Dicho de otro modo, incluso si se asume que los Estados legítimos tienen derecho a diseñar y hacer cumplir las políticas de exclusión, estas suelen encontrarse con obstáculos en la práctica. Esto necesariamente suscita la pregunta sobre el modo en que se debería considerar la cuestión ética dada *esta* circunstancia.

Para responder lo anterior, se necesita, en primer lugar, hacer una distinción entre las posibles causas de esta obstaculización. En algunos casos, la fuente causal podría ser lo que en derecho delictivo se denominaba *un hecho de Dios*; a saber, un fenómeno natural como un terremoto o una sequía devastadora que empuje a las personas a migrar y violar la frontera del Estado en cuestión en búsqueda de protección. La entrada ilegal como huida de un fenómeno natural que origine una catástrofe humana podría o no ser considerada como una circunstancia que anule el derecho a la exclusión por parte del Estado (en la mayoría de las versiones del argumento probablemente no sería así). Por ahora, no se podría atribuir directamente una responsabilidad causal a ningún agente moral.

Resulta más común que la obstaculización se atribuya a alguna entidad relativa al agente. En ocasiones, el agente podría ser otro Estado; por ejemplo, si los estragos humanos del fenómeno natural se vieran maximizados por la corrupción o falta de protección del segundo Estado. En este caso, a dicho Estado se le podría atribuir algún grado de responsabilidad por la salida de su población y la entrada/residencia irregular concomitante en el Estado en cuestión. De forma similar, las políticas de represión del segundo Estado o sus políticas orientadas a la "exportación" de población (*v. g.* los cubanos de Marial a inicios de la década de los ochenta), dieron pie a circunstancias en las que los esfuerzos del Estado en cuestión para hacer cumplir sus fronteras externas se vieron mermados o rebasados. Algunos podrían decir que el segundo Estado, a través de sus acciones u omisiones, habría violado el derecho de recepción del Estado en cuestión para ejercer su derecho a excluir a los extranjeros.

La mayor parte de la literatura migratoria (a comparación de la literatura sobre ética de refugiados) no atiende el tipo de análisis sistemático que aquí se ha presentado. Los teóricos están interesados en cuestiones referentes al derecho del Estado para excluir a los individuos extranjeros que desean ingresar a su territorio. El análisis toca lo que David Miller llama "la naturaleza específica de la relación entre el Estado y los inmigrantes potenciales": la pregunta "cuestiona qué es lo que la justicia demanda dentro de dicha relación" (Miller 2015: 392). Con base en esta teoría relacional de la justicia, la noción de los derechos del Estado se refiere a los derechos de los Estados a excluir a personas individuales por motivos permitidos.

Ahora bien, si la atención se concentra en el derecho del Estado a excluir a la persona que desea ingresar, el cuestionamiento siguiente es ¿qué tipo de "derecho" sería éste? A grandes rasgos, existen dos posibilidades analíticas. Por un lado, el derecho planteado representa *al menos* lo que, en términos de Hohfeldian, se caracteriza como un privilegio-derecho. Esto supone que el Estado no está obligado a abstenerse de impedir coercitivamente el movimiento de potenciales inmigrantes en su territorio. Dicho a la inversa, el Estado puede excluir a potenciales inmigrantes, pues conserva la libertad o licencia de hacerlo. Esta lectura es consistente con la idea de que este privilegio-derecho también incluye el de optar por no excluir. La anterior es una premisa sobre la discreción estatal en esta cuestión, y que está implícita o explícitamente presente en la mayoría de los argumentos.[9]

Obsérvese cómo, bajo esta concepción del derecho del Estado como un privilegio, el objetivo individual de exclusión o de potencial exclusión no está sujeto a atenerse a la elección del Estado. Éste posee el derecho legítimo de actuar para excluir, pero eso no influye por sí mismo en el modo en que el individuo debería actuar. Así, si nos adherimos a la postura según la cual una persona posee –por así decirlo, una ley natural o derechos humanos– un privilegio-derecho fundamentado para la movilidad personal, por una o varias razones, entonces el no someterse, e incluso resistirse a los esfuerzos de exclusión del Estado, no constituiría, en sí mismo, una ofensa moral. Bajo esta visión, el privilegio-derecho del Estado y el privilegio-derecho del individuo coexistirían, y nada en la estructura del análisis de derechos resolvería el conflicto.

Ahora bien, el derecho de exclusión del Estado aquí planteado, ¿sería más que un privilegio? Bajo diferentes formulaciones, los especialistas predominantes en la ética migratoria parecen ir más allá en su comprensión de lo que implica el derecho del Estado. Bajo una *teoría relacional de la justi-*

cia,[10] el Estado implícitamente parecería poseer lo que, en términos de Hohfeldian, se denominaría *demanda-derecho*.[11] En el cálculo normativo, una demanda-derecho integra el deber de una segunda parte: implica no sólo la libertad de A para actuar de cierto modo, sino que también incluye el derecho de A "de que otro [*i. e.*, B] actúe de un modo particular".[12] Si es posible decir que un Estado posee una demanda-derecho para regular en un dominio particular, entonces los objetos de regulación adoptados con miras a este derecho tendrán un correspondiente deber por cumplir. Si aplicamos lo anterior al tema en cuestión, esto significaría que un inmigrante potencial tendría el deber de acatar los términos fronterizos que un Estado legítimo tiene el derecho a mantener.

Pero ¿qué ocurre si la persona no cumple con estos términos? De acuerdo con esta versión "recíproca" estándar de la demanda-derecho, no cumplir con esta obligación y atenerse a ella, constituiría una ofensa.[13] En este escenario, al no cumplir su deber de obedecer las reglas fronterizas justas y el deber que implican, la persona habría ofendido al Estado. Para concentrarnos en este punto, se reiterará qué es lo que cuenta como un derecho y qué como una ofensa en este escenario. Ahí donde el Estado legítimo posee la demanda-derecho para excluir a los extranjeros, puede hacerlo imponiendo reglas que prohíban, bajo ciertas circunstancias, el ingreso de extranjeros al territorio. Por lo tanto, la ofensa correspondiente por parte del individuo consistiría en violar dicha prohibición. La idea es que los derechos y las ofensas serían los dos lados de una misma moneda: la ofensa constituiría una violación de los derechos (es decir, no respetar el derecho-demanda o la violación afirmativa de una prohibición justa).

Dadas las varias maneras en que los teóricos comprenden la base moral de los derechos de exclusión del Estado, la base moral de la ofensa de los migrantes también se comprenderá de diversas formas. Por ejemplo, ahí donde el derecho esté justificado por normas de autodeterminación política, la ofensa consistirá en la interferencia con el proyecto de autodeterminación del Estado.[14] Ahí donde el derecho se base en una meta del Estado para promover internamente ciertos bienes sociales y culturales, la ofensa consistirá en la interferencia con el proyecto del Estado encaminado a promover dichos bienes, y así sucesivamente.[15]

Por otro lado, no perdamos de vista que, incluso en una versión recíproca de los derechos y de los deberes, el aspirante a entrar tiene el deber de obedecer las reglas de la frontera, aunque dicho deber no será absoluto. Si una persona no respeta el derecho de exclusión del Estado –o si una persona viola las normas de exclusión justas del Estado– esto quizá representará sólo una presunta ofensa, ¿por qué? Porque bajo ciertas circunstancias, la entrada no autorizada o la estancia prolongada podrían reconocerse como moralmente permitidas o exculpadas, independientemente de la norma.[16] Esta es una posibilidad que parece ser reconocida –o al menos no excluida– en todas las explicaciones de exclusión-justificación de la ética migratoria. De hecho, existen varias posturas cosmopolitas, libertarias o anarquistas que tratan las fronteras del Estado como algo presuntamente ilegítimo respecto al flujo migratorio. En este sentido, no estarían de acuerdo con que la conversación comenzara siquiera con el supuesto de la ilicitud de los inmigrantes. No obstante, estas posturas no dejan de ser marginales en el discurso político y en el pensamiento académico dominantes. Resulta mucho más común que la base normativa se asemeje a lo siguiente: por lo general, las fronteras del Estado son, en principio, legítimas: en algunas circunstancias, los Estados poseen derechos para excluir. Estos imponen deberes en quienes están sujetos a ellos. Al violar estas fronteras, los inmigrantes irregulares no habrán cumplido con su deber: a menos que haya alguna circunstancia compensatoria o exculpatoria, habrán cometido una ofensa contra el Estado.

Estatus definitivo

Como ya se ha hecho notar, cualquier discusión referente a la migración ilegal parte del hecho de que hay poblaciones cuya presencia no ha sido formalmente autorizada –porque han ingresado sin autorización o han violado los términos de sus visas– y, no obstante, están presentes dentro del territorio de dichos Estados. Estas son las personas a las que se designa como *irregulares, indocumentadas, no autorizadas, ilegales* o *clandestinas*.[17] Además, su presencia genera conflictos políticos y sociales de diversos tipos, a los que muchos actores políticos dedican gran cantidad de tiempo y reflexión. En algunos casos, el foco se dirige al impulso de una política disuasoria: muros, drones, cuerpos policíacos y demás, para evitar o limitar futuros ingresos o la violación de las visas. Sin embargo, además de lo anterior, los inmigrantes ya presentes bajo un estatus irregular son ahora "un hecho consumado", y gran parte de la atención se dirige a cómo proceder para tratarlos de forma adecuada.

En términos analíticos, vale la pena dividir las diferentes cuestiones legales y políticas que surgen en torno a cómo el Estado trata a estos inmigrantes irregulares ya presentes en el territorio. Algunas de estas cuestiones tienen que ver con el modo en que estos inmigrantes deberían ser tratados en toda una gama de dominios regulatorios cuando y mientras están presentes. Dichas cuestiones pueden englobarse en su *trato provisional*. Este concierne a los derechos y obligaciones generales de los inmigrantes en el Estado en el que están presentes. Ejemplos de lo anterior son contratos y propiedad, procesos penales, educación y ayuda social, protección del empleo, etc. Otras preocupaciones se refieren a cómo han de ser tratados bajo el propio proceso estatal para imponer el control migratorio interno (*v. g.* arrestos, detenciones, audiencias de remoción).[18] No obstante, siempre surgen cuestiones sobre el *estatus definitivo* de los inmigrantes en el territorio estatal –específicamente, preguntas fundamentales sobre si serán deportados o si se les permitirá permanecer–. En ocasiones estas cuestiones se abordan en casos particulares; en otras, se hace de modo categórico.

Este artículo se concentra en las cuestiones sobre el estatus definitivo más que en su trato provisional.[19] Con el fin de reducir más el campo de interés, no se tratará tanto el aspecto de *irse* –i. e., los debates sobre deportación, expulsión y remoción– sino el aspecto de *permanecer*. Lo anterior se centra en los debates concernientes a si se debería o no regularizar, legalizar, conceder amnistía o dar pie a un "camino hacia la ciudadanía". Está claro, sin embargo, que las cuestiones de irse o permanecer se relacionan a nivel integral –después de todo, si un no-ciudadano es deportado entonces, por definición, no habrá *permanecido*– pero, por razones que se aclararán en su momento, estas dos cuestiones no siempre son una el anverso exacto de la otra.

Los debates sobre la *regularización*, que es como aquí se referirán esas políticas, asumen una variedad de formas en diferentes escenarios nacionales y temporales. Sin embargo, tienden a compartir una misma preocupación, al menos cuando adquieren una forma normativa (en lugar de una forma puramente instrumental).[20] En efecto, estas políticas se conciben a sí mismas como si debieran competir con el presupuesto de que la presencia de los inmigrantes en el territorio representa una ofensa. En la medida en que a los Estados se los concibe como poseedores de una autoridad legítima para excluir, bajo ciertas circunstancias, a los extranjeros –ya sea que esta autoridad se afirme incondicionalmente o se conceda, o cualquier postura intermedia– la postura consecuente, por defecto, tiende a ser que los inmigrantes que han ingresado sin autorización, o que han violado los términos de sus visas, han cometido una ofensa contra el Estado. La cuestión sobre si apoyar o no la regularización tiene que competir con esta premisa y quienes buscan *lograrla* tendrán que enfrentarla de algún modo. Por lo tanto, la historia de los debates sobre la regularización es, en parte, una historia sobre cómo abordar la premisa de la injusticia.

Esta construcción se torna clara en el discurso sobre la *amnistía* –un término que suele utilizarse en este contexto–. La idea de la amnistía suele entenderse como perdonar u olvidar una ofensa (con diferentes valencias en cada caso, aunque con el común denominador de una respuesta de perdón ante una ofensa).[21] Algunos adversarios de la regularización de la inmigración, impulsados por una política de indignación, han tornado la noción de amnistía en una especie de epíteto: su objeción es que la amnistía, ya sea como perdón o como olvido, en realidad recompensa la ofensa, la valida y promueve su perpetuación. Como respuesta, en muchos lugares los activistas pro-legalización han abandonado el término *amnistía* y han optado por el de *regularización*, o bien, uno más ennoblecedor: *camino hacia la ciudadanía*. No obstante, incluso este cambio retórico no evade la pregunta: al momento de determinar si estos inmigrantes podrían permanecer, ¿qué ha de hacerse respecto a la ofensa constitutiva?

El modo en que las distintas partes orienten inicialmente la discusión en torno a esta pregunta dependerá de qué se entienda por "la frontera" –esto es, cómo conciben su naturaleza, su enfoque y su operación en términos normativos e incluso ontológicos–. Quienes podríamos denominar *difusores fronterizos* percibirán la violación de la frontera como algo que ocurre continuamente en el tiempo y que, a nivel espacial, se extiende a todo el territorio. Para ellos, sea cual sea el contexto, los inmigrantes indocumentados violan continuamente las reglas fronterizas, y la única respuesta apropiada será la deportación, e incluso, la aplicación de algún castigo añadido como fruto de esta violación.[22] Esto ciertamente no es amnistía, ya que ésta sólo suscribe la ofensa.

En contraste, las cosas resultan más complicadas para quienes podríamos llamar *limitadores fronterizos*.[23] Por lo general, se trata de estadistas liberales variopintos que, bajo ciertas circunstancias, apoyan –o al menos conceden– la legitimidad de la autoridad fronteriza excluyente del Estado. Sin embargo, y al mismo tiempo, se comprometen con lograr normas igualitarias liberales básicas dentro de dichas fronteras. Por lo tanto, consideran que, al menos en algunos casos, los migrantes irregulares han cometido una ofensa contra estas reglas fronterizas, pero tampoco pueden tolerar la presencia continua o permanente de una casta de "submiembros" dentro de la comunidad. Los limitadores buscan un modo de empatar los compromisos en discordia de la lógica fronteriza y de la lógica igualitaria, para lo que, en ciertos contextos, insisten en la contención de la jurisdicción de la lógica fronteriza.[24] Un modo de ajustar o equilibrar estas dos lógicas en el ámbito del estatus definitivo es a través de un proyecto de regularización que, en ciertas circunstancias, sirva para transformar a algunos transgresores fronterizos en no-ciudadanos no clandestinos y no irregulares –esto es, que estén legítimamente presentes y legalmente autorizados–. Pero al momento de buscar este proyecto, ¿cómo se debería enfrentar el supuesto inicial de la injusticia de los inmigrantes?

El argumento de la sustitución

El argumento de la regularización que tiene mayor presencia en los contextos populares y académicos es el argumento de la sustitución. En términos generales, este plantea los siguientes elementos:

1) Hubo una ofensa,

2) pero un cambio subsecuente en las circunstancias

3) transforma dicha ofensa en una no-ofensa.

Estos argumentos aparecen en una diversidad de escenarios. En la literatura política, en general, el nexo más claro de la sustitución como un argumento normativo lo ha ofrecido Jeremy Waldron, aunque no abordaba el tema de la migración, sino el de los derechos de las tierras aborígenes tras la conquista y anexión colonial.[25]

En su artículo sobre la sustitución, Waldron presenta un argumento en contra de la exigencia de una compensación masiva por las tierras de los ocupantes aborígenes, independientemente de la injusticia original representada por la apropiación de las tierras. Al margen de la cuestión específica y fundamental a la que apunta, así como su controvertida valencia normativa en el ámbito de los derechos indígenas, el argumento que esboza posee una estructura idéntica a la de la afirmación central de la legalización en el ámbito de la inmigración. Waldron dice:

> Así como una adquisición que originalmente fue legítima puede tornarse ilegítima dado cierto cambio en las circunstancias, de igual modo una adquisición que originalmente fue ilegítima puede tornarse legítima dado cierto cambio en las circunstancias.[26]

Asimismo, "un acto considerado injusto bajo las circunstancias C1 podría transformarse, en cuanto a su efecto prevalente, en una situación justa si cambian las circunstancias entre C1 y C2".[27] La clave aquí es que ha habido una ofensa original, las circunstancias han cambiado y, a partir de esto, el cálculo moral se ha transformado.

Dicho en otras palabras, al aplicar lo anterior en el caso de la inmigración, el argumento de la sustitución adopta la siguiente forma:

1) Hubo una ofensa: aquí se refiere a la violación de las leyes fronterizas del Estado por parte del migrante irregular. En tanto que el Estado tiene la demanda-derecho de limitar el ingreso y la residencia de no-ciudadanos en su territorio, los inmigrantes potenciales tienen el correspondiente deber/obligación de ceñirse a ello. De no hacerlo, se trataría de una ofensa legal que podría legítimamente ser objeto de los mecanismos de cumplimiento y de las sanciones del Estado.

2) Pero ha habido un cambio subsecuente de circunstancias: en este caso, al haber permanecido en el territorio durante cierto tiempo, los inmigrantes han forjado relaciones, han echado raíces, y han contribuido dentro de la nación y para la misma. Estos desarrollos se identifican en la literatura como generadores de una "membresía *de facto*" o "membresía social",[28] "participación",[29] etc.

3) Por su parte, esta circunstancia transforma la ofensa original en algo que ya no es una ofensa: en este caso, cambia lo que hasta ahora era un migrante no autorizado, sin estatus o irregular, en un miembro de la comunidad que, a partir de ahora, ha de encaminarse hacia la membresía formal.

Lo que observamos aquí es que la sustitución en la inmigración, al igual que en otros ámbitos, implica una suerte de transformación o alquimia normativa a partir de la cual, la ofensa inicial se supera, se subsana o se salda gracias al cambio de circunstancias. Esta es una explicación descriptiva del mecanismo de la sustitución. Sin embargo, si se analiza meticulosamente el argumento, nos enfrentamos a la interrogante de cómo y por qué exactamente acontece esta transformación de cálculo moral.

Comencemos por el *cómo*. Recuérdese que, ante todo, la postura de la sustitución en la inmigración sostiene un compromiso o una concesión para la clausura de la frontera. Esto no se reduce a un compromiso de clausura con miras al futuro. Si se entiende de manera retrospectiva, sus partidarios concebirían a los migrantes irregulares actuales como si hubieran sido objeto de exclusión en algún momento anterior: podría habérseles impedido –y presuntamente prohibido– el ingreso o su estancia continua. Su ofensa original, aquella que ha de ser sustituida, es el hecho de que, a pesar de todo, hayan entrado o hayan mantenido su residencia. Nótese que, con base en este acercamiento, si esta ofensa se hubiese detectado antes y se le hubiera impedido al individuo entrar, o se le hubiera deportado sin demora, no tendría ahora una presencia continua que defender, ninguna estancia que preservar. Así, al menos para algunos de estos migrantes, algo ha ocurrido tras la ofensa original que cambia el cálculo moral. Ahora bien, ¿qué es ese algo?

En primer lugar, ya están *ahí*. Pero no es el hecho mismo de su presencia territorial la que se sustituye. En este argumento, la sola presencia es condición insuficiente para la incorporación.[30] Por otro lado, la presencia en el territorio *es* una condición necesaria. Esto significa que no se considera que la demanda normativa de la incorporación se extienda hasta personas ubicadas fuera del territorio estatal, independientemente de la relación que guarden con el Estado destino o con sus miembros. En resumen, el argumento de la sustitución fundamenta un "derecho a permanecer", mas no un "derecho a venir". No obstante, la sustitución exige más que la mera presencia.

De acuerdo con las versiones más articuladas del argumento de la "membresía *de facto*" a favor de la regularización, el requisito parecería ser la presencia a lo largo de un lapso. La razón es que el tiempo representa relaciones que se han forjado y, quizá, contribuciones realizadas en el Estado o para el Estado. Pero, de manera simultánea y por sí misma, la cantidad de tiempo de presencia no siempre es suficiente: en casi todas las versiones de la sustitución se considera que ciertos actos criminales y asociaciones políticas anularían la membresía *de facto* que, de lo contrario, podría generarse gracias a la presencia a lo largo del tiempo. Por ende, al parecer, se necesitaría estar presente en el territorio *más* cierta cantidad de tiempo, *menos* diversos factores como ofensas criminales o presuntas afiliaciones terroristas que anularían la transformación moral. En resumen, el tiempo de presencia física en el Estado destino es una condición necesaria, mas no determinante, para la sustitución.

En efecto, hay varias cuestiones operativas y conceptuales que surgen ante el elemento temporal.[31] Una de éstas es cuánto tiempo presencial sería suficiente para comenzar el proceso de transformación. Otra, cuánto tiempo tomará el proceso de transformación en diseñarse con vistas al futuro. ¿Exactamente cuándo y en qué punto la ofensa pasará a ser una no-ofensa?[32] De igual modo, ¿entrarían también en juego otros requisitos (*i. e.*, no relativos al tiempo), ya sea prospectivamente (*v. g.* requerimientos de aculturación) o en retrospectiva (*v. g.* comprobación de declaraciones de impuestos pasadas), como condiciones para la regularización? ¿Hasta qué punto esta transformación se formulará como algo "por ganar" más que como algo que "ya se ha ganado"?

Hay una última pregunta operativa que es clave y que tiene que ver con la definición del remedio o de la indemnización en juego. *¿Hacia qué* tipo de estatus llevará la transformación del inmigrante que pasa ahora de ser un transgresor a ser un ya-no-transgresor? A grandes rasgos, la sustitución promete "el derecho de permanencia" con base en la frase de Joseph Carens.[33]

Ahora bien, este derecho de permanencia puede construirse de modos más amplios o restringidos. ¿Proveerá un futuro "camino hacia la ciudadanía" o simplemente una protección contra la deportación?[34] Nótese la relación entre estas dos posturas: la incorporación implica una no-remoción, pero la no-remoción no necesariamente implica incorporación. Por ello, la regularización/legalización que haría posible un *camino hacia la ciudadanía* podría ser el remedio más importante y valioso, y la segunda sería la mejor opción para la vía a la no-deportación. Por ejemplo, DACA (*Deferred Action for Childhood Arrivals*/ Acción Diferida para los Llegados en la Infancia) es una política de no-deportación implementada por agencias ejecutivas en los Estados Unidos, pero aún es poco claro el estatus futuro de aquellos a quienes reciben bajo su tutela. Con vistas a los esfuerzos frustrados de muchos años para lograr reformas legislativas, algunos defensores han reducido sus demandas para enfocarse sólo en la no-deportación.[35] Ahora bien, la mayoría de las versiones del argumento del derecho a permanecer presupone una oportunidad en el futuro para obtener la incorporación plena junto con la no-deportación.

En resumen, la propia idea de la sustitución da pie a múltiples preguntas sobre su puesta en marcha. Estas, en sí mismas, detonan una gama de premisas conceptuales y compromisos normativos. Hay una pregunta fundamental junto con todas estas consideraciones: ¿Por qué? ¿Qué justifica la transformación normativa otorgada por la sustitución? ¿Por qué bajo estas circunstancias podría −o debería− convertirse una ofensa en una no-ofensa?

Múltiples aproximaciones buscan dar respuesta a esta pregunta, y parecen motivar a los defensores de la sustitución de la migración, ya sea de modo implícito o explícito. Muchos argumentos se concentran en los derechos que posee el migrante individual. El caso más conocido en la literatura migratoria es el de la defensa del derecho de permanencia encabezada por Carens. Este se basa en el desarrollo de vínculos sociales y de un apego a lo largo del tiempo por parte del inmigrante.[36] Sin embargo, algunos argumentos sobre los derechos individuales parecen trascender los intereses relacionales y recurren, en cambio, a una declaración más profunda de la dignidad personal. Bajo esta postura, en cierto momento, el migrante parece adquirir, a partir de bases deontológicas, un derecho a preservar y desarrollar su proyecto de vida en curso, sin verse amenazado para continuarlo.

En un artículo sobre los derechos de ocupación territorial de Anna Stilz (2013) se desarrolla un argumento de este tipo. Si bien Stilz no trata la migración, su estructura es más que apta para este contexto: como ella escribe, las personas poseen derechos básicos en relación con el *espacio geográfico* en el que habitan; esto es: para usarlo y desarrollar ahí sus planes de vida. En pocas palabras, las personas poseen "el derecho a residir permanentemente en dicho lugar, así como a participar de las prácticas sociales, culturales y económicas ahí desarrolladas, y a ser inmune a la deportación o remoción".[37] Esta formulación capta claramente el núcleo de muchas declaraciones para la incorporación de los migrantes.[38]

Otro postulado alternativo sobre los derechos individuales exhibe aspectos de justificaciones de corte lockeano a favor de la sustitución. Indica que el trabajo invertido, así como las contribuciones hechas por el inmigrante en el Estado destino, fundamentan una demanda de futura permanencia.[39] Estos argumentos sostienen que los inmigrantes "merecen un camino hacia la ciudadanía" por virtud de su "trabajo duro".[40] Finalmente, como algo distinto a la amenaza a los derechos individuales de los propios inmigrantes, es común escuchar argumentos sobre los derechos fundamentales que están en juego entre los ciudadanos nacionales y los residentes legales que mantienen una relación cercana con los migrantes irregulares. Se sostiene que estos miembros no deberían estar expuestos a la amenaza o al hecho de verse privados de la unidad y seguridad familiares –amenaza que, ante la falta de legalización, marca sus vidas–.[41]

En todas estas versiones, el cambio de las circunstancias justifica la sustitución o la anulación *ex post* de la ofensa original. Los argumentos se basan en los derechos, ya sea que estos se asocien con proyectos de vida desarrollados, con contribuciones laborales, y/o con relaciones con los miembros (o relaciones de los miembros con los inmigrantes). Nótese que todas estas consideraciones sobre los derechos presuponen, de manera implícita, que conforme el interés de los individuos aumenta, el interés territorial excluyente del Estado se debilita, al menos en términos relativos.

Otra forma diferente de justificar la sustitución en el ámbito migratorio trae a colación la identidad democrática del Estado destino. De acuerdo con esta versión,[42] una comunidad democrática no puede tolerar la presencia a largo plazo de *submiembros* sin derechos políticos, sin que esto dañe su carácter fundamental. Este abordaje apoya la sustitución solo de modo indirecto: se trata de un argumento contra la consolidación de una casta excluida dentro de la comunidad democrática. Nótese que, al menos en teoría, el daño infligido a la democracia por la presencia de una población a largo plazo o permanente de no-miembros[43] podría eliminarse expulsándolos en lugar de incorporándolos.[44] Ya sea por la inviabilidad de la deportación universal,[45] o porque los demócratas tienen impulsos más marcados hacia la inclusión, las más de las veces el argumento del daño-a-nuestro-carácter-democrático suele utilizarse como fundamento para la incorporación de los inmigrantes.

Finalmente, los defensores de la sustitución recurren a consideraciones pragmáticas que remiten a los propios intereses nacionales. Por ejemplo, el miedo de los inmigrantes irregulares a ser el foco de las autoridades y que se les impida el acceso a privilegios básicos, como licencias de conducir, dañan la seguridad y salud públicas de la nación. La sustitución posibilita la integración y la plena participación de quienes, de lo contrario, representarían una carga negativa para la sociedad nacional como consecuencia del miedo y la marginalización.[46] La incorporación también fortalece la estabilidad familiar y comunitaria, caracterizadas como socialmente beneficiosas.

Claro está, independientemente de estas justificaciones, son muchos quienes expresan objeciones normativas en contra de la sustitución. Su principal queja puede describirse como una objeción contra el *bootstrapping* o, lo que en términos legales, se conoce como *manos sucias*.[47] De acuerdo con esta crítica, es sólo en virtud de los actos ilegítimos iniciales que tienen lugar las circunstancias que dan pie a la recalibración moral. En otras palabras, las circunstancias relevantes que han cambiado no son independientes de la ofensa a nivel causal, sino que, más bien, son totalmente dependientes de esta. Así, los inmigrantes se han convertido en "hechos sobre el terreno" que deben ser atendidos.[48] Como resultado, la ofensa acaba por recompensarse, lo que da pie a una "paradoja moral" o a un riesgo moral.[49]

Este reclamo resuena entre muchos que apoyan o conceden al Estado la autoridad para controlar sus fronteras, incluidos muchos liberales. En este punto es en el que la lógica que justifica la sustitución parecería débil y objetable. Esta misma crítica puede hacerse a los argumentos de la sustitución en otros escenarios, incluido el contexto territorial de Waldron. No obstante, esta objeción no tiene por qué ser fatal, incluso dentro de un contexto que afirme el control fronterizo.

Muchos conciben la justicia como si, por fuerza, tuviera que responder ante las circunstancias. Esta reactividad está presente en toda una variedad de prácticas de gobierno. Una analogía legal –no tanto en substancia, aunque sí como un paralelo estructural– es la doctrina de la posesión adversa (PA) en la legislación sobre la propiedad.[50] Bajo las reglas de PA, los intrusos/ocupantes irregulares pueden, bajo ciertas circunstancias, convertirse en los dueños de la propiedad. Todos concuerdan en que la intrusión original fue una ofensa legal; sin embargo, ante el cambio de circunstancias –esto es, tras un periodo continuo de ocupación de la tierra en cuestión por parte del intruso, frecuentemente combinado con el requisito de que esta ocupación sea visible o "notoria" para otros–, surge entonces una transformación moral y/o legal.

Los especialistas del derecho han sostenido un largo debate en torno a las justificaciones de esta metamorfosis y ofrecen diferentes explicaciones al respecto. Hay quienes enfatizan el aumento de la dependencia y los derechos de corte lockeano del ocupante, junto con una disminución de interés del propietario original con respecto a la propiedad que actualmente no ocupa. Otros sostienen que el derecho de propiedad original no se ve desbancado por la demanda moral del propio ocupante (pues el ocupante sigue en la ilicitud), sino por cuestiones de función y eficiencia sistémica más amplias.[51] En la medida en la que aceptemos esta transformación aparentemente milagrosa de las relaciones de propiedad en la PA basadas en *bootstrapping*, podríamos también hacerlo aquí.[52]

Más allá de la sustitución

El encuadre de la sustitución en el argumento de la regularización posee verdaderos atractivos y resuena intuitivamente con muchas personas con tendencias liberales y democráticas.[53] Las políticas basadas en esta lógica parecerían estar en el ámbito de lo factible (aunque también es cierto que Estados Unidos no fue capaz de llegar ahí en las recientes rondas de esfuerzos legislativos).[54] En general, los argumentos de la sustitución intentan llegar a un equilibrio entre lo ideal y lo posible.[55] También estos argumentos tienen la ventaja de que las personas sienten que tienen que elegir, por un lado, entre normas fundamentales pero (presuntamente) incompatibles asociadas con los derechos territoriales de los Estados y, por otro, la inclusión democrática. Les permite sentir, por así decirlo, que pueden al mismo tiempo comer y conservar su pastel ético liberal.

Sin embargo, el abordaje de la sustitución tiene sus costos y limitaciones. Desde una perspectiva crítica, es probable que la sustitución sea problemática porque hace concesiones excesivas al *statu quo*, sin cuestionar la existencia de un conjunto de reglas y políticas por las que, originalmente, se produce el estatus irregular. A nivel retórico, la crítica podría afirmar que el acercamiento de la sustitución es contraproducente para los esfuerzos de justicia a favor de los inmigrantes, en tanto que esta aproximación refuerza las nociones de las faltas e infracciones de la migración irregular. En este sentido, podría decirse que, mientras con una mano toma, con la otra da. Asimismo, esta postura parece "presentista" y, por lo tanto, está desconectada de las causas que anteceden al fenómeno que busca resolver. Así, está condenada a una interminable vuelta atrás para poder avanzar. A lo anterior hay que añadir que la "transformación" que debería ocurrir por la fórmula presencia-más-tiempo aún es una cuestión normativa y analítica más bien obscura y misteriosa. A lo más, se puede llegar a un veredicto mixto. Pero, ¿qué otras alternativas existen?

Es evidente que una de las alternativas –la más familiar a nivel retórico en la izquierda política– sería abandonar totalmente el compromiso o concesión del control fronterizo para abrazar, en cambio, las fronteras abiertas o la ausencia definitiva de éstas. Después de todo, en ausencia de un control fronterizo periférico, ya no existirían migrantes irregulares cuyo estatus fuera cuestionado. Más adelante se abundará sobre esta posibilidad, pero, antes de ir ahí, ¿realmente lo único que existe es la sustitución?

La respuesta es no. En realidad, hay alternativas a la sustitución, tanto a nivel teórico como en el pensamiento ético del sentido común, y algunas de estas alternativas están, de hecho, incluidas en las leyes de los estados liberales. Cabe hacer notar que estas alternativas aún conceden o apoyan, al menos en principio, la autoridad fronteriza del Estado, pero dan un paso adelante y, pese a esto, defienden la incorporación de inmigrantes no autorizados.

Anulación contemporánea

Un primer grupo de argumentos, quizá los más comunes, son los que aquí llamaré "los argumentos de la *anulación contemporánea*". Estos, en cierto grado, conservan la estructura de las demandas de sustitución: concuerdan en que el Estado tenía autoridad para regular las fronteras, por lo que la violación de estas regulaciones representa una falta por parte del inmigrante. Pero estos argumentos, en lugar de sostener que dicha falta fue superada o subsanada en casos individuales gracias a las circunstancias subsecuentes –a través de la "anulación *ex post*" implícita en la sustitución–, plantean más bien que la falta se anuló de modo concurrente con su aparición.

A grandes rasgos, las dos versiones principales de la aproximación a la anulación contemporánea en el pensamiento moral convencional toman la forma de los postulados de "excusa" o de "justificación". Ambas son posturas exculpatorias que afirman lo siguiente: en efecto, el estatus irregular debido a la entrada no autorizada o por la violación de la visa constituye una falta contra el Estado, pero dicha falta no fue culpa del transgresor identificado, ya sea porque éste carecía de la capacidad mental necesaria para atribuírsele la falta (*i. e.*, excusa) o porque él o ella actuaba con base en un imperativo de anulación (*i. e.*, justificación). Nótese de nuevo que en ambas versiones no se cuestiona el control fronterizo *per se* y, en consecuencia, el hecho de no acatar las reglas aún se considera una falta. En este sentido, estos argumentos serían estructuralmente similares a los de la sustitución. Sin embargo, son diferentes a los argumentos de la sustitución en tanto que eliminan el requisito de circunstancias mitigantes *subsecuentes*, y cambian el tiempo de la transformación. En este caso, las circunstancias mitigantes serían concurrentes y la anulación ocurriría al mismo tiempo que la ofensa.[56]

El uso de este tipo de argumentos está muy extendido en los debates contemporáneos sobre inmigración. En el contexto de los Estados Unidos, el ejemplo más representativo del postulado de excusa hace referencia a los *dreamers*: jóvenes inmigrantes indocumentados que llegaron –que fueron traídos– a los Estados Unidos cuando niños. La teoría indica que, ante la falta de una plena capacidad de toma de decisiones en aquel momento, serían ahora inmunes a la responsabilidad de la ofensa (aunque, como muchos han resaltado, este argumento implicaría la transferencia de la falta a los padres, aquellos quienes los llevaron a los Estados Unidos y a los que no se los considera como carentes de esta capacidad en aquel momento).

Por su parte, la versión más familiar de los postulados de justificación se refiere a la relación entre quienes buscan asilo por sufrir persecución o por alguna otra condición desastrosa de la que escapen a través de la migración. En esta teoría, la imperiosa necesidad de refugio fuera de sus países de origen elimina tanto la regla fronteriza básica como la ofensa de su transgresión.[57]

Nótese que aquí se describe una estructura argumentativa y no posturas sustantivas específicas. Cada una de estas categorías –excusa y justificación– puede, potencialmente, dar cabida a un número grande o pequeño de inmigrantes ilegales, lo que depende de cómo interpretemos los conceptos "falta de capacidad" y "necesidad imperiosa". Cada uno de estos conceptos es lo suficientemente elástico para los actores políticos que buscan ampliarlos o reducirlos; de hecho, existen versiones convencionales más amplias y restrictivas de ambos.[58] Ahora bien, resulta evidente que, al momento de querer definir su alcance, nos enfrentamos con cuestiones morales y prácticas fundamentales sobre cómo conceptualizar el daño exculpatorio. Empero, dados mis objetivos para la presente discusión, aquí se busca subrayar lo que este tipo de argumentos hace con el tema de la injusticia en la ecuación. Si bien estos argumentos conservan la convicción de que el Estado posee el derecho de exclusión –y en este sentido caracterizaría la entrada o la presencia irregular como si implicara o hubiera implicado una ofensa–, de manera extensiva anulan o cancelan la culpabilidad del migrante. La ofensa nunca queda asignada. Esto contrasta con las demandas de sustitución, mismas que, originalmente, asignan la falta y sólo la suprimen después.[59]

Más allá de estas demandas exculpatorias, valdría la pena resaltar dos versiones adicionales de los argumentos de la anulación contemporánea que son comunes en el discurso migratorio. Una de ellas apunta a cuando el derecho del Estado a excluir se ve superado por los derechos rivales de la otra parte. A modo de ejemplo: libertarios de diversos tipos consideran la libertad de movimiento como un elemento integral de los derechos de los individuos que buscan sus propios intereses y bienestar.[60] Incluso los libertarios no-fundamentalistas que bajo ciertas circunstancias admitirían el derecho de exclusión territorial de los Estados, probablemente concluirán que, en ocasiones, los derechos individuales al movimiento se impondrían moralmente a los derechos al control fronterizo del Estado. En dichos casos, tanto la entrada como la presencia ilegal constituirían una ofensa contra el Estado, de no ser por el derecho individual compensatorio que acaba por imponerse.

La otra versión no se concentra en los factores compensatorios del lado del inmigrante, sino en aquellos hechos que socavan al Estado defensor de sus propios derechos. Esta idea queda captada en el concepto de pérdida moral, o quizá, en la noción de falta de prestigio moral –en cuyo caso la falta de prestigio moral del Estado le impediría acusar a los inmigrantes de cometer ofensas–.[61] En pocas palabras, se afirma que los derechos territoriales de los Estados, por convincentes que sean en principio, en ciertos casos se ven mermados por su complicidad continua en la perpetuación de la inmigración ilegal a través de la tolerancia *de facto*, su inacción, su incompetencia, y su hipocresía general en la administración de la frontera.[62] Por ende, bajo estas circunstancias, lo que de otro modo sería una falta de los inmigrantes irregulares, no puede considerarse como tal. Observemos que, de acuerdo con esta aproximación, los inmigrantes se beneficiarían completamente por defecto, ya que sus propios derechos y/o experiencia serían irrelevantes. El punto es que el Estado debe cargar con los costos de su propia incapacidad o colusión.

De nuevo, todos estos argumentos de anulación contemporánea (excusa, justificación, derechos rivales, pérdida) tratarían –o habrían tratado– al inmigrante no autorizado como si hubiera perpetrado una ofensa por el propio hecho de no estar autorizado. Pero, al mismo tiempo, se considera al inmigrante como libre de culpa, puesto que alguna circunstancia o condición coexistente ha superado, mitigado o socavado dicha falta. Estos argumentos son relevantes, intuitivos y más comunes de lo que podríamos reconocer.

Anulación correctiva

Existen otras alternativas distintas a la sustitución, mismas que van más allá de la mitigación, de la socavación o la falta. Estas cuestionan a un nivel fundamental la noción de que desde un principio debería considerarse que la migración irregular implica una ofensa por parte del inmigrante.

De inicio se podrían resaltar posturas más familiares y robustas entre las de no-ofensa (a saber, las que rechazan radicalmente la premisa de que el Estado tiene el derecho a excluir). A nivel teórico hay diferentes modos de articular esta posición: a través de la postura de "fronteras abiertas",[63] a través de la postura de "sin fronteras",[64] y/o a través de un abordaje ético de hospitalidad.[65] Cada una de estas considera, en cierto grado, que el ejercicio de la frontera excluyente es ilegítimo. Dicho de otra forma: si desde un principio un Estado careciera de la autoridad legítima para excluir, entonces no cabría siquiera hablar de entrar o permanecer en un estado de irregularidad. En efecto, el *estado de irregularidad* sería un concepto vacío y carecería de sentido. En consecuencia, no habría ningún fundamento para deportar por razones de irregularidad.[66] Si se asumiese un compromiso *anticasta* dentro de la comunidad, se tendrían entonces todas las razones a favor de la plena incorporación de los residentes.[67]

Los argumentos anteriores encaran un caparazón endurecido en los debates políticos dominantes –si bien están implícitos en algunas formas de activismo a favor de la justicia para los migrantes–.[68] No obstante, no agotan las alternativas de no-ofensa.[69] En contraste, considérese otro tipo de alternativa a la sustitución que se conforma por argumentos a favor de lo que se llamará en este *anulación correctiva*. En principio, en estos argumentos nada indica que los Estados no puedan ejercer la exclusión territorial de personas ajenas a la nación bajo ciertas circunstancias; de hecho, sus exponentes podrían incluso afirmar que los Estados poseen este derecho en tanto les sea posible. Bajo esta visión, los migrantes potenciales presumiblemente poseerían el deber general de acatar las reglas alineadas con dicho derecho. Quienes violaran dichas reglas serían –si es que todos fuesen iguales–presuntos infractores. Pero no todos son iguales. En concreto, hay una historia. Muchos Estados/sociedades destino poseen historias específicas con poblaciones que envían migrantes, y algunas implican acciones injustas por parte de estos Estados/sociedades destino. A su vez, algunas de estas ofensas pasadas están relacionadas causalmente con el proceso subsecuente de emigración irregular de los individuos hacia estos Estados destino. De entenderse lo anterior como una cuestión de justicia correctiva, a raíz de estas faltas los Estados/sociedades quedarían circunscritos o incapacitados para negar la incorporación territorial a los migrantes irregulares presentes que provinieran de dichas sociedades remitentes.[70] Este concepto reflejaría algo semejante al "modo perfecto condicional" de la gramática: la exclusión sería legítima de no ser por otros eventos injustos anteriores que, en este caso, minan o superan el derecho del Estado.

Resulta crucial percatarse de cómo esta formulación introduce a otro infractor en la ecuación normativa.[71] Ahora no tratamos exclusivamente con una presunta falta cometida por inmigrantes no autorizados contra el Estado destino, sino que también plantea las faltas pasadas cometidas por el propio Estado o sus elementos. Esto significa que esta aproximación redirige la discusión para ahora incluir las faltas previas perpetradas por aquella parte que hasta ahora era considerada la parte afectada (el Estado territorial). Se plantea, a su vez, que estas faltas previas poseen cierto papel causal en la producción de la falta del sujeto –en este caso, la actual migración irregular– de modo que el primer infractor pierde el prestigio y la capacidad de reclamo ante la falta actual.[72]

De inmediato vemos que de esta aproximación surge una multiplicidad de cuestiones. Entre estas se encuentran la identidad de los perpetradores y la de las víctimas de la falta previa (lo que incluye la interrogante sobre la continuidad histórica de estas identidades), cuestiones sobre qué se consideraría una "ofensa pasada". Asimismo, la relación causal sería necesaria (incluyendo las dimensiones de la temporalidad y de la proximidad) entre la falta previa y las condiciones actuales suficientes para transformar el cálculo normativo y, finalmente, cuestiones sobre cuál sería el remedio apropiado de la falta pasada y qué relación guardaría con la regularización.[73] Aquí solo se pueden comentar brevemente las dificultades derivadas de algunas de estas circunstancias.[74] Sin embargo, me gustaría comenzar con algunos ejemplos relativamente sencillos –al menos a nivel conceptual– en el ámbito de la migración irregular respecto a esta clase de pensamiento ético reparativo o rectificador que refleja algunas concepciones intuitivas por demás difundidas.

Quizá el caso más literal de pensamiento de rectificación en el contexto migratorio –con un marco ético individualista– implique los esfuerzos crecientes por asegurar el retorno físico de no-ciudadanos al territorio nacional, quienes –como desde entonces se ha determinado oficialmente– fueron deportados de manera injusta. Esta ofensa podría ser resultado de una variedad de errores, ya sean sustantivos o procedimentales, relativos a los procedimientos subyacentes, administrativos o criminales. El daño producido por la deportación injusta es enorme, no sólo a nivel intrínseco, sino también porque la presencia/residencia territorial del deportado ha sido privada de un bien invaluable; a saber, la condición necesaria para una posible incorporación futura.[75] Por lo tanto, el regreso correctivo de estos deportados al país del que fueron injustamente expulsados les brinda la oportunidad de buscar la incorporación basada en la presencia territorial, misma que la remoción territorial previa habría bloqueado. Aunque en términos legales esta área es relativamente nueva y el remedio que busca no está disponible para la mayoría de los deportados, el concepto del *retorno correctivo* cada vez cobra más fuerza tanto en la práctica como en el pensamiento legal y político.[76] Esta idea debería ser (e incluso será) fácil de presentar ante una mentalidad ética liberal: el gobierno debería proveer la restitución directa y literal al restaurar las condiciones en las que el individuo se encontraba antes de la intervención injusta del propio gobierno.[77]

Aquí hay otro caso razonablemente intuitivo del pensamiento reparativo en el contexto de la inmigración. Sin embargo, éste pasa de los casos individuales a lo colectivo: hemos de brindar protección humanitaria, lo que incluye las admisiones y la membresía, a las personas que –en términos de Walzer– "nosotros [mismos] ayudamos a convertirse en refugiados".[78] Walzer presenta este precepto como un obstáculo para su argumento más amplio a favor de los derechos de las comunidades nacionales de excluir o admitir a extranjeros a voluntad. Si bien Walzer se refiere a las obligaciones de los Estados para con los refugiados que desean entrar al territorio del mismo Estado que, con su involucramiento en el extranjero fomentaron el surgimiento de la circunstancia violenta de la que ahora huyen, este postulado es perfectamente aplicable en el caso de quienes, al ser no-autorizados, buscan asilo una vez que están dentro del territorio del Estado, y buscan protección ahí donde se encuentran.[79] En ocasiones, la literatura describe la postura de Walzer como un argumento de deberes especiales frente a deberes generales de justicia distributiva. Sin embargo, puede leerse también como un argumento sobre las responsabilidades de la rectificación. La parte que genera o extiende significativamente el daño es aquella que ha de ofrecer un remedio para rectificarlo.

¿Bajo qué condiciones puede decirse que un Estado o sociedad ha creado o contribuido al daño que ha desplazado al refugiado, al grado quedar en deuda con él? Walzer ofrece el ejemplo de refugiados vietnamitas y cómo Estados Unidos tuvo la obligación de brindarles protección a raíz de la naturaleza y el nivel de involucramiento militar que Estados Unidos tuvo en dicho país y que, entre otras cosas, empujó a las personas a huir de sus hogares. Sin embargo, no todas las situaciones que generan el desplazamiento de las poblaciones son iguales a esta guerra, en la que el gobierno del Estado destino era clara y formalmente parte del conflicto.

Hoy en día en Estados Unidos se discute sobre la naturaleza y el grado de responsabilidad nacional que se tiene en relación con los niños migrantes indocumentados de Centroamérica que han llegado al territorio de Estados Unidos con la intención de quedarse. Como se propondrá, es cierto que el caso de la responsabilidad está presente, pero conformado por un sinnúmero de elementos complejos, extremadamente difíciles de hilar en una narrativa sencilla. Algunos de estos elementos serían los siguientes: las historias de intervenciones repetidas, el derrocamiento de gobiernos electos por la vía democrática y la provisión de armas a escuadrones de muerte; la deportación previa de miles de jóvenes refugiados debido a estos conflictos y que, si bien se encontraban en Estados Unidos, se habían convertido en miembros de pandillas (quizá debido a una variedad de patologías y una limitación de oportunidades) y que ahora, tras la deportación a sus países natales, han llevado consigo dichas asociaciones y prácticas. Puede que de esta forma se promueva la conflagración del problema de las pandillas y que se avance en los acuerdos de libre intercambio, desplazando así a los productores de subsistencia de sus tierras y de sus trabajos; apoyo a fuerzas violentas de seguridad; la demanda persistente de drogas ilegales traficadas desde dichos países, y demás.

La imbricación de Estados Unidos en Centroamérica está ya generalizada y es muy compleja, pues se compone de múltiples dimensiones. Sin embargo, algo que sí se puede asegurar es que las armas, las pandillas, las drogas, el desplazamiento de las familias, el desempleo y la violencia descontrolada y brutal son, en combinación, la razón del reciente éxodo e ingreso a los Estados Unidos de miles de niños.

Cómo modelar la responsabilidad por estos daños en medio de un ambiente tan multifactorial a lo largo del tiempo es, por decirlo suavemente, una cuestión por demás compleja para la teoría ética.[80] Quizá la dificultad para conceptualizar y articular las conexiones fácticas entre causas y consecuencias, así como las dificultades implicadas en el desarrollo de contextos de responsabilidad que capten tanto las variables estructurales como aquellas basadas en las ofensas, sean precisamente la razón por la que muchos teóricos de la política se han alejado de las aproximaciones rectificadoras de justicia. Quizá por lo anterior han optado por otras de corte más distributivo y enfocadas en el presente.[81] No obstante, en la medida en que la teoría política se funda en –o al menos debería "probarse" en relación con– "convicciones consideradas de justicia" para evaluar su idoneidad,[82] la desestima de la rectificación y constituye una omisión seria. De hecho, la rectificación opera como un idioma primario del pensamiento normativo en nuestra cultura política.

En todo caso, muchos de los argumentos que ahora se escuchan y se usan sobre esta crisis migratoria irregular de niños centroamericanos (y nótese que hablamos de los argumentos a favor de la protección de los inmigrantes para evitar su deportación, *i. e.*, a favor de su derecho de permanencia)[83] cobran la forma de argumentos sobre la rectificación. Ahora bien, asimismo se escuchan muchos argumentos sobre la anulación contemporánea bajo la forma de excusas o de justificaciones, que se asemejan a lo siguiente: a) aunque la entrada irregular no sea lo correcto, los niños deben ser eximidos de esta atribución de falta debido a su juventud; y/o b) si bien las reglas fronterizas normalmente se deben obedecer, las condiciones peligrosas de las que estos individuos han huido hacen que su entrada ilegal quede justificada por necesidad. No obstante, hay otra vertiente importante de argumentación y que al día de hoy está más pronunciada en este escenario que cualquier otra vertiente en tiempos recientes: el argumento de que a estos migrantes les *debemos* protección territorial porque "nosotros los ayudamos a convertirse en refugiados".[84] Estas afirmaciones plagan los espacios políticos y los medios liberales y moderados. Por dar un ejemplo, he aquí el título de un artículo reciente del *New Republic*: "Let The Border Kids Stay: We Owe Them, After All" / "Dejemos que los niños de la frontera se queden: después de todo, se los debemos".[85]

Como hacía notar líneas arriba, gran parte de la teoría normativa en el dominio migratorio aborda esta temática en términos de justicia distributiva más que de justicia rectificadora. Sin embargo, un artículo reciente dirige a un público de ciencia política a una versión del pensamiento rectificador en relación con la migración irregular. En este artículo, subtitulado "Mexican Immigration and American Obligation" / "Inmigración mexicana y obligación americana", Rogers Smith sostiene que "a los mexicanos se les podría deber "un acceso especial a la residencia y ciudadanía americanas, antes que a los residentes de los muchos países menos afectados por las políticas de los Estados Unidos, y de formas que habrían de justificar la indulgencia hacia los inmigrantes mexicanos indocumentados"".[86] Smith comienza delineando varias peculiaridades de la relación Estados Unidos-México a lo largo del tiempo: las cargas de la proximidad, las historias de conquista y de explotación, las imposiciones culturales y legales, así como una serie de imbricaciones de diversa índole. Smith no afirma que a los inmigrantes actuales se les deba reparaciones directas individuales o colectivas por la coerción pasada a mano de Estados Unidos; más bien sostiene que, a través de estos procesos, Estados Unidos ha "constituido coercitivamente las identidades" de los mexicanos a lo largo del tiempo, de tal modo que ahora Estados Unidos debe a los nacionales mexicanos una consideración especial, un "acceso especial" a varios tipos de bienes de reconocimiento para los inmigrantes mexicanos irregulares y, entre estos, el derecho a permanecer o, al menos, un derecho a permanecer relativamente más marcado respecto a personas de otras naciones. En efecto, Smith argumenta que Estados Unidos *convirtió* a los mexicanos en inmigrantes prospectivos (proto-inmigrantes) por medio de una diversidad de procesos históricos, y el hecho de esta conformación histórica es lo que crea esta obligación.[87]

Dado que este argumento emplea lo que podríamos llamar *identidad nacional vivida* como la base moral relevante para exigir el derecho de permanencia, este refleja aspectos del argumento de la "membresía social" que motiva las demandas de sustitución. Por otro lado, nótese que la aproximación de Smith difiere estructuralmente de los argumentos de la sustitución, en tanto que concibe los eventos que ocurrieron fuera del territorio de Estados Unidos y mucho antes del origen del estatus ilegal de los indocumentados actuales como variables que, efectivamente, *pre-anulan* el derecho territorial del Estado a la exclusión. Esto contrasta con la sustitución que concibe como base de la anulación sólo aquellos eventos que han ocurrido (en el territorio) *después* de la supuesta ofensa de entrada ilegal o de estancia prolongada.

El argumento de Smith es uno que se podría llamar "de rectificación", porque dirige la atención al papel de la historia en la construcción de las circunstancias relevantes para el razonamiento moral actual, así como el énfasis puesto en la noción de las ofensas previas –en este caso, la "coerción"– de Estados Unidos, que considera causalmente vinculadas a la posterior migración irregular a su territorio. Hay una serie de cuestiones que podrían plantearse en torno a este argumento. Esto incluye preguntas sobre cómo entender aquí el significado y el alcance de la idea de "coerción" (por ejemplo, ¿qué tan bien funciona el mismo concepto para incluir la conquista armada, las inversiones económicas de explotación, y la imposición de prácticas culturales y sociales?[88]¿Cómo trazar la línea entre México y muchos otros Estados con los que Estados Unidos ha tenido un involucramiento importante e históricamente coercitivo?) Todo lo anterior sin mencionar otras cuestiones más generales que suelen plagar los argumentos de rectificación sobre la atribución de responsabilidades intergeneracionales.[89] No obstante, es notable el que un argumento de este tipo haya aparecido recientemente en una revista puntera, bajo la autoría de un eminente científico político. La estructura del argumento es poco conocida en el pensamiento académico normativo dominante referente a la inmigración.

Pero esto no debería ser así. Los argumentos de la rectificación en el contexto de la inmigración –lo que incluye la migración irregular– exigen más discusión y desarrollo. No hay duda de que el manejo de los elementos constitutivos de argumentos como estos es en extremo difícil.[90] No obstante, una y otra vez el impulso por buscar o demandar la reparación de ofensas pasadas está muy extendido entre las concepciones humanas de justicia y, al menos en la ética laica, esta también está respaldada por imaginarios liberales igualitarios.[91] Deberíamos desarrollar nuestras teorías normativas de inmigración para representar y modelar de una mejor manera este conjunto de valores. Al hacerlo, será inevitable que tengamos que reestructurar las ideas prevalentes sobre las ofensas y los derechos en este ámbito.

¿Desafiando la injusticia?

Durante las luchas aparentemente interminables en las recientes rondas de esfuerzos por la reforma legislativa migratoria en Estados Unidos, hemos sido testigos de una erupción de activismo entre los inmigrantes –especialmente entre los jóvenes inmigrantes– y sus defensores. A sus múltiples esfuerzos –a través de manifestaciones, cabildeo, desobediencia civil, salidas, litigaciones, producciones artísticas y apariciones mediáticas– se los ha caracterizado como un creciente "movimiento de justicia de los inmigrantes". El enfoque central de los reformadores legislativos y de estos movimientos ha sido la incorporación legal de quienes se estima son once millones de migrantes no autorizados y que están de hecho en el país. Entre sus defensores existen múltiples disputas en torno a la estrategia, diseño, enfoque y operación, pero la comunidad de los derechos de los inmigrantes busca uniformemente alguna regularización de cierto tipo.

Pero ¿cómo argumentan a favor de esto? Pues bien, la sustitución ha sido la narrativa predominante durante mucho tiempo. Los inmigrantes enfatizan su creciente membresía *de facto* basada en el tiempo, los vínculos, su participación en el país y la transformación de su identidad. Se describen a sí mismos como *americanos indocumentados*, como *ciudadanos en todo, menos en el nombre*. También citan sus experiencias de exclusión social, como la falta de trabajo legítimo y mayores perspectivas educativas, así como la constante amenaza que enfrentan de ver rotas sus relaciones familiares nucleares a causa de la deportación. Hacer énfasis en los daños ayuda a subrayar su mensaje básico: los años han contribuido a una legalización *de facto* –por medio de una transformación "naturalizante"– que debe ser formalmente reconocida. En esencia, afirman que el grado de integración que han alcanzado con el paso del tiempo, ha rebasado o superado cualquier posible injusticia implicada en el estatus de irregularidad.

A su vez, en algunos escenarios, las narrativas de excusa también son comunes. Algunos defensores del DREAM Act (Ley DREAM) han enfatizado la falta de capacidad de decisión previa entre los niños al momento de llegar o al permanecer bajo un estatus irregular. Esto se ofrece como una base para la mitigación o eliminación de lo que de otra manera sería una ofensa. Sin embargo (como ya se ha mencionado antes), el argumento de que "sólo eran niños" ha sido abandonado o minimizado por muchos dentro del movimiento de justicia para los migrantes, debido a los costes retóricos y políticos que esto impone en los padres. Cada vez son más los jóvenes indocumentados que ofrecen defensas robustas de justificación a favor de sus padres. Lo que dan a entender es que atravesaron la frontera para proveer medios básicos a la familia, como educación, seguridad, atención médica, oportunidades y libertad, todo ello inaccesible en su Estado de origen.

Sin embargo, además de estos argumentos familiares, hay una serie de elementos del movimiento de justicia para los migrantes que recientemente ha articulado una clase diferente de demanda política. Un ejemplo es el eslogan que sirvió como elemento movilizador y como motivo para la organización del movimiento de justicia para la migración en Estados Unidos durante 2012-2014: *Somos indocumentados, no tenemos miedo, y no nos disculpamos.* La parte que resalta es *no nos disculpamos.* Decir que alguien *no se disculpa* implica repudiar que a uno se le asigne la ofensa y/o la falta.[92] En algunas lecturas no se concede una transgresión previa que luego haya sido sustituida, o que haya sido anulada por factores concurrentes. En cambio, lo que se expresa es una demanda de mitigación por parte del Estado ante el daño que este mismo les ha ocasionado. Ya sean daños estructurales del pasado que de algún modo dieron pie a la migración, o daños más próximos producidos por la condición de irregularidad misma (o ambos), la postura de no disculpa niega la atribución de la ofensa a los inmigrantes y revierte la presunta carga de responsabilidad.[93]

Podría surgir la pregunta de cuál sería el nexo entre las bases del discurso que desafía la premisa estándar inicial de la ofensa de los inmigrantes y la teoría política y legal. La respuesta podría ser ésta:[94] como muchos teóricos, hay a una concepción política contextual, y no tanto metafísica, del origen de las normas políticas. Sin embargo, las aproximaciones metodológicamente contextualistas tienen que moverse con cautela. Si las normas solo pueden derivarse a partir de las prácticas y comprensiones de nuestro contexto actual, entonces hemos de revisar la naturaleza del "contexto" en el que entendemos que estamos. Hemos de tomar decisiones transparentes sobre cómo alinearnos o distanciarnos de diferentes actores y perspectivas políticas en el proceso de teorizar. Las prácticas y comprensiones que consultamos para fundamentar la teoría deben incluir tanto las voces predominantes como las marginales. Asimismo, han de considerar las experiencias y posturas de quienes Judith Shklar ha llamado "las personas más desfavorecidas y temerosas". Claramente, los inmigrantes indocumentados se cuentan entre estas últimas.[95]

Ahora bien –y esto implica un problema todavía más profundo–, hemos de dar respuesta a la pregunta sobre quién, desde un principio, debería considerarse como parte del contexto. ¿Cuál es el enfoque y la situación política que ha de consultarse y elaborarse en el proceso de desarrollar la teoría? Aquí lo metodológico converge con lo sustancial. Después de todo, esto es de lo que tratan las preguntas sobre la inmigración: quién puede entrar en el contexto político, y cómo habrían de tomarse estas decisiones. Las preguntas se plantean del modo más marcado posible con relación a los migrantes irregulares y que ya están en el territorio, cuya *relación con el contexto* es precisamente lo que está bajo debate. Los activistas *que no se disculpan* sólo dramatizan los desafíos. Por eso se podría llamar su movimiento como "ocupar-el-contexto".

Quizá sea pertinente decir que lo único que guardan en común todas las versiones de los argumentos pro-regularización es cierto reconocimiento de que los inmigrantes en cuestión han sido convertidos, y se han convertido a sí mismos, en parte del contexto político. Ahora bien, ya se mencionó que las explicaciones sobre cómo, por qué, cuándo y hasta qué grado respecto a lo anterior, varían. Sin embargo, con miras a esta conclusión, todas estas explicaciones deben enfrentarse –de algún modo– con la cuestión de la ofensa inmigrante.[96]

Referencias

Amighetti, S. & Nuti, A. "A Nation's Right to Exclude and the Colonies". *Political Theory* 44, 4 (2016): 541-566.

Anderson, B. *Us and Them: the Dangerous Politics of Immigration Controls*. Oxford: Oxford University Press, 2013.

Bauböck, R. "Stakeholder Citizenship: An Idea Whose Time Has Come". *Migration Policy Institute Reports* (Abril 2008).

Benhabib, S. "The Morality of Migration". *New York Times*, 29 julio 2012, recabado en http://opinionator.blogs.nytimes.com/2012/07/29/stone-immigration/ (consultado 15 agosto, 2016).

Berman, M. N. "Justification and Excuse, Law and Morality". *Duke Law Journal* 53, 1 (2003): 1-77.

Blake, M. "Immigration, Jurisdiction, and Exclusion". *Philosophy & Public Affairs* 41, 2 (2013): 103-130.

Bosniak, L. *The Citizen and the Alien: Dilemmas of Contemporary Membership*. Princeton: Princeton University Press, 2006.

Bosniak, L. "Being Here: Ethical Territoriality and the Rights of Noncitizens". *Theoretical Inquiries in Law* 8, 2 (2007): 389-410.

Bosniak, L. "Response". *Immigrants and the Right To Stay*. J. Carens (ed.). Cambridge: MIT Press, 2010, 81-92.

Bosniak, L. "Arguing For Amnesty". Journal of Law, Culture and the Humanities 9, 3 (2012): 432-442.

Bosniak, L. "Amnesty In Immigration: Forgetting, Forgiving, Freedom". *Critical Review of International Social and Political Philosophy* 16, 3 (2013): 344-365.

Bosniak, L. "Reseña del libro: Joseph Carens. *The Ethics of Immigration* (Oxford University Press, 2013)", *Ethics* 125, 2 (2015): 571-576.

Bosniak, L. "Reseña del ensayo: 'Contextualist Immigration Justice,' discussing David Miller, Strangers In Our Midst: The Political Philosophy of Immigration (Harvard University Press, 2016)", *Ethics and International Affairs* 31 (2017).

Bosniak, L. "Unapologetic". *Being Here: Presence and the Ambiguous Ethics of Territoriality*, en preparación.

Buchanan, A.. "The Making and Unmaking of Boundaries: What Liberalism Has to Say". *States, Nations and Borders: The Ethics of Making Boundaries*. A. Buchanan & M. Moore (eds). Cambridge: Cambridge University Press, 2003, 1-16.

Carens, J. *Immigrants and the Right to Stay*. Cambridge, MA: MIT Press, 2010.

Carens, J. *The Ethics of Immigration*. Oxford: Oxford University Press, 2013.

Cohen, G. A. *Who Can and Can't Blame the Terrorists? Columbia Law School*, 2003. Recabado en http://c250.columbia.edu/constitutions (consultado 15 agosto, 2016).

Cole, P. "Beyond Borders: Toward an International Right to International Movement". *The Critique*, 6 enero, 2016. Recabado en http://www.thecritique.com/articles/beyond-borders-towards-a-right-to-international-movement-2/ (consultado 15 agosto, 2016).

Cornell, N. "Wrongs, Rights and Third Parties". *Philosophy and Public Affairs* 43, 2 (2015): 109-143.

De Genova, N. "Spectacles of Migrant "Illegality": The Scene of Exclusion, the Obscene of Inclusion'". *Ethnic and Racial Studies* 36, 7 (2013): 1180-1198.

Epstein, R. A. "Past and Future: The Temporal Dimension in the Law of Property". *Washington University Law Quarterly* 64, 3 (1986): 667-722.

Espindola, J. & Vaca M. "The Problem of Historical Rectification for Rawlsian Theory". *Res Publica* 20, 3 (2014): 227-243.

Feere, J. "The Myth of the "Otherwise Law-Abiding" Illegal Alien". *Backgrounder*, Center For Immigration Studies, octubre, 2013. Recabado en http://cis.org/sites/cis.org/files/feere-illegal- myths.pdf (consultado 15 agosto, 2016).

Foer, F. "Let The Border Kids Stay: We Owe Them, After All". *The New Republic*, 12 agosto 2014. Recabado en https://newrepublic.com/article/119021/border-crisis-let-child-migrants-central- america-stay (consultado 23 agosto, 2016).

Freeman, R. "Back To the Future: The Historical Dimension of Liberal Justice". *Repairing the Past? International Perspectives on Reparations for Gross Human Rights Abuses*. M. du Plessis & P. Stephen (eds). Oxford: Intersentia, 2007, 29-51.

Fung, A. "The Principle of Affected Interests and Inclusion in Democratic Governance". *Representation: Elections and Beyond*. J. Nagel & R. Smith (eds). Philadelphia: University Pennsylvania Press, 2013, 236-268.

Gardner, J. *Offenses and Defenses: Selected Essays in the Philosophy of Criminal Law*. Oxford: Oxford University Press, 2013.

Gur-Arye, M. "Justifying the Distinction between Justifications and Excuses". *Journal of Criminal Law and Philosophy* 5 (2011): 293-313.

Hohfeld, W. *Fundamental Legal Conceptions as Applied in Judicial Reasoning.* New Haven, CT: Yale University Press, 1919.

Kanstroom, D. Aftermath: *Deportation Law and the New American Diaspora.* Oxford: Oxford University Press, 2012.

Katz, L. "The Moral Paradox of Adverse Possession: Sovereignty and Revolution in Property Law". *McGill Law Journal* 55 (2010): 47-80.

Kukathas, C. "Are Refugees Special?" *Migration in Political Theory: The Ethics of Movement and Membership.* S. Fine & L. Ypi (eds). Oxford: Oxford University Press, 2016, 249-268.

Meisels, T. "Can Corrective Justice Ground Claims of Territory?". *Journal of Political Philosophy* 11, 1 (2003): 65-88.

Miller, D. *National Responsibility and Global Justice.* Oxford: Oxford University Press, 2007.

Miller, D. "Justice in Immigration". *European Journal of Political Theory* 14, 4 (2015): 391-408.

Miller. D. *Strangers in Our Midst.* Cambridge, MA: Harvard University Press, 2016.

Motomura, H. *Immigration Outside the Law.* Oxford: Oxford University Press, 2014.

Nozick, R. *Anarchy, State and Utopia.* New York: Basic Books, 1974.

Nyers, P. & Rygiel K. (eds) *Citizenship, Migrant Agency and the Politics of Movement.* London: Routledge, 2012.

O'Keefe, E. "Jeb Bush: Many Illegal Immigrants Come Out of an Act of Love". *Washington Post.* 6 abril, 2014. Recabado en https://www.washingtonpost.com/news/post-politics/wp/2014/04/06/jeb-bush-many-illegal-immigrants-come-out-of-an-act-of-love/ (consultado el 15 agosto 2016).

Pevnick, R. *Immigration and the Constraints of Justice: Between Open Borders and Absolute Sovereignty.* Cambridge: Cambridge University Press, 2011.

Rawls, J. *A Theory of Justice.* Cambridge MA: Harvard University Press, 1971.

Rawls, J. *Political Liberalism.* New York: Columbia University Press, 1996.

Raz, J. *Practical Reason and Norms,* 3a edición. Oxford: Clarendon Press, 1999.

Rosenbloom, R. E."Remedies For the Wrongfully Deported: Territoriality, Finality and the Significance of Departure". *Hawa'ii Law Review* 33 (2011): 139-192.

Shklar, Judith N. *The Faces of Injustice.* New Haven, CT: Yale University Press, 1992.

Smith, R. M. "Constitutional Democracies, Coercion and Obligations To Include". *The Limits of Constitutional Democracy,* J. K. Tulis & S. Macedo (eds). Princeton: Princeton University Press, 2010, 280-296.

Smith, R. M."Living in a Promiseland?: Mexican Immigration and American Obligations". *Perspectives on Politics* 9, 3 (2011): 545-558.

Smith, R. *National Obligations and Noncitizens: Special Rights, Human Rights and Immigration.* 28 septiembre 2012. DRAFT: New School, Conference.

Souter, J. "Towards a Theory of Asylum as Reparation for Past Injustice". *Political Studies* 62, 2 (2014): 326-342.

Stilz, A. "Occupancy Rights and the Wrong of Removal". *Philosophy & Public Affairs* 41, 4 2013): 324-356.

Stolzenberg, N. M. "Facts on the Ground". *Property and Community*, E. Penalver & G. Alexander, eds. Oxford: Oxford University Press, 2010, 107-140.

United States Conference of Catholic Bishops "A Pastoral Letter Concerning Migration from the Catholic Bishops of Mexico and the United States, Strangers No Longer Together on the Journey of Hope". Issued by USCCB, 22 enero, 2003. http://www.usccb.org/issues-and-action/human-life-and dignity/immigration/ strangers-no-longer-together-on-the-journey-of-hope.cfm (consultado   15 agosto, 2016).

Waldron, J. "Superseding Historic Injustice". *Ethics* 103, 1 (1992): 4-28.

Waldron, J. "The Supersession Thesis: The Process and Legacy of Settlement". *Minerva Institute of Human Rights, Conference on Israeli Settlements and Related Cases*, 2003.

Waldron, J. "Supersession and Sovereignty". *New York University Public Law and Legal Theory Working Papers*, Paper 406, 2006. Recabado en http://lsr.nellco.org/ nyu_plltwp/406 (consultado 15 agosto, 2016).

Walzer, M. *Spheres of Justice: A Defense of Pluralism and Equality*. New York: Basic Books, 1983.

Wellman, C. H. "Freedom of Association and the Right to Exclude". *Debating the Ethics of Immigration: Is There a Right to Exclude?*, C. H. Wellman & P. Cole (eds). Oxford: Oxford University Press 2011, 13-158.

Wenar, L. "The Nature of Rights". *Philosophy and Public Affairs* 33, 3 (2005) 223-252.

Wenar, L. "John Rawls". *The Stanford Encyclopedia of Philosophy* (Winter 2013 Edition) Edward N. Zalta (ed.), recabado en http://plato.stanford.edu/archives/win2013/ entries/rawls/ (consultado 15 agosto, 2016).

Young, I. *Responsibility for Justice*. Oxford: Oxford University Press, 2011.

Vulnerabilidad, derechos y privación social en la migración laboral temporal

Christine Straehle

Universität Hamburg, Deutschland / University of Ottawa, Canada

Introducción

Con frecuencia, los filósofos que escriben sobre migración se concentran en los derechos de los que los migrantes deberían gozar. Para muchos de ellos, el acceso a los derechos les otorgaría una protección laboral y social, les permitiría influir en las políticas que regulan sus vidas en las sociedades receptoras, y facilitaría que estas últimas reconocieran sus contribuciones, en especial, en el ámbito laboral.[1] Al acceso a los derechos se lo suele describir como *una protección necesaria contra las vulnerabilidades individuales que podrían afectar a los migrantes* si quedasen desprotegidos en este aspecto.[2] Sin embargo, no queda del todo claro que los derechos realmente protejan a los individuos contra las formas de vulnerabilidad que los teóricos consideran moralmente problemáticas.

Como se desarrollará más adelante, parece que la vulnerabilidad más latente es la de tipo *institucional*.[3] Aquí se examina el grado en que los derechos sociales, políticos y cívicos podrían ayudar a instituir una verdadera protección contra la vulnerabilidad institucional individual de los migrantes laborales. Esta investigación sostiene que los derechos son universales en cuanto a su descripción y alcance, y que se ejercen entre los titulares de estos derechos idealizados. En contraste, se sugiere que los filósofos políticos deberían incluir el concepto de *vulnerabilidad social* en su análisis de lo que se debe a los migrantes. En este sentido, los derechos marcan el contexto formal de protección; sin embargo, el lente metodológico de la vulnerabilidad examina el grado en el que los individuos son realmente capaces de beneficiarse de sus derechos. Otro argumento de esta investigación es que los derechos no protegen contra la vulnerabilidad de la privación social; en otras palabras, los derechos no evitan que los migrantes individuales sufran una falta de membresía e integración comunitaria, ni impiden una carencia de vínculos sociales que expresarían su pertenencia a la comunidad de trabajo. Empero, si concedemos que los bienes relacionales sociales son parte de lo que se les debe a los miembros individuales de una sociedad, entonces la privación social en general representaría un serio problema para los conceptos de justicia social y, de manera más concreta, para una ética migratoria.

Para cohesionar todo lo anterior, hay que dirigir la atención hacia antiguos trabajadores extranjeros temporales que han transitado hacia la ciudadanía. Trabajos previos han defendido que la única política justificable, la única que proveerá el acceso a bienes sociales importantes a quienes entren a los países como trabajadores extranjeros temporales, será aquella que ofrezca un acceso pleno a la ciudadanía y a todo su conjunto integral de derechos cívicos, políticos y sociales.[4] Otros comentadores han propuesto derechos grupales diferenciados para los migrantes vulnerables en el momento mismo de su llegada, a fin de brindarles protección dentro de la sociedad receptora.[5] No obstante, aquí se sostiene que el acceso a los derechos no contrarresta efectivamente un tipo específico de vulnerabilidad individual, por demás identificable cuando se dirige la atención a los migrantes que han logrado la ciudadanía. La vulnerabilidad referida es el riesgo de la privación social. El análisis del *Live-In Caregiver Program* canadiense (LCP/Programa de cuidadores internos) ilustra la tensión entre los derechos conferidos y la vulnerabilidad individual a la privación social. El programa ha permitido a muchas mujeres –en su mayoría provenientes de Filipinas– llegar a Canadá como "trabajadoras no calificadas", pero con la posibilidad de solicitar la residencia permanente tras 24 meses de trabajo continuo. En última instancia, pueden obtener la ciudadanía.

El programa se reinventó en diciembre de 2014 para convertirse en el *Caregiver Program* (Programa canadiense de cuidadores). Éste incluye las mismas disposiciones del anterior, excepto que ahora no se exige a los cuidadores que residan con sus empleadores para cumplir con los requisitos. Ahora se evalúa a los cuidadores y otros trabajadores migrantes exactamente de la misma manera, y han de cumplir con los requisitos de los demás para satisfacer el sistema de puntos canadiense, mismo que evalúa la deseabilidad de los individuos solicitantes. Como se explicará más adelante, esto significa que, si bien antes de noviembre de 2014 el LCP representaba una vía importante para que los migrantes tuvieran acceso a la residencia permanente en Canadá, los proveedores de cuidados ya no cuentan con una vía relativamente segura hacia la ciudadanía. Se examinarán las consecuencias del primer programa, aunque los cambios hechos que se le hicieron no modifican la postura de este documento; en otras palabras, incluso tras haber logrado el acceso al conjunto integral de derechos de ciudadanía, estas mujeres aún sufren de privación social.[6] Ésta adquiere la forma de una falta de inclusión asociativa y una carencia de membresía social dentro del territorio canadiense.

Para tener una visión completa, se hará un análisis del LCP antes de noviembre de 2014, seguido de una revisión del postulado institucional de la vulnerabilidad y las necesidades individuales específicas que enfatiza. La siguiente sección discute la relación que suele hacerse entre las necesidades y los derechos, lo que sienta las bases para la exploración de la privación social como un criterio útil para evaluar las necesidades individuales en la sociedad. Se concluye con el esbozo de un andamiaje institucional diferente para quienes lleguen a Canadá en un futuro y que describa las herramientas institucionales disponibles para solventar el mal moral que representa la privación social.

El programa canadiense *Live-In Caregiver*

En 2009, el gobierno canadiense estimó que 10,000 personas recibirían la residencia permanente a través del LCP durante los siguientes 10 años. También estableció que, en promedio, el 90 por ciento de los cuidadores internos (LCG) solicitó la residencia permanente. De estas personas, el 98 por ciento la obtuvo.[7] Esto sugiere que, tras un periodo de transición, un sorprendente número de mujeres que entraron a Canadá bajo un régimen que les permitía acceder a una serie limitada de derechos, obtuvo la plena protección otorgada por los derechos sociales, cívicos y políticos.

A la ciudadanía se la suele percibir como una señal de la plena integración en una sociedad o, al menos, como la vía hacia dicha integración.[8] Uno de los requisitos de ingreso como LCG era comprobar doce años de estudios y un mínimo de seis meses de entrenamiento, o bien, doce meses de trabajo continuo con un empleador en uno de los ámbitos relacionados con la provisión de cuidados. De hecho, el 84 por ciento de los LCG originarios de Filipinas –que constituía el principal país de origen de los LCG en Canadá–, recibió un grado universitario antes de ir a Canadá, y será cada vez más común que el nivel educativo universitario sea un requisito para las visas de trabajo de los LCG.[9]

Como estipula la página gubernamental dedicada a las visas de los proveedores de cuidados, las áreas de estudio pueden ser educación infantil temprana, cuidados geriátricos, enfermería pediátrica o primeros auxilios.[10] Así, se podría pensar que una evidencia de integración sería que las mujeres que hubieran adquirido estas habilidades y grados universitarios en sus países de origen, abandonaran el empleo de cuidadoras para acceder, en cambio, a otros trabajos mejor remunerados, más seguros y menos demandantes a nivel físico y emocional dentro de su área de formación.[11] El hecho de poder acceder a oportunidades que el mercado laboral ofrece, con base en la certificación profesional, forma parte de lo que las sociedades liberales igualitarias prometen a sus miembros.[12]

Ahora bien, un estudio reciente de antiguos LCG que han obtenido el estatuto de ciudadanos en Canadá desmiente el supuesto sobre la movilidad laboral. Como reporta la *Gabriela Transitions Experience Survey* (GATES / Encuesta de la experiencia transicional "Gabriela"),[13] "los cuidadores internos carecen de movilidad ocupacional a pesar de contar con credenciales educativas superiores. El 68 por ciento de ellos trabaja como proveedor de cuidados por 3 o 5 años después de dejar el programa", y 45 por ciento aún trabaja en la industria de la provisión de cuidados tras llevar 6-10 años de estancia en Canadá. Sólo quienes han permanecido durante diez años o más en ese país reemplazan el trabajo como cuidadores por uno como auxiliares de cuidados de salud o por una labor de apoyo personal. Lo anterior se podría considerar una provisión formalizada o institucionalizada de cuidados, organizada por medio de agencias de trabajo, con lo que representa el sector laboral más importante, ya que 19 por ciento de los encuestados de estos dominios se ubica aquí, aunque un 16 por ciento continúa en la provisión de cuidados.[14]

Lo anterior no deja de sorprender por diversas razones. En primer lugar, es frecuente que el trabajo como cuidador no otorgue el tipo de seguros o beneficios de empleo que muchas otras profesiones proveen en Canadá. Por el contrario, suele concebirse como un "trabajo sucio" –y, ciertamente, es un trabajo muy duro y se lo considera como no calificado–. En segundo lugar, sorprenden las cifras si consideramos el entrenamiento académico que muchos LCG han recibido en sus países de origen. Sería esperable que muchas mujeres echaran mano de otras habilidades previas para entrar en el mercado laboral canadiense.

La falta de transición a otros segmentos del mercado laboral distintos a la labor como cuidadores podría deberse a las limitaciones que los empleadores mismos imponen a los LCG. Entre éstas están las restricciones para tomar cursos; mismos que ayudarían a los cuidadores a perfeccionar habilidades en su área original de cualificación, o bien, facilitarían la obtención de credenciales necesarias para otros trabajos en este ámbito en Canadá una vez terminado el programa.

Lo anterior es una clase específica de condiciones del LCP. Se esperaba que el nuevo programa de cuidadores incluyera permisos "abiertos" que permitieran a los LCG depender menos de la relación con sus empleadores y que, a su vez, se impusieran menos restricciones si es que ellos deseaban adaptarse e integrarse al mercado laboral canadiense. No obstante, el programa de cuidadores no ha modificado los requisitos de sus permisos "cerrados", por lo que la atadura a los empleadores continúa. Por su parte, sólo se puede acceder a los permisos laborales "abiertos" después de 24 meses de trabajo en Canadá. [15] Sin embargo, el hecho de haber cambiado el requisito de ser necesariamente cuidadores internos podría conferir una mayor libertad a los LCG en caso de que decidan continuar su educación en ese campo.

Otro dato de la encuesta sorprende, pues afirma que "los cuidadores internos que ingresan al mercado laboral encuentran mayores obstáculos de entrada debido al estigma asociado con el trabajo de los cuidadores internos". En otras palabras, tras lograr acceder al conjunto integral de derechos cívicos, sociales y políticos, los antiguos LCG que transitan a la ciudadanía experimentan exclusión social; y esto se debe a la ruta de acceso para obtenerla. Dado que los LCG entran a Canadá como *trabajadores dispuestos* en la industria de la provisión de cuidados, parecen cargar con un estigma específico que escapa el lente analítico del acceso a los derechos. Por lo anterior, aquí se sugiere hacer uso de la vulnerabilidad individual para evaluar a fondo lo que no funciona para estos nuevos canadienses.

Valga la siguiente advertencia: podría pensarse que una de las razones por las que muchos LCG se quedan en ese ámbito de provisión de cuidados es por una perspectiva racial de esta clase de trabajo; es decir, una visión según la cual "las mujeres filipinas hacen mucho mejor esa labor". Por desgracia, estas afirmaciones de corte racista tienen una larga tradición en la política migratoria canadiense y se remontan a los albores de la migración de cuidadores. [16] Aunque aquí se reconoce el racismo subyacente, no se transitará ese camino analítico por dos razones. La primera es el tratamiento de la *vulnerabilidad institucional* como un concepto de análisis en la filosofía política. Esto significa que se investigan las obligaciones morales de los Estados receptores en cuanto a cómo han de tratar a los migrantes y a quienes se han convertido en ciudadanos como resultado de la migración.

En efecto, los Estados tienen la obligación de combatir el racismo por medio de políticas diseñadas para ello, pero el tipo de racismo que hace que algunos crean que existe un vínculo entre la etnicidad y el desempeño en el trabajo como cuidador parece derivarse de normas sociales más que de una política. La segunda razón es que el racismo se considera en esta investigación como una de las explicaciones de la *vulnerabilidad institucional*. Por ello, aquí se interpreta como un acceso limitado a los medios para satisfacer necesidades básicas, sólo posee un valor heurístico limitado. En la última parte del artículo se ilustrará este segundo punto al comparar el caso de los LCG y el de los refugiados.

Vulnerabilidad institucional y necesidades individuales

La vulnerabilidad es un lente analítico que ha resurgido en años recientes tras ser propuesto originalmente por Robert Goodin, con el que podemos evaluar nuestras obligaciones morales.[17] Se han identificado diferentes fuentes de la vulnerabilidad que plantean retos específicos para los individuos.[18] Este trabajo se enfocará en el postulado *institucional* de la vulnerabilidad, que sugiere que algunas clases de vulnerabilidades individuales moralmente relevantes se deben a circunstancias específicas que se crean o dependen de las instituciones en las que los individuos se encuentran.[19] Por consiguiente, a los Estados democráticos liberales se les insta a que aborden esta vulnerabilidad, transformando las instituciones sociales que regulan la vida de sus miembros.

El postulado institucional de la vulnerabilidad suministra las herramientas necesarias para identificar y evaluar la vulnerabilidad individual que deriva del contexto socio-institucional que regula y configura las vidas individuales: "Los postulados institucionales coinciden en que nuestros deberes para con los vulnerables implican la provisión de ciertos bienes sociales. Bajo esta perspectiva, la privación institucional de las necesidades básicas del [individuo] es la que les vuelve vulnerables, y nuestro deber es erigir y mantener instituciones que cubran sus necesidades".[20]

El hecho de que las necesidades se categoricen como moralmente relevantes y como el fundamento de una serie de deberes es objeto de debate.[21] Baste con decir que quienes defienden el postulado institucional de la vulnerabilidad aceptan que la "noción de necesidad puede jugar un papel valioso en el discurso político".[22] Esto es particularmente obvio si se considera que las necesidades básicas constituyen el fundamento de los derechos individuales cuya protección e implementación se exige a los Estados democráticos liberales.

Con base en lo anterior, se suele estipular un nexo entre las necesidades básicas y el acceso a una serie de derechos. La finalidad es justificar una concepción de derechos humanos aceptados en lo general.[23] El mismo vínculo se aplica en el contexto social, donde se satisfacen las necesidades cívicas y sociales básicas a través del acceso a derechos cívicos y sociales básicos. Asimismo, el acceso a un conjunto de mismos derechos expresa, a su vez, el estatus moral igualitario que las sociedades liberales prometen a todos sus miembros. El estatus moral igualitario que todos los individuos deberían gozar suele expresarse como un *acceso equitativo a los derechos*. Estos últimos pueden dividirse en derechos humanos accesibles para todas las personas por su naturaleza humana y en conjuntos más específicos de derechos cívicos, sociales y políticos.

Ahora bien, los derechos estándar no siempre protegen o cubren de manera efectiva todas las necesidades. A fin de fundamentar esta afirmación, se discutirá la reciente propuesta de Sarah Song, quien plantea conferir derechos diferenciados a los migrantes laborales temporales.

Song busca registrar las necesidades específicas que los migrantes laborales podrían tener en las sociedades receptoras. Sin embargo, un análisis más detallado muestra que ni los derechos diferenciados ni todo el conjunto de derechos solventa la vulnerabilidad individual que experimentan los migrantes laborales. Tras examinar la propuesta de Song, se explicará la forma que toma esta vulnerabilidad. Cuando los derechos fallan, los individuos quedan en un estado de necesidad y no se cumple la promesa de un mismo estatus moral en la sociedad.

Necesidades y derechos

Sarah Song ha sugerido que la mejor estrategia para abordar las necesidades de los trabajadores extranjeros temporales podría ser el diseño de una serie de derechos diferenciados al distinguir entre quienes no son ni residentes ni ciudadanos, sino sólo "residentes temporales".[24] La idea que subyace a este concepto de derechos tan diferenciados es que la presencia territorial garantiza un reconocimiento que considera el significado de *tratar a los individuos como moralmente iguales*, respetando las diferencias relevantes entre quienes han residido en el territorio por un lapso prolongado y los recién llegados.

Song pone en entredicho el principio democrático de Michael Walzer, quien sostiene que, a menos que se garantice la protección plena de los derechos de los trabajadores de la economía local por virtud de su ciudadanía, se incurre en una tiranía que viola los principios de justicia política respaldada por los Estados democráticos liberales.[25] En otras palabras, el hecho de no dar a los trabajadores visitantes el acceso a todo el conjunto de derechos, sugiere una forma particular de daño por "vivir en una comunidad en la que evidentemente no se respeta el compromiso de la igualdad moral, pues algunos miembros valen más que otros por razón de su estatus como miembros plenos de la comunidad, mientras que otros tienen menor valía por razón de su estatus como miembros parciales".[26]

De acuerdo con Song, hemos de "desagregar ciertos derechos del estatus de ciudadanía, y extenderlos a los no-ciudadanos por virtud de su presencia territorial".[27] Según su postura, dicha extensión y diferenciación se justificaría si analizamos sobre qué fundamentos suelen basarse los derechos. La acreditación de los derechos puede justificarse a partir de tres principios diferentes. El primero, que es de "afiliación", no puede aplicarse en el caso de los trabajadores extranjeros temporales porque "la disparidad entre el país de residencia y la localización de la propia familia y otras afiliaciones es mayor en el caso de los migrantes, incluyendo a los trabajadores temporales que dejan atrás a sus seres queridos para trabajar y enviar dinero a casa".[28]

El segundo principio fundamenta la atribución de derechos, el del "juego justo" o reciprocidad. Éste estipula que quienes hacen contribuciones a un sistema de "cooperación social tienen derecho a los beneficios y han de llevar las cargas del esquema".[29] Song reconoce que todos los residentes, incluyendo a los trabajadores extranjeros temporales, participan en el esquema cooperativo, aunque lo hagan "en grados diferentes".[30]

En su explicación sobre los derechos que deberían ser accesibles al momento mismo de llegada de los trabajadores migrantes con tal de asegurar la protección de sus necesidades, Song se enfoca en el principio de *coerción*: "la idea básica es que, dado que la coerción estatal infringe la autonomía del pueblo, todos aquellos sujetos a la coerción estatal tienen derecho a cierta forma de justificación".[31] El tipo de justificación que los Estados democráticos liberales han asumido implica que quienes hayan sido víctimas de las leyes coercitivas deberían tener la posibilidad de determinar qué clase de leyes deberían gobernarlos. Este principio es muy conocido y utilizado en gran parte de la literatura sobre la justicia migratoria.[32]

Song sostiene que los niveles de coerción varían con base en si el "plan de vida [individual es perseguido] centralmente dentro del territorio del Estado [... y, por lo tanto] cuanto mayor sea el tiempo que los trabajadores extranjeros vivan y trabajen en el Estado receptor, y cuanto mayor sea el grado en que sus planes de vida se vuelvan dominantemente objeto del Estado receptor, más robusta se volverá su solicitud de permanencia".[33]

Reflexionar en torno a la clase de coerción de la que los trabajadores extranjeros temporales son objeto nos permitiría diseñar la protección necesaria de los proyectos de reflexión en torno a la igualdad moral: "los residentes temporales deberían tener derecho a los derechos y libertades civiles y a los bienes públicos básicos".[34] Los derechos y libertades civiles contenidos en la lista de Song incluyen la libertad de religión, la libertad de discurso y la libertad de reunión, la protección igualitaria ofrecida por las leyes, el derecho a un proceso justo en procedimientos criminales, así como la protección de la propiedad y de las leyes de contratos, mientras que los bienes básicos en esta lista incluyen también la asistencia médica de emergencia.

El punto de partida de Song refleja el valor liberal cardinal de la igualdad moral. La diferenciación que ésta hace entre los derechos busca dar razón de las diversas necesidades que hay dentro de una sociedad, así como su afiliación con la sociedad receptora. Se afirma que la promesa de igualdad moral en la política estatal posibilita y permite que los individuos tengan vidas autónomas. En palabras de Joseph Raz, tenemos deberes de autonomía si lo que queremos es respetar a los individuos como iguales morales. Al aceptar estos deberes apoyamos la noción de que a los individuos les interesa tener vidas autónomas, puesto que una vida de estas características contribuye al bienestar individual.[35] Los Estados democráticos liberales que apoyan la idea de la autonomía individual como parte del bienestar individual aceptan, en consecuencia, que poseen deberes de autonomía.[36]

De acuerdo con Song, todos los individuos que residen en un territorio experimentan coerción en manos del Estado. Si, como propone Song, la coerción desafía la capacidad de los individuos para ser autónomos, entonces también se debería respaldar el que quienes son objeto de coerción deberían ser protegidos de ésta, lo que se lograría con el acceso a los derechos relevantes.[37] A fin de dar a los individuos lo debido a nivel moral, se deben proteger las necesidades básicas de los individuos contra la coerción para formular los derechos necesarios.[38] La explicación de Song en torno a los derechos diferenciados hace hincapié en que los migrantes poseen un conjunto de necesidades para poder llevar vidas autónomas fuera de su país de ciudadanía y describe de manera concisa el *statu quo* de los trabajadores migrantes al momento de trasladarse a los Estados democráticos liberales. Dicho de otra manera, todos los residentes temporales deben de recibir protección contra el efecto básico de las leyes coercitivas del Estado.

Recordemos que el postulado institucional de la vulnerabilidad se basa en la noción de que las instituciones del Estado podrían analizarse desde la perspectiva de las necesidades individuales. La finalidad es evaluar si a los miembros individuales del Estado se los trata o no de un modo que cumpla la promesa del valor moral igualitario. La intención del presente documento es evaluar el equilibrio entre las necesidades individuales y el acceso a los derechos en el caso particular de los ciudadanos que transitan por los diferentes tipos de derechos diferenciados que propone Song.

El caso de los LCG en Canadá es ilustrativo para el análisis, pues tienen acceso a la mayoría de los derechos que Song propone para los residentes temporales: los LCG gozan de derechos y libertades civiles, así como de un seguro de asistencia médica, beneficios de pensión y derechos laborales equivalentes a los de otros trabajadores en la economía canadiense antes de convertirse en residentes o ciudadanos permanentes.[39] No obstante lo anterior, hay algunas necesidades básicas que no se abordan ni en el conjunto de derechos propuesto por Song para los migrantes, ni en el conjunto integral de derechos derivado de la ciudadanía en un Estado democrático liberal, como sugiere el breve ejemplo del destino de las cuidadoras internas que han transitado hacia la ciudadanía. En otras palabras, aunque hay coincidencias con la metodología de Song en lo que respecta al análisis de las necesidades individuales y el modo en que las instituciones del Estado las cubren, hay una distancia en cuanto al remedio que propone con el diseño de derechos diferenciados. Lo anterior porque estos no resuelven la necesidad de inclusión asociativa.

Necesidades sociales y privación social

Algo que aflige a los extranjeros que llegan a nuevos lugares por trabajo temporal es ver que sus necesidades no están del todo cubiertas. En otras palabras, viven una experiencia de privación de carácter social:

> El término *privación social* no se refiere a la pobreza y sus males sociales asociados, sino a una privación genuina de corte interpersonal y social independientemente de las condiciones económicas. La privación social es una carencia persistente de las oportunidades mínimamente adecuadas para tener contacto humano decente o apoyo, incluyendo la interacción social, la inclusión asociativa, y la atención interdependiente.[40]

A fin de ilustrar la privación social y, de manera más específica, su aspecto asociativo, considérese el ejemplo de los *Gastarbeiter* alemanes; a saber, trabajadores, en su mayoría kurdos, que fueron reclutados para trabajar en la economía creciente de Alemania occidental en la década de los sesenta y de los setenta.[41]

En un reporte periodístico reciente, estas segundas o terceras generaciones de alemanes jóvenes, con altos niveles de educación y de destreza, reportaron que, a pesar de su impecable alemán, de contar con habilidades altamente solicitadas y una excelente formación académica, muchos de ellos pensaban emigrar a otros lugares, ya que no eran considerados "alemanes" ni por sus empleadores ni por los demás miembros de la sociedad. Aunque los economistas consideran que tienen un alto desempeño, muchos de ellos experimentan exclusión y rechazo por parte de la sociedad alemana.[42]

De modo similar, muchos de los antiguos LCG sienten que cargan con un estigma unido al modo en que Canadá impide que extiendan sus habilidades y sus conocimientos en otras áreas profesionales diferentes a la de provisión de cuidados. Como sugiere el análisis de Brownlee, los miembros de ambos grupos experimentan una dimensión particular de privación social, a saber, "la privación social a nivel comunitario bajo la forma de desplazamiento, exilio, negación de una identidad política, legal o cultural, o negación de la membresía comunitaria".[43] Si bien una gran porción del pensamiento en torno a los derechos se concentra en los aspectos sociales y económicos de las vidas humanas, Brownlee argumenta que los "derechos civiles y políticos […] ignoran el grado en el que estos derechos son inextricables y dependientes de la protección de necesidades *sociales* básicas".[44] Por ende, el análisis de la privación social apunta a un aspecto generalmente desatendido de nuestras vidas en los escritos sobre los derechos; a saber, las *necesidades relacionales*.[45]

Las necesidades relacionales son necesidades humanas básicas en varios sentidos. En primer lugar, las relaciones sociales posibilitan la autonomía individual. Brownlee se refiere aquí a la explicación de Raz sobre la autonomía, misma que emplea Song para robustecer su propuesta sobre los derechos diferenciados de los migrantes. De acuerdo con Raz, es indispensable considerar que los medios de autonomía están fundados en las relaciones con los demás.[46] Por ende, nuestra membresía comunitaria importa, pues permite presentarnos como las personas que deseamos ser; es decir, el modo en que queremos que los demás nos conciban y reconozcan como seres autónomos. Dicho con otras palabras, la membresía comunitaria hace posible nuestra autorrealización.[47]

En segundo lugar, las relaciones sociales son una necesidad social básica importante, pues permiten acceder a la base del autorrespeto individual. El filósofo político John Rawls describe la base del autorrespeto como un bien primario que todas las sociedades igualitarias deberían esforzarse por distribuir justamente. Recordemos que los bienes sociales primarios son aquellos que deberían distribuirse de modo justo por medio de las instituciones del Estado –de lo contrario, los Estados democráticos no cumplirían su promesa de dar un mismo estatus moral a sus miembros–.

De acuerdo con Rawls, el autorrespeto posee dos aspectos: "incluye el sentido de la persona de su propia valía, la segura convicción de que vale la pena llevar a cabo su concepción de lo que es bueno para ella, su plan de vida. Asimismo, el autorrespeto implica la confianza en nuestra propia capacidad para cumplir nuestras intenciones personales, siempre y cuando esté dentro de nuestras posibilidades". Por su parte, el *sentido de la propia valía* a su vez depende de "… (1) tener un plan de vida racional […];[48] y (2) que nuestra persona y nuestras acciones sean apreciadas y confirmadas por otros que a su vez son estimados y cuya asociación disfrutamos".[49] Dicho de otro modo, las personas accederán a la base del autorrespeto si pueden vincularse con la sociedad y seguir un plan de vida específico que consideren bueno o valioso.

Como Brownlee defiende, la privación social socava las condiciones para una autonomía plena y para la capacidad de autorrespeto, ya que niega a los miembros individuales el reconocimiento de los demás como miembros iguales de la sociedad.[50] Al experimentar la privación social, no sólo se niega a algunos miembros de la sociedad el reconocimiento de ellos mismos, *i. e.*, no sólo quedan privados de los medios para su autorrealización: la privación social también priva a los miembros individuales del derecho para solicitar el reconocimiento, dado que únicamente los miembros en pleno derecho pueden exigirlo. Si la necesidad social básica de la inclusión asociativa no queda satisfecha, las sociedades obstaculizarán el acceso de los individuos a las bases desde las que podrían exigir el reconocimiento social: una persona debe ser aceptada como igual a nivel moral antes de poder exigir el reconocimiento igualitario.

Hasta este momento, se ha utilizado el caso de los LCG que se convierten en ciudadanos canadienses para sugerir que, incluso tras acceder al conjunto integral de derechos que la ciudadanía ofrece, algunas de sus necesidades sociales básicas no quedan satisfechas. La necesidad social que aquí se ha identificado es relativa a la membresía social y a la inclusión asociativa. Al sufrir el estigma social de haber entrado a Canadá como proveedores de cuidados, los LCG quedan privados de un sentido de pertenencia en el tejido social canadiense, incluso después de habérseles concedido oficialmente un estatus igualitario a través de la ciudadanía. Si se acepta el nexo entre el aspecto relacional de nuestras vidas, la base de la autonomía social y la capacidad de autorrespeto invocado tanto por Raz como por Rawls, entonces la clase de privación social experimentada por antiguos LCG será moralmente problemática más allá de la falta de reconocimiento que ya se ha resaltado en debates filosóficos previos.[51]

Necesidades individuales, bienes relacionales y vulnerabilidad institucional

Hasta ahora se ha seguido a quienes sostienen que las relaciones sociales generan el tipo de contexto social que se encuentra en la base del autorrespeto y que provee las condiciones necesarias para la autonomía individual. Asimismo, las relaciones sociales pueden dar lugar a bienes que el individuo no podría generar o a los que no podría acceder por cuenta propia.[52]

Las relaciones sociales y la membresía social no sólo son ingredientes necesarios para la autonomía individual y fundamento del autorrespeto, sino que estos recursos relacionales también generan cierta ventaja: representan una especie de capital que debería distribuirse de modo igualitario.[53] Esto sugiere que el problema planteado por la privación social es todavía más amplio. Lo anterior distingue los recursos relacionales es su dependencia de la relación entre su generación y su producción. Como Chiara Cordelli los define, "los recursos relacionales son… bienes que están disponibles dentro y son *producidos característicamente* a través de las relaciones, o que en sí mismos son *constitutivos* de ciertas relaciones". En segundo lugar –y con mayor pertinencia para el análisis que aquí se realiza–, para disfrutar de los recursos relacionales se debe "participar de las relaciones y de las redes que las producen y las reproducen".[54]

La injusticia del estigma experimentado por antiguos LCG en Canadá o los descendientes de los *Gastarbeiter* alemanes sugiere que están excluidos de esta participación. Por lo tanto, se les impide participar de la creación de recursos relacionales y de disfrutar de ellos.

La respuesta estándar ante el mal de la privación social nos llevaría a conferir más derechos a los miembros individuales, o a extender más la red de protección de los derechos. De hecho, Brownlee sugiere que los Estados democráticos liberales deberían adoptar un derecho humano contra la privación social. Ahora bien, el principal interés de Brownlee es la privación social sufrida por los prisioneros, quienes se ven privados de sus derechos cívicos, sociales y políticos mientras cumplen sus sentencias, aunque sus derechos humanos permanezcan intactos. Dicho de otro modo, si la preocupación específica se refiere al estatus moral de los prisioneros, cobra sentido exigir un derecho humano adicional. Sin embargo, esto no es así en el caso que aquí interesa, *i. e.*, el estatus moral igualitario de los ciudadanos. El hecho de pedir más derechos no parece solucionar la cuestión de la privación social de quienes tienen acceso al conjunto integral de derechos cívicos, sociales y políticos. Como ilustra el ejemplo anterior de los LCG en Canadá y de los descendientes de los *Gastarbeiter* alemanes, algunos portadores de derechos aún experimentan privación social, a diferencia de otros ciudadanos alemanes o canadienses.

Ciertamente, se podría concluir que algunos miembros de la sociedad sufren injusticias que no pueden captarse por las herramientas disponibles de justicia en los Estados democráticos. En cambio, quizá tendríamos que aceptar que todos los trabajadores extranjeros temporales ejercen su labor como miembros de una clase desfavorecida, independientemente de su nivel de habilidades y de sus orígenes. Por consiguiente, a los trabajadores temporales se los debería considerar como miembros de una clase internacional explotada debido a la naturaleza explotadora de los programas de trabajadores visitantes.

La privación experimentada por los trabajadores visitantes y sus descendientes podría apuntar a un problema estructural en los mercados locales y globales más que a uno con los programas nacionales específicos.[55] Como ya se ha dicho, el presente análisis nos recuerda que los trabajadores en las sociedades receptoras también pueden sufrir las constricciones de los modelos de producción actuales y de la inestabilidad laboral. En efecto, si observamos de cerca las condiciones de los trabajadores en cualquier lugar, se vería que la privación social se relaciona con el estatus del trabajador, y no con el hecho de ser un recién llegado.

Sin embargo, en lugar de adoptar una perspectiva cosmopolita, aquí interesan los recursos relacionales que los Estados pueden influir y ofrecer. Por lo tanto, se sugiere un análisis de la privación social a través de un enfoque dirigido a la vulnerabilidad institucional. Un análisis de este tipo es más fructífero al momento de identificar la responsabilidad moral y los posibles remedios para los ciudadanos que sufren de privación social, a comparación de hacerlo a través de un análisis solo con base en el acceso a los derechos. Recuérdese que el postulado institucional sobre la vulnerabilidad sugiere que los Estados democráticos liberales tienen la obligación de proveer a los individuos los bienes sociales necesarios para satisfacer sus necesidades básicas.

Con base en el postulado de la privación social, un conjunto de necesidades sociales básicas incluye el bien relacional de la membresía comunitaria. A través de éste, los individuos pueden presentarse a sí mismos como lo que son: nuevos canadienses que desean entrar en el mercado laboral de ese país a partir de sus habilidades y conocimientos. El acceso al empleo no debería depender de su ruta histórica de ingreso a Canadá. Sólo entonces se protegerán las condiciones del bienestar individual.

Por todo lo anterior, este análisis plantea la cuestión de si los recursos relacionales, como la membresía comunitaria, pueden distribuirse de manera efectiva a través de las instituciones democráticas liberales. Dicho de otro modo, hemos de evaluar "los elementos de la estructura social, entendidos de modo amplio, que determinan la producción y distribución de los recursos relacionales a través de la sociedad".[56] Aquí es donde el análisis de la privación social basada en una postura de la vulnerabilidad individual institucional puede mostrar su mérito analítico y heurístico. A su vez, nos podría dirigir hacia una reformulación y rediseño de las instituciones democráticas liberales.

Cordelli distingue entre las *"oportunidades socialmente-producidas…* para acceder a los recursos relacionales… y las *instituciones y normas sociales* que proveen dichas oportunidades… siendo las primeras un *distribuenda*, mientras que las segundas serían *distribuidores".*[57] A modo de ilustración, si bien se puede exigir a los grupos sociales que confíen en los miembros de la sociedad, no se les puede incluir como miembros de buena reputación. Lo que sí podemos es asegurar que todos accedan por igual a las instituciones que regulan la producción y distribución de los recursos relacionales en toda la sociedad. De modo similar, "si bien no podemos evaluar cuánto autorrespeto posee una persona, podemos en cambio comprobar si tiene acceso a las *bases sociales* del autorrespeto, siendo estas bases sociales lo que debería contar como *distribuenda".*[58]

Cordelli identifica cuatro componentes de la *estructura relacional distributiva* de las sociedades igualitarias liberales:

Instituciones y normas sociales (1) que garantizan la libertad necesaria para entrar voluntariamente en relación con otros; (2) que determinan cuántas oportunidades tienen para conocer a otras personas promoviendo así la formación de relaciones generadoras de bienes relacionales; (3) que afectan –ya sea fomentando o socavando– la sociabilidad de las personas y sus talentos relacionales; y (4) que determinan cuánta autonomía temporal tiene la gente para cultivar sus relaciones.[59]

Algunos ejemplos de (1) serían instituciones que garantizaran la libertad de asociación, mientras que ejemplos de (2) y de (3) serían instituciones educativas y de la sociedad civil, mientras que de (4) serían instituciones del mercado laboral.

Para dirigir la explicación de los recursos relacionales en el caso de los LCGs, y para ejemplificar el argumento de que los antiguos migrantes sufren de privación social –misma que no se ataca de manera efectiva a través del acceso al pleno conjunto de los derechos ciudadanos– aquí se evaluará lo que sucede con los ciudadanos que llegan a Canadá por medio de permisos de trabajo como extranjeros en el ámbito de la estructura distributiva relacional.

A partir de esta distinción de cuatro partes de las instituciones relevantes, aquí se sugiere que los regímenes de migración laboral que regulan las vidas de los LCG cuando entran por vez primera a Canadá podrían afectar la creación de, y el acceso a, los recursos relaciones en los recursos relaciones de las instituciones ejemplificadas en (2), (3) y (4). Las instituciones más evidentes a considerar al momento de evaluar la migración laboral son aquellas que regulan el mercado de trabajo. Aquí se asume que los regímenes de migración laboral forman parte de las instituciones del mercado de trabajo: configuran y caracterizan el mercado, en parte determinan la formación y regulación de las relaciones laborales, afectan las posibilidades de los empleados y de los empleadores para negociar su posición en el mercado laboral y, finalmente, los regímenes de migración laboral determinan el valor y la estima que la sociedad atribuye a algunas profesiones por encima de otras.

Con referencia a este último punto, los regímenes de migración laboral en la mayoría de los países de inmigración definen las diferentes profesiones como *poco cualificadas, cualificadas* y *altamente cualificadas*. Estos marcadores son independientes de los niveles educativos –nótese lo siguiente: en Canadá, la provisión de cuidados se cataloga como *poco cualificada*, independientemente de que los trabajadores migrantes que desean obtener la visa en el sector del mercado laboral tengan que demostrar sus habilidades y sus logros académicos. Además, no es poco frecuente el que tengan que demostrar que poseen formación a nivel universitario–.

Finalmente, los regímenes de migración laboral afectan el valor atribuido a las contribuciones y al trabajo realizado, a la vez que determinan el estatus del trabajo. Esto podría dar pie a estigmas sociales y a exclusión de muchos círculos. Lo anterior conlleva a una menor sociabilidad.

Las políticas que apoyan la migración de los trabajadores para proveer bienes sociales –como sería un sector funcional de provisión de cuidados, pero que clasifican a quienes proveen este bien como personas poco cualificadas fácilmente reemplazables o intercambiables–, provocan descalificación, marginalización y alienación sociales.[60] El trabajo que realizan no se considera valioso ni digno en el contexto social. Supuesto que este fuera el caso, quienes realizan este trabajo no podrían sugerir ni presentarse a sí mismos como contribuyentes valiosos de la sociedad, y ésta no los aceptaría como tales. Así es como empieza el círculo vicioso de verse privados del bien social primario del acceso a la base del autorrespeto y de ser objetos de una ausencia de inclusión asociativa.

Podemos decir que a los LCG se les impide el acceso a algunas de las instituciones que facilitan los recursos relacionales. Como antes se sugirió en la respuesta a la explicación de Song sobre los derechos diferenciados, los LCG están protegidos por las libertades básicas correspondientes a todo ser humano. Así, sólo en apariencia es que tienen acceso a las instituciones bajo (1). Sin embargo, la situación particular dentro del ámbito familiar para el cuidado de personas de edad avanzada o de menores, de hecho, restringe la posibilidad de interacción con la sociedad canadiense en general. Esta disposición particular también a su vez obstaculiza la libertad para formar parte de organizaciones de la sociedad civil y para disponer libremente de su tiempo para conocer miembros de su nuevo hogar.

Comparemos el relativo aislamiento de los LCG con la red de apoyo que los refugiados reciben al llegar a Canadá –en especial si llegan al país a través del programa de patrocinio privado–. Este programa implica que cada refugiado cuenta con un grupo de individuos o con una familia involucrada e interesada por su integración exitosa en el tejido social. Los patrocinadores "proveen apoyo financiero y asistencia para el establecimiento de los refugiados a los que patrocinan, generalmente durante un año tras su llegada".[61] En contraste, los migrantes laborales llegan a Canadá sin tener acceso a servicios de integración; a saber, programas de idiomas, así como entrenamientos para el mercado laboral y para el desarrollo profesional.[62] En lugar de sentirse alentados tras moverse a Canadá y experimentar la fuerza integrativa del sistema migratorio canadiense, los antiguos LCG experimentan un sentido de "desplazamiento y exilio", como lo describe Brownlee.[63] Lo anterior es muy semejante a lo que ocurre con los trabajadores visitantes de Alemania, a quienes se los considera como extraños en su propio país de origen.[64] Ambos grupos tienen acceso al conjunto integral de derechos ciudadanos; sin embargo, no se satisface ni se protege la necesidad básica de membresía comunitaria. Este es un problema relativo al discurso de los derechos como un concepto universal construido sobre la idea de que es posible diseñar políticas universales para llegar a resultados igualitarios. Ahora bien, un análisis basado en el concepto de la *vulnerabilidad social* sugeriría que, incluso si algunos ciudadanos gozan del conjunto integral de derechos que *debería* brindarles una plena participación social e inclusión, de cualquier forma, habrá a quienes se les negará el acceso a los recursos relacionales que la membresía plena debería brindarles. Dicho de otro modo, para cumplir la promesa de un mismo estatus moral, las sociedades igualitarias liberales deberían enfocarse en el contexto específico de las vidas individuales presentes en ellas. Esto es lo que un análisis de la vulnerabilidad institucional puede ofrecer.

Conclusión

En años recientes, gran parte del debate en torno a los programas de trabajadores extranjeros temporales se ha enfocado en el acceso pleno o parcial a los derechos. En particular, se han concentrado en cómo los Estados democráticos se justifican para poder restringir los derechos de membresía a quienes llegan a trabajar a su territorio. Muchas de las explicaciones en torno a la situación de los trabajadores extranjeros temporales asumen que tener un conjunto completo de derechos remediaría las desigualdades morales que sufren en sus nuevos hogares. En este documento se intentó mostrar dos situaciones. La primera se basa en las experiencias reportadas por antiguos LCG en Canadá que ahora cuentan con la ciudadanía, así como aquellas de los descendientes de trabajadores visitantes kurdos en Alemania: incluso si se adquiere la ciudadanía, muchos de ellos aún experimentan el estigma social y un sentido de exclusión. La segunda argumenta que ese hecho desatiende una necesidad básica de los individuos; a saber, el acceso a recursos relacionales dentro de la sociedad a fin de ser protegidos contra la privación social. Esta necesidad es aparentemente inmune a la protección efectiva a través del catálogo conocido de derechos sociales, cívicos y políticos. En cambio, se ha sostenido que la privación social debe analizarse a través del lente de la vulnerabilidad institucional. La finalidad es revelar las obligaciones morales de los Estados democráticos liberales.

Referencias

Abizadeh, A. "Democratic Legitimacy and State Coercion: A Reply to David Miller". *Political Theory* 38, 1 (2010): 121-130.

Blake, M. "Distributive Justice, State Coercion, and Autonomy". *Philosophy & Public Affairs* 30, 3 (2001): 257-296.

Brickner, R. & Straehle, C. "The Missing Link: Gender, immigration policy and the Live-in Caregiver Program in Canada". *Policy and Society* 29 (2010): 309-320.

Brock, G. "Morally Important Needs". *Philosophia* 26, 1 (1998): 165-178.

Brownlee, K. "A Human Right Against Social Deprivation". *The Philosophical Quarterly* 63 (2013): 199-222.

Canadian Council for Refugees, *Private Sponsorship of Refugees Resources*, 2021. Recabado en: https://ccrweb.ca/en/private-sponsorship-refugees. Consulta: 8 de diciembre 2022.

Carens, J. H. *The Ethics of Immigration*. New York, Oxford University Press, 2013.

Catriona M., Wendy R. & S. Dodds. *Vulnerability: New Ethics in Ethics and Feminist Philosophy*. Oxford: Oxford University Press, 2015.

Cordelli, C. "Justice as Fairness and Relational Resource". *Journal of Political Philosophy* 23, 1 (2015).

"Dual citizenship in Germany". *The Economist*, 2 March 2013. Recabado en: https://www.economist.com/europe/2013/03/02/jus-sanguinis-revisited. Consulta: 7 de diciembre 2022.

Garreau, M. & Laborde, C. "Relational Equality, Non-Domination, and Vulnerability". *Social Equality: On What It Means to be Equals*. C. Fourie, F. Schuppert & I. Wallimann-Helmer. (eds). Nueva York: Oxford University Press, 2015.

Gillian B. "Morally Important Needs". *Philosophia* 26, 1 (1998): 165-178.

Goodin, R. *Protecting the Vulnerable: Reassessing our Social Responsibilities*. Chicago: University of Chicago Press, 1985.

Goverment of Canada, *Live-in Caregiver Program*, 2019. Recabado en: https://www.canada.ca/fr/immigration-refugies-citoyennete/services/travailler-canada/permis/programme-aides-familiaux/changer-employeur-admissibilite.html. Consulta: 7 de enero 2023.

Goverment of Canada, What rights do I have as a live-in caregiver under labor or employment laws?, 2021. Recabado en: https://www.cic.gc.ca/english/helpcentre/answer.asp?qnum=223&top=28. Consulta: 7 de enero 2023.

Hanely, J. et al. "Good Enough to Work? Good Enough to Stay!". *Organizing among Temporary Foreign Workers. Legislated Inequality: Temporary Labour Migration in Canada*. P. T. Lenard & C. Straehle (eds). Montreal: McGill-Queen's University Press, 2012.

Kymlicka, W. *Multicultural Citizenship*. Oxford: Oxford University Press, 1994.

Frankfurt, H. "Necessity and Desire". *Philosophy and Phenomenological Research* 45, 1 (1984).

Hess, M. "Rights, Goals and Capabilities". *Politics, Philosophy and Economics* 12, 3 (2013: 247-259.

Shklar, J. *American Citizenship. Cambridge.* Mass: Harvard University Press, 1991.

Jurgens, J. "The Legacies of Labor Recruitment: The Guest Worker and Green Card Programs in the Federal Republic of Germany". *Policy and Society* 29, 4 (2010).

Ypi, L. "Taking Workers as a Class: The Moral Dilemmas of Guestworker Programs". *Migration and Political Theory: The Ethics of Movement and Membership*. S. Fine & L. Ypi, (eds). Oxford: Oxford University Press, 2016.

Lenard, P.T. & Straehle, C. "Temporary Labour Migration, Global Redistribution, and Democratic Justice". *Philosophy, Politics and Economics* 11, 2 (2011): 206-230.

Mackenzie, C. "Vulnerability, Needs and Moral Obligation". *Vulnerability, Autonomy and Applied Ethics*. C. Straehle (ed). New York: Routledge, 2017.

Mackenzie, C., et al. "What is Vulnerability, and Why Does It Matter for Moral Theory". *Vulnerability: New Essays in Ethics and Feminist Philosophy*. C. Mackenzie, W. Rogers & S. Dodds. (eds). Oxford: Oxford University Press, 2014.

Mackenzie, C. "The Importance of Relational Autonomy and Capabilities". *Vulnerability: New Essays in Ethics and Feminist Philosophy*. Catriona Mackenzie, Wendy Rogers & Susan Dodds, (eds). New York: Oxford University Press, 2013.

Macklin, A. "Foreign Domestic Worker: Surrogate Housewife or Mail Order Servant?". *McGill Law Journal* 37, 3 (1992).

Martins, F. "Deutschlands Beste Ausländer". *Frankfurter Allgemeine Zeitung*, 2016. Recabado de: https://www.faz.net/aktuell/feuilleton/debatten/wohin-high-performer-mit-migrationshintergrund-14386478.html Consulta: 7 de enero 2023.

Miller, D. "Why Immigration Controls are not Coercive: A Reply to Arash Abizadeh". *Political Theory* 38 (2010): 111-120.

Miller, D. *Personhood versus Human Needs as Grounds for Human Rights. Griffin on Human Rights*. R. Crisp, (ed). Oxford: Oxford University Press, 2014

Nussbaum, M. "Capabilities, Entitlements, Rights". *Journal of Human Development and Capabilities*, 12, 1 (2011).

Oberman, K. "Immigration as a Human Right". *Migration in Political Theory: The Ethics of Movement and Membership*. Sarah Fine & L. Ypi (ed). Oxford: Oxford University Press, 2016.

Ontario, G. From Migrant to Citizen: Learning from the Experiences of Former Caregivers transitioning out of the live-in Caregiver Program. Toronto: Gabriela Transitions Experiences Survey, 2014. Recabado en: https://childcarecanada.org/documents/research-policy-practice/14/07/%E2%80%-98migrant%E2%80%99-%E2%80%98citizen%E2%80%99-learning-experiences-former-caregivers Consulta: 7 de enero 2023.

Panitch, V. & Horne, C. *Vulnerability, Health Care and Need. Vulnerability, Autonomy and Applied Ethics*. C. Straehle, (ed). New York: Routledge, 2017.

Pratt Ewing, K. "Between Cinema and Social Work: Diasporic Turkish Women and the (Dis)Pleasure of Hybridity". *Cultural Anthropology* 21, 2 (2006): 265-294.

Rawls, J. *A Theory of Justice*, Second edition. Cambridge Mass.: Harvard University Press, 1999.

Raz, J. *The Morality of Freedom*. Oxford: Clarendon Press, 1986.

Ruhs, M. & Martin, P. "Numbers vs. Rights: Trade-Offs and Guest Worker Programs". *International Migration Review* 42, 1 (2008): 249-265.

Shue, H. *Basic rights: Subsistence, Affluence, and U.S. Foreign Policy*. Princeton, N.J.: Princeton University Press, 1980.

Song, S. "The Significance of Territorial Presence and The Rights of Immigrants". *Migration and Political Theory: The Ethics of Movement and Membership*. S. Fine & L. Ypi, (eds). Oxford: Oxford University Press, 2016.

Straehle, C. "Conditions of Care: Migration, Vulnerability, and Individual Autonomy". *International Journal of Feminist Approaches to Bioethics* 6, 2 (2013): 122-140.

Straehle, C. "Justified State Partiality and the Vulnerable Subject in Migration". *Critical Review of International Social and Political Philosophy*, 2017a.

Straehle, C. "Vulnerability, Autonomy and Self-Respect". *Vulnerability, Autonomy and Applied Ethics*. C. Straehle, (ed). New York: Routledge, 2017b.

Taylor, C. *Multiculturalism and the Politics of Recognition*. Montreal/Kingston: McGill/ Queens University Press, 1985.

Tungohan, E. & et al. "After the Live-in Caregiver Program: Filipina Caregivers. Experiences of Uneven and Graduated Citizenship". *Canadian Ethnic Studies* 47, 1 (2015).

Van Hess, M. "Rights, Goals and Capabilities". *Politics, Philosophy and Economics* 12, 3 (2013): 247-259.

Vrousalis, N. "Exploitation, Vulnerability and Social Domination". *Philosophy and Public Affairs* 41 2 (2013: 131-157

Walzer, M. *Spheres of Justice: A Defense of Pluralism and Equality*. Nueva York, Basic Books, 1983.

Wringe, B. "Needs, Rights, and Collective Obligations". *Royal Institute of Philosophy Supplement* 80, 57 (2005): 187-208.

Ypi, L. "Taking Workers as a Class: The Moral Dilemmas of Guestworker Programs". *Migration and Political Theory: The Ethics of Movement and Membership*. S. Fine & L. Ypi, (eds). Oxford: Oxford University Press, 2016.

Redefiniendo migración y fronteras desde la ecología lingüística: El habla de migrantes entre centros y periferias

Tabea Salzmann

Universität Bremen, Deutschland

Gustavo Macedo Rodríguez

Carl von Ossietzky Universität Oldenburg, Deutschland

Introducción

El concepto de Estado-nación suele englobar no sólo las fronteras geográfico-políticas, sino una unidad con lengua y cultura propias. Smith, por ejemplo, acentúa esta relación en su libro *National Identity*:

> *We cannot understand nations and nationalism simply as an ideology or form of politics but must treat them as cultural phenomena as well. That is to say, nationalism, the ideology and movement, must be closely related to national identity, a multidimensional concept, and extended to include a specific language, sentiments and symbolism.*[1]

Smith enfatiza que un concepto actual y adecuado de Estado-nación incluye no sólo una forma de política (ideología) sino también una lengua específica, sentimientos y simbolismo. Smith afirma también que los conceptos de nación y nacionalismo, desarrollados para aplicarse a sociedades pre-modernas, deben ampliarse con la ayuda de un concepto multidimensional que postule esta relación para poder adoptarse por naciones del mundo moderno.

La tesis de Smith trae consigo consecuencias importantes. Este concepto de Estado-nación implicaría una estrecha relación entre la cultura, la lengua y la función del Estado-nación. Por lo tanto, a partir de esta codependencia se definirían los alcances y limitaciones de la cultura y lengua. Así, la "unidad lingüística" o lengua y cultura dependerían de los ámbitos político-legales y, con ello, de las fronteras geográfico-legales, que son características que definen a un Estado-nación.

En años recientes, encontramos definiciones similares, como la de von Hirschhausen y Leonhard, quienes intentan mostrar las interdependencias de la lengua y la cultura con el Estado-nación.[2] Incluso en las discusiones públicas de la Unión Europea y los Estados Unidos de América se ha extendido la creencia de que existe una codependencia entre Estado-nación, cultura y lengua. La mayoría de las políticas migratorias –sobre todo las que se enfocan en la migración forzada– de integración y aculturación se basan justamente en una correlación normativa. En otras palabras, identifican lengua y cultura con los límites de un Estado.

Para el Estado-nación no existen diferencias ni fronteras socioculturales distintas a las que establece en sus fronteras geográfico-políticas (éstas últimas como único punto en el que es posible un traspaso de fronteras). De esta manera, también se restringe la migración al traspaso de fronteras nacionales de un Estado –que incluye cultura y lengua propias– a otro Estado con cultura y lengua diferentes. Esta definición de migración, remanente de la definición de Estado-nación y su relación con cultura y lengua, aparece tanto en la Organización de las Naciones Unidas para la Educación, la Ciencia y la Cultura (UNESCO) como en la Comisión Económica para América Latina y el Caribe (CEPAL).

Sin embargo, la existencia de la migración –entendida como movimiento humano–, de las lenguas y de las culturas antecede a los Estados-nación y su desarrollo es independiente de éste. Dentro de un Estado pueden coexistir diferentes idiomas y culturas; es decir, un idioma o una cultura se desarrolla incluso sin fronteras político-geográficas. Una unidad cultural o lingüística se desarrolla con sus propias "fronteras" que no coinciden con las geográfico-políticas de un Estado-nación. La cuestionable definición de *migración de los Estados-naciones* se basa más en "deseos" normativos y en un ideal político que pretende imponer esta correlación desde estructuras fosilizadas. Pero, si existen fronteras que rebasen las nacionales geográfico-políticas, entonces también es posible traspasarlas. Esto cuestiona el concepto actual de migración como el mero traspaso de fronteras nacionales y muestra su insuficiencia; se debe incluir también el traspaso de otro tipo de fronteras, lo que obliga a repensar la definición de *migración*.

Refutaremos la tesis de la codependencia entre fronteras, lengua y cultura en dos momentos argumentativos. Primero realizaremos un acercamiento teórico a los conceptos de migración y frontera. Nos basaremos en el modelo teórico de ecología lingüística para entender mejor la realidad de la migración y las fronteras. Con base en conceptos como centro, periferia y continuos lingüísticos, argumentaremos la utilidad de estos en relación con la noción de redes de comunicación. En un segundo momento se aplicará este modelo en el análisis de una serie de entrevistas realizadas en 2011 a migrantes internos de la región andina (que migran del espacio andino a Lima) y externos (que migran a Madrid). Ambos momentos mostrarán la insuficiencia y necesidad de redefinir los conceptos de frontera y migración.

Conceptos principales

Frontera y migración

Para el reporte especial de la comisión de derechos humanos de la UNESCO, a una persona se la puede considerar como migrante si tiene las siguientes características:

a) Se encuentra fuera del territorio del Estado en el cual es nacional o ciudadana, no es sujeta de protección legal y está en el territorio de otro Estado.

b) Si no goza del reconocimiento de una ley general de derechos inherente a la garantía del Estado anfitrión del estatus de refugiado, persona naturalizada o de estatus similar.

c) Si no disfruta de ninguna protección legal general de sus derechos fundamentales en virtud de acuerdos diplomáticos, visas u otros acuerdos.[3]

La anterior definición tematiza la migración en términos puramente geográfico-legales. Un factor decisivo que vuelve a una persona migrante es el traspaso de un territorio nacional a otro. Los sujetos, además, adquieren esta condición cuando carecen de la protección de un Estado, sea porque son refugiados o personas naturalizadas. Si no hay un Estado que reconozca o garantice derechos individuales, ni se respeten acuerdos diplomáticos o internacionales, la persona se convierte en migrante. En resumen, migrante es también a quien no se le garantizan sus derechos individuales. Ahora bien, esta definición de migración es poco específica y apela sólo a contextos legales y geográficos.

Organismos internacionales como la Comisión Económica para América Latina y el Caribe (CEPAL) también definen el concepto de migración cuando apelan al traspaso de una frontera, de una unidad política o administrativa. A diferencia de la definición de la UNESCO, la CEPAL amplía la definición al agregar el factor de tiempo y al distinguir entre migración temporal (a veces pendular) y migración a largo plazo.[4] Si bien la CEPAL añade a su definición las distintas razones por las que los individuos migran, su espectro explicativo se limita a los términos legales y geopolíticos. Migración puede entenderse, con base en las definiciones anteriores, como un desplazamiento geopolítico que incluye movimiento de refugiados, personas desplazadas y migrantes económicos.

Por otro lado, la Organización Internacional de Migración (IOM) define a un migrante como aquella persona que se mueve o es movida a atravesar una frontera internacional o dentro de un Estado, fuera de su lugar habitual de residencia, sin importar si la persona es legal o si realizó este movimiento voluntaria o involuntariamente. Tampoco importan las causas del movimiento o qué tanto tiempo permanezca fuera. Para la IOM, una persona migrante es:

> *any person who is moving or has moved across an international border or within a State away from his/ her habitual place of residence, regardless of (1) the person's legal status; (2) whether the movement is voluntary or involuntary; (3) what the causes for the movement are; or (4) what the length of the stay is.*[5]

Esta definición matiza el concepto de migrante y añade características como la relación de tiempo, la residencia habitual, las causas de la migración, así como distinciones entre migración interna dentro de un Estado y la externa (internacional). A diferencia de la definición de la UNESCO y de la CEPAL, la IOM considera como movimiento migratorio también al desplazamiento en el interior de un mismo Estado o unidad política administrativa. Este nuevo matiz es relevante por distintas razones. Por un lado, el concepto de migración no queda restringido al traspaso de límites geopolíticos, sino que se consideran aspectos como la intención o no del migrante de atravesar esas fronteras. Además, queda también incorporada la migración interna.

Ahora bien, la definición tampoco resulta exhaustiva. Si la aceptáramos, se podría afirmar que cualquier persona que se mude a otro lugar, por razones laborales o de otro tipo, sería migrante. No queda claro, por ejemplo, si un turista que atraviesa una frontera voluntariamente por un periodo limitado puede ser considerado migrante. Esta imprecisión socava cualquier intento por definir la migración a tal grado, que podríamos cuestionar la validez o utilidad de la categoría *migrante*.

Las definiciones antes mencionadas agrupan solamente características de los migrantes, ya sea desde el ámbito legal-geográfico o bien de característiticas generales y poco específicas. Ninguna de ellas responde a contextos concretos de la migración actual. Por ello es necesario replantearnos la pregunta por los criterios válidos y las características reales de la migración. Ante este *impasse* teórico, es necesario repensar la definición y considerar aspectos o diferencias socioculturales que experimentan los migrantes (tanto ajenas como autoperceptivas).

En investigaciones como la de Kleiner-Liebau se aprecia un giro teórico relevante que pretende explicar el concepto de migración en términos más precisos.[6] Kleiner-Liebau sostiene que, al definir frontera sólo en términos territoriales o geopolíticos se omite la importancia de los límites que no siempre refieren a un impedimento material, sino a límites imaginados, los cuales son relevantes en la constitución de una identidad cultural de los individuos, especialmente de los migrantes. Kleiner-Liebau aborda el concepto de migración y sus problemas desde una perspectiva que realza la importancia de la distinción entre fronteras y límites.[7] Las fronteras físicas remiten a las legales y geográficas que dividen naciones o Estados. Cuando hablamos de *fronteras* nos referimos a las que se vuelven explícitas a través de leyes, constituciones y, a veces, a través de obstáculos materiales. En tanto, los *límites* imaginados,[8] que incluyen elementos socioculturales abstractos, son instancias multicausales "imaginadas" que nacen de la alteridad colectiva entre grupos y sus desarrollos propios de identidad. Según Kleiner-Liebau, estas distinciones "*imply at the same time the assumption of what is on one side and what [is] on the other side of them*"; es decir, no sólo implican fronteras sino también la identidad y alteridad que las personas experimentan. Una sociedad se constituye a través de una identidad construida, lo que en muchas ocasiones se construye alrededor de su distintividad frente a otras sociedades. En términos de Assmann,[9] una cultura o sociedad elige determinados rasgos que asume como constitutivos de su identidad colectiva y los institucionaliza.[10] Se trata, entre otros, de rasgos que distinguen al grupo de los demás (él los llama estructuras limíticas distintivas).[11] Entre los anteriores están las fronteras y los límites imaginados. Este conjunto de rasgos que forman las estructuras limíticas distintivas de una sociedad es lo que el migrante experimenta como alteridad y resalta sus diferencias frente a la sociedad que lo rodea. En el espacio urbano es en donde los migrantes experimentan más las dimensiones como la alteridad, la extrañeza y la contingencia.[12]

Muchas veces, la alteridad o las diferencias con la sociedad que los rodea son tan grandes que el migrante experimenta sus estructuras limíticas que la definen y "circundan" desde fuera o, en términos de Kleiner-Liebau, "desde el otro lado".[13] Esto sucede también en la migración interna porque los ras-

gos institucionalizados de un centro no representan al migrante de la periferia sino a una élite que erige la validez de dichos rasgos para toda la sociedad.

Por lo anterior, resulta necesario explicar la estructura interna de la migración y los rasgos involucrados en ella; no en términos de fronteras, sino
desde un modelo que explique las fronteras imaginadas que se establecen en
las sociedades. Conceptos como *continuos*, *redes lingüísticas* y su relación con
el centro y la periferia son elementos relevantes para la formulación de este
modelo.

Continuos y redes de centro y periferia

La distinción entre frontera y límite es relevante porque los migrantes no sólo
atraviesan espacios geográficos sino que sirven como puentes culturales entre
centros o entre centros y periferias. La dinámica entre centro y periferia se
ha explicado ampliamente en la teoría social de Assmann. Para él, la "cultura
del centro", muchas veces impuesta por la cultura de la élite, es representativa
de la sociedad entera, y mantiene un distanciamiento y fricción con la o las
periferias.[14] Entonces, ¿cómo podríamos entender las interrelaciones entre
centros y periferias en el contexto de la migración?

La idea de continuo y redes lingüísticas puede ayudarnos a responder la
pregunta anterior. El concepto de *continuo* originalmente se entiende desde
la perspectiva de la variación diatópica lingüística, misma que puede definirse como la selección geográfica de dos puntos o polos. El trayecto entre
ambos representa un continuo. Las variedades lingüísticas en ambos puntos
se distinguen de manera tan importante que pueden tener validez independiente. La variedad del siguiente punto del continuo, que se halla más cerca
del punto inicial, tiene más similitud y se distingue de este en aspectos mínimos. Cuanta más distancia haya entre un punto y su variedad a lo largo del
continuo, tanto más grandes serán las diferencias. Por ende, mientras más
cercanos sean, más disminuirán las diferencias.

En cuanto a lo lingüístico, un continuo se extiende desde el centro hasta
la periferia y lo que es geográficamente más cercano a uno de los puntos se
asemejará más a él. Y esto se manifiesta en un nivel lingüístico y cultural. En
caso contrario, entre más distancia haya entre ambos puntos, menos seme-
janzas encontraremos. A su vez, dos centros pueden ser dos puntos opuestos
de un continuo que atravesará las periferias de estos centros como pasos in-
termedios. Existen también distintos niveles en los que podemos encontrar
continuos. Esto desde luego desvela la complejidad del entramado de relaciones entre centro y periferia, pues dentro de cada centro coexisten además

otros centros y periferias en menor escala. Dichos continuos se manifiestan claramente en el habla cotidiana y adquieren formas lingüísticas específicas.

El concepto del continuo puede aplicarse también en un ámbito social o educativo. Se puede representar un continuo entre clases sociales cuyas diferencias se hacen más significativas cuanto más alejados sean los polos sociales. En el ámbito académico, las diferencias entre personas con grados (analfabetas y profesionistas, por ejemplo) se vuelven más significativas si hay más distancia en la escala social entre ellos. El centro y la periferia como dos paradigmas o polos de un continuo sociolingüístico corresponden entonces a ciertas estructuras sociales, cotidianidades, movilidad e interacción lingüística.

Un ejemplo sociogeográfico de centros y periferias es el de los polos de lo rural y lo urbano. Desde una perspectiva socioeconómica y sociocultural, lo urbano representaría el centro y lo rural la periferia. Suele haber paralelismos con el estatus económico, el nivel de educación académica, etc. Godenzzi explica el funcionamiento del espacio urbano en los siguientes términos:

> *The city is an organized spatial configuration made up of, among others, three fundamental components: density, diversity, and mobility. Density is the relationship between the mass of a localized substance in a given space and the size of this space. Diversity is the relationship between the level of heterogeneity among co-present realities and the level of heterogeneity that exists in a space that serves as a point of reference. Mobility is all that is tied to the movement of humans and material or immaterial objects in a given space (…) Both as a result and cause of urbanisation, mobility is expressed in population movements, instant communication and the circulation of products, images, and information. Urbanisation must therefore not be thought of as a new kind of human settlement, but as new forms of mobility.*[15]

Godenzzi postula tres conceptos fundamentales para entender la complejidad dentro de una urbe: densidad, diversidad y movilidad. La densidad se entiende como un componente relacional que articula la proporción entre una masa localizada y el espacio en el que se encuentra. Con el concepto de diversidad se aclara la heterogeneidad de realidades en determinado punto espacial. La movilidad representa todo lo relacionado con la movilidad humana y los objetos materiales e inmateriales en un espacio determinado. Lo que constituye un espacio urbano es una cierta densidad y diversidad de realidades combinadas con un alto nivel de movilidad. De esta manera, las urbes son el espacio favorecido y punto de llegada de la migración. En este sentido, encontramos un fuerte movimiento de migrantes de las periferias hacia el centro.

Esta compleja estructura de la urbanidad desvela, además, la existencia de varios niveles que incluyen periferias al interior del centro y donde se desarrollan redes entre distintos continuos. En otras palabras, existen centros y periferias en distintos niveles o dimensiones. En los centros urbanos es en donde se agudiza una complejidad interrelacionada entre centros y periferias (socioculturales). Dicho en otros términos, los centros contienen periferias que, a su vez, representan relaciones centro-periféricas. Lo anterior significa que hay varias dimensiones: horizontales y verticales en los centros que a su vez incluyen otros centros y periferias. Los aspectos geográficos, históricos, socioculturales etc., por lo general están interrelacionados de tal manera en estos continuos, que no pueden disociarse.

Los límites que experimentan los migrantes que provienen del campo y se van a alguna ciudad de su mismo país (de lo rural a lo urbano) son un ejemplo de las relaciones entre centro y periferia. Paradójicamente, esta limitación puede ser menos abismal entre migrantes que salen de un contexto rural (periferia) y arriban a una urbe (centro) de otro país atravesando fronteras políticas más distantes. Existen varios ejemplos al respecto que apoyan esta tesis.

Uno de estos es el caso de grupos que, a pesar de tener una frontera geográfico-política, comparten más características culturales, como el espacio andino entre Perú y Bolivia, donde la cercanía lingüística es más significativa entre ambos que con otros grupos de sus naciones correspondientes, o el caso de centros urbanos que comparten estructuras socioculturales similares, a pesar de pertenecer a diferentes Estados-nación.

El uso explicativo del concepto de continuo en los movimientos migratorios es fundamental para explicar la relación entre centros y periferias. Podemos describir continuos que contienen dos polos opuestos, por un lado un centro y por otro la periferia. También podemos hablar de un continuo que va desde una periferia y pasa por un centro hasta otra periferia. Como estas yacen en coexistencia, se puede asimismo describir un continuo que transcurre de un centro a otro pasando por periferias colindantes.

Finalmente, desde una perspectiva más amplia, estos continuos entre centros y periferias se pueden entender también como lazos interrelacionados en una red de continuos.[16] Habría varios centros mutuamente conectados entre sí y a través de las periferias. Las diferencias con un centro serían más grandes según la lejanía de este con respecto a otros polos. Así, en una red de continuos no se describe un proceso lineal, sino que se desarrolla en círculos concéntricos que se superponen en las periferias.

Esta misma complejidad de redes, centros y periferias queda representada de manera exponencial en el nivel lingüístico del habla cotidiana, en especial, cuando consideramos políticas lingüísticas, normativas y, sobre todo, el uso y las percepciones de los hablantes de determinados rasgos. Por un lado, los hablantes perciben diferencias; por otro, reconocen el carácter normativo del habla y lo relacionan con el sistema sociocultural. Muchos de los migrantes se esfuerzan por adaptarse a los nuevos contextos y a la norma del lugar de acogida. Estas condiciones les producen una mayor capacidad para desplazarse dentro de los contextos y les permite decidirse por ciertos criterios que se adecuen mejor a las situaciones a las que se enfrentan.

Los problemas del centro y la periferia no son sólo geográficos, sino que incluyen un componente social, cultural, político, histórico y económico.[17] Hacer explícitas estas limitaciones imaginarias desvela, además de las relaciones entre el centro y la periferia, estructuras implícitas de la migración, como la pertenencia a cierta cultura, y juega un papel importante en la construcción de identidad cultural.

La urbe como lugar de acogida suele ser, por su estructura interna, doblemente ajena para los migrantes. La frontera, para muchos de ellos, no está definida por líneas geográfico-políticas sino por las diferencias socioculturales y lingüísticas a las que se enfrentan. Como sostiene Barth, "*the ethnic boundaries are maintained in each case by a limited set of cultural features*".[18] Estas características no solamente se refieren a cuestiones culturales, sino también a rasgos lingüísticos. Este límite se percibe de manera clara por todos los individuos (migrantes y no migrantes) y dependerá del contexto si se percibe un esfuerzo activo de "saltar el límite" que permite el aprendizaje de nuevos rasgos pertenecientes al otro lado de la frontera.

Correlación entre migración y fronteras desde la ecología lingüística

Como hemos visto en el apartado anterior, definir migración y frontera solo con base en aspectos geográficos resulta impreciso y no explica las relaciones entre centros y periferias presentes en los procesos que experimenta todo migrante.

Uno de los modelos interpretativos que da cuenta de las interrelaciones entre centros y periferias es la ecología lingüística. Esta teoría explica tanto procesos generales como específicos o individuales que involucran al hablante y a su entorno (otros hablantes y grupos). Basada en un modelo tripartita de niveles (micro, meso y macro),[19] la teoría postula una causalidad múltiple en el contacto de lenguas, además de mostrar el carácter dinámico y abierto de los sistemas lingüísticos.[20] Dado que estos sistemas están en constante contacto, es necesario explicar las consecuencias epistemológicas de este carácter.

La comunicación en sí misma y los sistemas lingüísticos están abiertos, y se ven influidos por otros, lo que genera un constante contacto e hibridación.[21] Una explicación monocausal del cambio en el lenguaje evade la cuestión del porqué se descartarían otros factores diacrónicos.[22] Deben tomarse en cuenta todos los factores relevantes de la situación analizada para poder abstraer modelos generales. Por esta razón, las situaciones del habla, o los hablantes situados en una interacción lingüística, juegan un papel central no sólo en el análisis lingüístico sino también en la formación de modelos teórico-metodológicos.

La recolección de datos empíricos y su correspondiente análisis son los métodos predilectos de la ecología lingüística.[23] Estas situaciones tienen un carácter dinámico, donde varios niveles de comunicación se entrelazan y la procesualidad y la multicausalidad de estos es una constante. Uno de los objetivos centrales es detallar las estrategias y procesos lingüísticos de los hablantes.

La ecología lingüística es, pues, un modelo explicativo a partir del cual pueden identificarse y entenderse los diversos factores que intervienen en situaciones de comunicación real. Este modelo permite explicar comportamientos y puntos de referencia de los hablantes. En esta investigación usaremos este método para identificar el habla de migrantes y abstraer una definición válida y específica, pero a la vez general y comprensiva, de los conceptos de migración y frontera.

Desde esta perspectiva, las lenguas se entienden como sistemas abiertos sin fronteras espaciales definidas, contrario a lo que muchas veces se piensa en el purismo y en las políticas lingüísticas. Este modelo explica las diferencias dentro de continuos lingüísticos; esto es, las diferencias resultantes de relaciones entre centro y periferia, diferencias que se manifiestan por la inserción de un hablante en un nuevo entorno, resultado de la migración.[24]

Las fronteras se perciben, construyen, reproducen, crean y/ o se expresan por los migrantes y, con base en la teoría de la ecología lingüística, no son fronteras legales o geográficas, sino lingüísticas. En otras palabras, se trata de límites imaginados que reflejan desarrollos de identidad colectiva cultural y social de los migrantes.

En suma, no se parte de la comparación estándar de una variedad con otra, sino del habla real de personas (migrantes) con miras a comparar el desarrollo que se produce en su inserción en una nueva situación sociocultural.

Las "fronteras" pueden deducirse y explicarse a partir de los resultados del análisis lingüístico de los hablantes.

Si nos basamos en estas premisas de la ecología lingüística, se pude mostrar, a partir del análisis lingüístico, que pueden existir mayores y marcadas diferencias de los hablantes que migran dentro de un Estado que cuando lo hacen hacia el extranjero. La comparación entre migrantes internos provenientes de Los Andes peruanos que migran a Lima, con migrantes internacionales que migran de Los Andes hacia Madrid, mostrará que se debe recurrir a distinciones como la de *centro*, *periferia* y *continuos*, que ya se han explicado en el apartado anterior.

Análisis comparativo del habla de migrantes[25]

A continuación, presentamos una comparación del manejo lingüístico de migrantes internos de Los Andes que migran de la periferia del Perú a Lima y de migrantes internacionales que migran de Los Andes hacia Madrid.

En ambos casos se trata de una migración económica, de entre los 30 y los 55 años de edad que llevan por lo menos un año en su nuevo entorno. La mayoría vive en Lima o Madrid, respectivamente, desde hace uno o cinco años. La información se recopiló en 2011 en varias estancias y los entrevistados fueron presentados por conocidos o amigos. Lo anterior propició que la atmósfera de las conversaciones fuera abierta y cordial.[26]

Se analizaron algunos rasgos lingüísticos fonéticos, de morfosintaxis y de los suprasegmentalia. El análisis aporta información sensible sobre el habla de migrantes porque representa diversos referentes al habla en su nuevo entorno; por lo tanto, resulta susceptible al cambio o a la aceptación. Se trata de rasgos que muestran las posibles diferencias con el habla de su nuevo entorno y/o la adaptación al mismo. En este último caso, hablamos de los cambios referentes al habla de su lugar de origen. La pregunta que nos planteamos es: ¿por qué en algunos casos se mantienen las diferencias respecto al habla del entorno y por qué, en otros casos, se produce mayor apertura o adaptación?

Existen rasgos que son cognitivamente accesibles, por lo que se manejan de manera consciente. Hay, no obstante, otros que son llamativos, pero no accesibles conscientemente. En estos casos, se evidencia que existen diferencias entre el habla de los migrantes y su entorno, pero que los hablantes no podrían identificar. A partir de los rasgos analizados, es posible entender la percepción del migrante respecto a su situación lingüística-sociocultural y las "fronteras" a las que se enfrenta.

Fonética y fonología

El aprendizaje de rasgos fonéticos y fonológicos es mayor en los migrantes andinos en Lima que en Madrid. Esto se debe principalmente a la discriminación que sufren en la capital peruana. En este sentido, las diferencias entre Lima como centro, y las provincias como periferia son considerables.

Los hablantes son conscientes de que el uso de su fonética y fonología es diferente y por ello se esfuerzan para aprender los nuevos rasgos. Los hablantes de Los Andes conocen un sistema fonético con un fuerte consonantismo, en tanto que, en Lima, se produce una lenización (suavización) típica del habla costeña de Latinoamérica. Los migrantes se esfuerzan por aprender esa lenización. Lo anterior se nota, por ejemplo, en el uso de la /s/ a final de sílaba o palabra, y afecta patrones lingüísticos como la congruencia. Debido a la lenización o caída de la /s/ final, se produce una (in)congruencia en número. Aquí el ejemplo de Jorge al expresar "los tallereh".

Ejemplo (1) corpus Lima

> 72 Jorge: sí, yo llego acá porque:, e:he partispao en:, en too casi too los tallereh de produccióng materiales del pueblo asháninka, no?

Los migrantes andinos, cuyo consonantismo marcado en su habla de origen no presenta esta caída, sino que adquiere este rasgo en Lima, hacen uso de él de manera constante. Este rasgo, sin embargo, no lo encontramos en Madrid, donde los migrantes andinos hablan con su variedad original. Esto porque la lenización con la caída de la /s/ final no es fuerte en el habla madrileña.

Existe más semejanza entre los sistemas fonéticos de Madrid y de Los Andes que entre el de Lima y el de Los Andes, porque los migrantes en Madrid retienen el consonantismo andino como rasgo de su identidad cultural. En otras palabras, mientras el miedo a la discriminación en Lima hace que los migrantes amplíen su repertorio de rasgos y alternen los dos sistemas –el de origen y el adquirido en Lima–, en Madrid encuentran un espacio más tolerante para reproducir su identidad cultural con muchos de sus rasgos lingüísticos.

A continuación, otro ejemplo de Lima:

Ejemplo (2) corpus Lima

75 María: no? diez comuniades quechua (....) siete aymara, no? (e)laboramos un: un informe sobre eso, eng ese entonces no llamabamo no denominabamos a (..) matemática a todos estos conocimiento pero sí: eh en cuanto a la orientación, no? que nohotros

En estos ejemplos se puede apreciar una diferencia de género en los hablantes en el manejo de aprendizaje y en el uso de nuevos rasgos. Las mujeres usan e incorporan de manera más frecuente nuevos rasgos lingüísticos a su repertorio. Los hombres, por otro lado, suelen ser más reticentes respecto al uso de nuevos rasgos.

Morfosintaxis

Llama la atención el uso de los tiempos, modos y aspectos verbales. Prevalece sobre todo una acomodación hacia el uso normativo del lugar de acogida. Por ejemplo, en Lima desaparece el uso del perfectivo que en Los Andes tanto se usa y se sustituye por el indefinido, uso típico de las costas latinoamericanas.

En Madrid se presenta una imagen más compleja. Hay un uso claramente influido por factores socioculturales: los migrantes más jóvenes que en su mayoría tuvieron algún tipo de acceso al sistema educativo de España, se acomodan a la norma madrileña, mientras que los menos jóvenes, que no se incorporaron al sistema educativo, ni pasaron por un centro urbano latinoamericano en su camino migratorio, retienen el fuerte uso del perfectivo (a pesar de la saliencia de uso en el nuevo entorno).

En Madrid es menos frecuente el indefinido (según la norma peninsular) y su uso depende más de la identidad del individuo, de su acomodación, y de su situación sociocultural personal. Analicemos la siguiente conversación de migrantes en Madrid para el análisis de la suprasegmentalia:

Ejemplo (3) corpus Madrid

886 Emilia: sí te ha dicho come

887 Fernando: ah me ha dicho come, ah yo pensé que me ha dicho jóven

891 Emilia: sí

892 (..) cómo ha dicho, coges el tenedor y comeh

893 Fernando: eh que:, yo no, eh parece que ha dicho:, no sé, otra cosa:

Suprasegmentalia

El volumen de los hablantes migrantes, en especial de la región andina, tiende a ser bajo. En las provincias el volumen alto de la voz para dirigirse a alguien no suele ser necesario y el caso contrario puede interpretarse como inapropiado y ruidoso, incluso descortés.

Calvo Pérez caracteriza el volumen como una "menor intensidad de voz" y da como razón "la modulación de la voz para evitar brusquedades al hablar".[27] Este rasgo no cambió por la migración a Lima. Los hablantes andinos se expresan tan tranquilamente en la ciudad como podrían hacerlo en sus regiones de origen, a pesar de que, en muchas situaciones, el aumento de volumen sería adecuado, e incluso necesario, en esas circunstancias.

El tránsito y el andar de un sinnúmero de personas tiende a producir un nivel constante de ruido que requiere un volumen alto en la interacción lingüística. El hecho de que los hablantes andinos no se adecuen a estas circunstancias es notorio y puede producir desbalance o inquietud en la interacción cuando hay hablantes urbanos involucrados en la conversación. Estos podrían interpretar el volumen bajo de manera equivocada y pensar que se trata de timidez, inseguridad, o peor aún, de una "reticencia" a la interacción. El sentimiento de intranquilidad que surge se muestra en la interacción con un nivel bajo de paciencia y de voluntad de participar. Esto, en combinación con el rasgo siguiente –velocidad del habla–, juega un papel crucial en la generación de conflictos discursivos.

Otro rasgo característico extraído del corpus de Lima es la velocidad lenta del habla entre migrantes andinos. Esto se debe, probablemente, a los hábitos en muchas regiones del país, donde los contextos sociogeográficos implican menos intensidad en los movimientos diarios que en un centro urbano. Muchas veces los migrantes perciben que las personas de la ciudad viven de prisa. Sin embargo, no se dan cuenta de que esta vida bajo presión constante se reproduce en sus conversaciones.

Tannen describe fenómenos similares en su libro *Conversational Style, Analyzing Talk among Friends*.[28] Además, muchos migrantes provienen de contextos bilingües o multilingües, lo que implica que suelen procesar más información pragmática por estar insertados en dos sistemas lingüísticos simultáneamente. Incluso acostumbrarse al área urbana, que reúne muchas variedades, requiere de tiempo y esfuerzo cognitivo. Sin embargo, la combinación del volumen bajo y la velocidad lenta pueden generar la impresión de que el hablante –distinguido como migrante por ese uso– está inseguro, poco cómodo con la situación, tímido, y quizá participe de mala gana en la conversación.

Por otro lado, mayor volumen y velocidad rápida tienden a incrementar la imagen de un hablante ligeramente arrogante y se lee como si pretendiera dirigir la conversación. Lo anterior se podría percibir como descortés desde el punto de vista de los migrantes. Estos sentimientos, que rara vez se expresan, atenúan la disposición de docilidad, conducen a una irritación y potencian rápidamente conflictos que se podrían evitar.

Los volúmenes de habla en Madrid, por el contrario, se adaptan a las situaciones y entornos en las que se llevan a cabo las conversaciones. Por lo general, no es inapropiado ni hablar alto ni bajo. Algunos migrantes relatan que a los recién llegados les cuesta tiempo adaptarse a las nuevas circunstancias. Ellos mismos narran que suelen bajar el volumen de su voz para ajustarse a la contraparte para evitar descortesías. También relatan que el manejo de este rasgo, el cual en Lima es claramente inconsciente, aquí cambia. Los migrantes con mayor antigüedad aconsejan a los recién llegados. Estos consejos hacen que el rasgo se vuelva consciente y su manejo cambie activamente. Por eso y porque un uso de volumen más bajo de lo habitual en Madrid no es tan llamativo y no genera tanto potencial para conflictos comunicativos, la adaptación funciona sin mayores problemas. La importancia de la cortesía que tiene el rasgo en el lugar de origen de los migrantes se desvanece y el "límite" percibido en Lima disminuye.

Entonación y melodía funcionan frecuentemente de manera conjunta con marcadores de discurso y técnicas similares para estructurar la interacción lingüística. Una de estas funciones es señalar el comienzo y fin de giros discursivos, continuación potencial de un giro a pesar de una pausa, etc. Otra función que cumplen es la de transmitir significados emocionales y humor en el contenido. En este sentido, entonación y melodía algunas veces pueden ser una complicación suplementaria, en especial cuando afectan la semántica pragmática de la interacción. En algunos casos, estas funciones pueden generar irritaciones y malentendidos.

Los migrantes en Lima suelen intentan adecuar la entonación y melodía aprendida en sus regiones de origen. Esto es especialmente notorio en la manera en la que enfatizan. Estos rasgos los obtienen de su nuevo entorno e incluso los exageran de tal manera que, su entonación, según ellos adecuada a su nuevo entorno, se vuelve llamativa para los hablantes no migrantes, como en los ejemplos siguientes:

Ejemplo (4) corpus Lima

284 Laura: entonces, no? nonono no te quieres como tal como: cual Dios te: te envió a la tier:a, no te quieres, no no: no quiEres tu raices, no quiEres tu origen, no quiEres, no? tonces a aque tenemos que aprender a valora:r

Ejemplo (5) corpus Lima

190 Magdalena: peor, no hAblan lo que están escribiendo, no hablan el castellano pero escribin,

A pesar de que la entonación y la melodía son difíciles de aprender o cambiar, podemos afirmar que, con el tiempo, muchos migrantes en Madrid aprenden y adoptan rasgos característicos de la variedad en contacto, aun cuando ellos son menos salientes cognitivamente.

Los mismos migrantes poseen rasgos regionales característicos –como entonación y melodía– de sus lugares de origen, los cuales se perciben como salientes por habitantes (no migrantes) en Madrid. Sin embargo, los migrantes aprenden a adaptar el uso de entonación y melodía porque estos rasgos se vuelven salientes. De este modo, las características aprendidas como salientes y marcadas en la variedad de contacto se adoptan e incorporan dentro de cada repertorio personal y, por lo tanto, en el repertorio de los migrantes en Madrid.

Los migrantes aprenden cierto uso de volumen y velocidad del habla. La entonación y la melodía corresponden con las convenciones del contexto. Esto implica que la integración personal en las redes sociales de los migrantes, su situación laboral y otros aspectos que influyen en su vida cotidiana y su conducta comunicativa juegan un papel importante en la aplicación y acceso a estas características.

El análisis comparativo muestra que los migrantes andinos en Madrid tienen un aprendizaje significativo de suprasegmentalia locales, sobre todo en volumen, velocidad de habla y, posiblemente, pausas. En algunos casos también aprenden entonación y solape.

En Lima, por otro lado, existe poca adaptación y aprendizaje de estos rasgos, a pesar de ser el país de origen de los migrantes; es decir, a pesar de que se trata de migración interna. Los migrantes andinos en Lima se enfrentan a fronteras o límites invisibles. Ya que los rasgos son menos salientes para ellos, no acceden a estos de manera consciente. Notan el efecto de cambios en la suprasegmentalia, pero no pueden explicar su procedencia y por eso no logran adaptarse exitosamente. Por esta razón, retornan hacia lo conocido y familiar y refuerzan las barreras entre ellos y los demás hablantes.

En Madrid, los límites imaginados se hacen más visibles y reconocibles. Los mismos migrantes acceden conscientemente al uso de nuevos rasgos y lidian con ellos. Así, se adaptan a las nuevas situaciones y logran borrar las fronteras imaginadas.

Rasgos discursivos

Este reconocimiento de límites y adaptación de rasgos se manifiestan en ejemplos de rasgos discursivos. En Madrid, la interacción de los migrantes muestra muchas instancias de repetición ajena, la cual funciona solo dialógicamente en la eliminación de estos límites:

Ejemplo (6) corpus Madrid

"663 Tabea: como decimos loh alemanes que no soy salchicha, no voy a la playa a darme vueltas y:, quemarme bieng

664 Francisco: quemarme bien, no?

665 Tabea: prefiero la montaña

666 Francisco: la montaña, no?

667 Tabea: camina:r y:

668 Francisco: caminar y caminar, no?

669 Tabea: y el aire fresquito

670 Francisco: el aire fresquito ah te gusta la montaña, no?

671 Tabea: sí

672 Francisco: fuiste a:, en el Perú, al norte, al Huascarán?

673 Tabea: fui a Huaráz

674 Francisco: a Huaráz, así: sitio de mucho turista

675 Tabea: sí, y y de ahí caminé un poquito pero no:, no hize así, no escalé por decir cong:, hasta el hielo, no:

676 no alcanzé

677 Francisco: no alcanzaste, no? mira ve"

En Lima, los migrantes prefieren la auto repetición, y así ofrecen a los demás interactores el contenido que quieren expresar de varias formas.

Ejemplo (7) corpus Lima

"156 Jorge: y ademá:s, sumado a ello es, sumado a este es: que, nuestro profesore, mís profesore no eran, no eran bilingüeh, no? no eran de mi pueblo eran, personas, estrañas".

Esto es útil para poder enfatizar distintas connotaciones, ser más preciso y detallado y así dejar siempre claro quién tiene la responsabilidad de los contenidos expresados. De esta manera los hablantes evitan conflictos. En Madrid, por otro lado, donde este matiz no tiene tanta importancia porque el umbral de conflicto es más bajo, los hablantes prefieren la repetición ajena. La ventaja de la repetición ajena es, sobre todo, discursiva. Los hablantes muestran su interés en la interacción y los contenidos y señalan las connotaciones recibidas a la vez que dan retroalimentación sobre el proceso de la interacción.

En Lima, los migrantes no hacen uso de vocabulario específicamente andino más que frente a otros andinos. Prevalece en esta ciudad, además, una alta intolerancia hacia el vocabulario étnico, posiciones racistas y de discriminación por la apariencia. En Madrid, los migrantes evitan el uso ambiguo o equívoco de vocabulario del lugar de origen cuyo contenido pueda llevar a una connotación semántica distinta o causar confusiones. En otras palabras, el uso se hace consciente en Madrid y se combina con el del lugar de acogida, dependiendo de las situaciones y los contextos. Por lo anterior, existe una adherencia a las formas y usos del lugar de origen y una incorporación de nuevos rasgos por migración. El manejo en el habla cotidiana depende de la relación de los migrantes con la sociedad de acogida.

El análisis del habla de migrantes muestra las diferencias en uso de rasgos fonéticos, morfosintácticos, de suprasegmentalia o vocabulario. En los migrantes internos (migrantes de Los Andes a Lima) estas diferencias son notables y son reflejo de las diferencias socioculturales, las cuales constituyen límites imaginados, "fronteras" infranqueables que los impelen a desarrollar estrategias para evitar y atenuar rupturas comunicativas. Estas las desarrollan con base en lo que conocen de su lugar de origen. No existe, a pesar de estos esfuerzos, un acercamiento entre los migrantes y los no migrantes. Por esta razón se desarrolla una sociedad paralela y se añade otra dimensión a la migración (otra periferia), lo que vuelve cada vez más complejo el centro urbano.

En Madrid, los migrantes de Los Andes manejan las diferencias de manera distinta. Adaptan su uso lingüístico en la interacción. Las diferencias lingüísticas se vuelven flexibles y se adecuan a las situaciones. Algunas diferencias sobresalen y son llamativas como el "ustedeo" y el vocabulario. Otros rasgos, como el volumen, se vuelven más consciente. Sin embargo, la principal característica es que los migrantes no perciben las diferencias como fronteras, sino que hacen uso de las adaptaciones que han hecho con base en las necesidades y contextos a los que se enfrentan. Esto les permite individualizar el manejo de las situaciones y expresar su identidad de distintas formas.

El manejo activo y consciente de ciertos rasgos distintivos permite un uso intencional, entendido como una estructura limítica o como una manera de quitar fronteras imaginadas. En conclusión, el grado de adaptación de los migrantes en la sociedad de acogida se incrementa y se confirma en el uso de rasgos como el volumen, la suprasegmentalia y la fonética.

A manera de resumen, a partir del presente análisis se concluye que, cuando pretendemos reducir el concepto de migración al traspaso de fronteras geopolíticas, erramos inequívocamente. Las diferencias que constituyen límites culturales y lingüísticos entre los andinos peruanos en su propio país son mayores a las que enfrentan los migrantes en Madrid.

Para poder explicar por qué ocurre lo anterior, debemos recurrir a continuos lingüísticos muy presentes en relaciones de centro-periferia y rural-urbano. Estos incluyen aspectos socioculturales como identidad, racismo o discriminación en sociedades como la peruana u otras en América Latina.

En muchos de los casos, la distancia topográfica de migración es relativa. Ésta, entre puntos en el continuo –o en una red de continuos–, no depende de la distancia topográfica sino del conjunto específico de factores y rasgos analizados en una situación concreta. Los dos centros, en este caso los centros urbanos de Madrid y Lima, se hallan más cercanos en el continuo que el centro de Lima y la periferia andina. Lo anterior justamente por la composición específica de rasgos, factores y políticas lingüísticas y socioculturales de cada uno de estos puntos.

Conclusiones

El objetivo central de la presente investigación es revisar y replantear los conceptos de frontera y migración a partir de un análisis lingüístico comparativo del habla de migrantes andinos internos y externos. El análisis mostró que existen diferencias importantes entre los sistemas lingüísticos de los hablantes urbanos y de los migrantes que provienen de las periferias. Estas diferencias no dependen del traspaso de fronteras geopolíticas.

La complejidad de las diferencias socioculturales que experimentan los migrantes y sus nuevos entornos es un factor decisivo si se pretende definir qué es un migrante y qué es una frontera. El análisis de continuos lingüísticos y redes que planteamos aquí ayudó a explicar el desarrollo del habla de los migrantes. Estos conceptos explican de mejor manera las realidades de la migración y los límites a los que se enfrentan los migrantes –límites socioculturales y lingüísticos que suelen ser más decisivos que los geográfico-políticos, y que los definen como migrantes–.

Con ayuda de la teoría ecolingüística se desarrolló un modelo teórico basado en los conceptos de centro, periferia, continuos y redes que refuta la tesis de la unidad entre cultura, lengua y las fronteras geográfico-legales propuesta por varios autores y usada por organizaciones como la UNESCO y la CEPAL para definir migración. Para demostrar esta tesis realizamos un estudio comparativo entre migrantes de la región andina en dos contextos: Lima y Madrid. Con base en el espacio específico en el que se insertan los migrantes hay manejos colectivos distintos que muestran una complejidad lingüística más allá de las fronteras geopolíticas. En Madrid, el uso y adaptación de rasgos lingüísticos ajenos a los del lugar de origen tiene un uso más amplio y flexible que en Lima. Los factores que influyen en este manejo son diversos: desde la acogida sociocultural hasta la ubicación individual y colectiva de migrantes. Por ello, fue necesario desvelar cada uno de los factores y niveles de interacción.

Mostramos que la existencia de estructuras socioculturales más permeables facilita una mayor adaptación individual en estas sociedades, y que no depende de fronteras geográfico-políticas, sino de la dinámica entre centro(s)-periferia(s). En Lima, a diferencia de Madrid, prevalecen aspectos como la segregación social, poca adaptación y el manejo lingüístico desde el habla de origen, siempre con miras a minimizar el potencial conflictivo en el discurso. Por lo anterior, el uso lingüístico de los migrantes es más homogéneo y suele orientarse a lo largo de los límites imaginados entre migrantes y no migrantes. Aspectos como las estructuras socioculturales jerárquicas y rígidas de la sociedad de acogida, y que complican la adaptación del migrante, se explicaron ampliamente desde la relación entre centros y periferias.

Existen continuos entre la periferia andina y el centro Lima o el centro Madrid, tanto como entre centros –en este caso entre el centro Lima y el centro Madrid–. La distancia relativa entre los polos no depende de una distancia geográfica, sino del conjunto complejo de factores que caracterizan cada lugar. Si se conciben estos continuos como una red, la distancia relativa entre la periferia (andina) y el centro (Lima) será más grande que la distancia entre esta misma periferia y el centro Madrid, así como entre los dos centros (Lima y Madrid).

Para el migrante, el manejo cognitivo frente a las fronteras, imaginadas o no, no depende de un pasaporte o de restricciones políticas/ legales, sino de una evaluación de lo cotidiano, basado en las diferencias entre origen y ubicación actual en espacio y tiempo y que conlleva un manejo activo de identidad a través del habla y su uso en un contexto determinado.

La unidad normativa que representa un Estado-nación puede influir en el desarrollo de identidad de grupos de migrantes, pero el impacto de los límites culturales-lingüísticos en la vida cotidiana de un migrante, sea interno o externo, es más significativo que el de las fronteras políticas.

Los límites lingüístico-culturales rebasan las fronteras geográfico-políticas. Si queremos explicar los procesos migratorios actuales, entonces debemos repensar y redefinir los conceptos de frontera y migración más allá del contexto del Estado-nación.

Referencias

Acurio, J., Bendezú, R. & Pérez, J. I. *Contra el prejuicio lingüístico de la motosidad. Un estudio de las vocales del castellano andino desde la fonética acústica.* Lima: Pontificia Universidad Católica, 2008.

Ambadiang, T., García I., Palacios, A. "Discurso, rutinas comunicativas y construcción de la identidad en situación de contacto dialectal: el caso de los adolescentes ecuatorianos en Madrid". *Palabras fuera del nido. Vertientes sincrónica y diacrónica del español en contacto.* Calvo Pérez, J. & Miranda Esquerre, L. (eds). Lima: Universidad San Martín de Porres, 2009, 67-88.

Anderson, B. *Imagined Communities. Reflections on the Origin and Spread of Nationalism.* London, New York: Verso, 2006.

Assmann, J. *Das kulturelle Gedächtnis, Schrift, Erinnerung und politische Identität in frühen Hochkulturen.* München: Verlag C.H. Beck, 2005.

Barth, F. "Introduction". *Ethnic Groups and Boundaries. The Social Organization of Cultural Difference.* Barth, F (ed.). Boston: Little, Brown and Company, 1969, 9-38.

Calvo Pérez, J. & Miranda Esquerre, L., (eds). *Palabras fuera del nido. Vertientes sincrónica y diacrónica del español en contacto.* Lima: Universidad San Martín de Porres, 2009, 67-88.

Castañeda, L. S. & Henao, J. "Apreciaciones sobre el habla cotidiana de Madrid". *Revista Lingüística y Literatura* 2, 18 (July-Dec 1990): 20-26.

Chambers, J. K. & Trudgill P. *Dialectology.* Cambridge: Cambridge University Press, 1998.

Comisión Económica para América Latina y el Caribe. *Migración interna.* Recabado en: https://www.cepal.org/es/subtemas/migracion-interna# consultado el 2 marzo 2023.

Dankel, P., (ed) *El español de Los Andes, estrategias cognitivas en interacciones situadas*. München: Lincoln, 2012.

De la Fuente Fernández, R. "Inmigrantes latinoamericanos en Madrid: identidad y sujeto político colectivo". *Migración y política: Latinoamericanos en la comunidad de Madrid*. Cairo Carou, Heriberto & de la Fuente Fernandez, Rosa, (eds). Madrid: Trama Editorial Saguna, 2009, 83-102.

Delpino, M. A. *La inserción de los adolescentes latinoamericanos en España, algunas claves*. Madrid: Ministerio de Trabajo y Asuntos sociales, 2007.

Dirksmeier, P. *Urbanität als Habitus, Zur Sozialgeographie städtischen Lebens auf dem Land*. Bielefeld: Transcript Verlag, 2009.

Escobar, A. M. *Los bilingües y el castellano en el Perú*. Lima: IEP, 1990.

Extra, G. & Verhoeven, L., (eds). Bilingualism and Migration. Berlin, New York: Mouton de Gruyter, 1999.

Garrett, P., Coupland, N. & Williams, A. *Investigating Language Attitudes: Social Meanings of Dialect, Ethnicity and Performance*. Cardiff: University of Wales Press, 2003.

Godenzzi, J. C. "Approaching Language in Urban Interactions Ecologically: the Case of Spanish in Lima". *Linguistic ecology and language contact*. Ludwig, Ralph/Mühlhäusler, Peter/Pagel, Steve, (eds). Cambridge: Cambridge University Press, 2018, 109-128.

Gumperz, J. J. *Discourse Strategies*. Cambridge: Cambridge University Press, 1982a.

Gumperz J. J., (ed) *Language and Social Identity*. Cambridge: Cambridge University Press, 1982b.

Hoerder, D. *Cultures in Contact, World Migration in the Second Millennium*. Durham, London: Duke University Press, 2002.

International Organization for Migration. "About Migration", recabado 2 febrero 2023, https://www.iom.int/who-is-a-migrant. Consulta: 7 enero, 2023.

Johnstone, B., (ed) *Repetition in Discourse. Interdisciplinary Perspectives*. Norwood: Ablex Publishing Corporation, 1994.

Kerswill, P. & Williams, A. *Salience as an Explanatory Factor in Language Change. Evidence from Dialect Levelling in Urban England. Contact-Induced Language Change, An Examination of Internal, External and non-Linguistic Factors*. Jones, M. C. & Esch, E. (eds). Berlin: Mounton de Gruyter, 2001, 81-110.

Kleiner-Liebau, D. *Migration and the Construction of National Identity in Spain*. Madrid: Ediciones de Iberoamericana, 2009.

Lenz, A. *Zum Salienzbegriff und zum Nachweis salienter Merkmale. Perceptual dialectology*. Anders, C. A., Hundt, M. & Lasch, Alexander (eds). Berlin, New York: De Gruyter, 2010, 89-110.

Le Page, R. B. & Tabouret-Keller, A. *Acts of Identity, Creole-Based Approaches to Language and Ethnicity*. Cambridge: Cambridge University Press, 1985.

Ludwig, R. *Urbanidad, migración e hibridación de la lengua. Procesos de contacto en el español de Santiago de Chile. Romania americana, procesos lingüísticos en situaciones de contacto*. Pfänder, S & Díaz, N (eds). Frankfurt: Vervuert, 2002, 357-386.

Ludwig, R., Mühlhäusler P. & Pagel, S., (eds). *Linguistic Ecology and Language Contact*. Cambridge University Press, 2018, 3-42.

Macedo, G. *Analizando la identidad y la reflexividad. Interculturalidad desde la fotografía. Multiculturalismo y educación intercultural en México: Realidades y desafíos*. Briseöo Alcaráz, G. E. & Salzmann, T., (eds). Guadalajara: Prometeo Editores, 2016.

Mau, T. *Form und Funktion sprachlicher Wiederholungen*. Frankfurt am Main: Peter Lang. 2002.

Merritt, M. *Repetition in Situated Discourse. Exploring its Forms and Functions. Repetition in Discourse, Interdisciplinary Perspectives*. Norwood: Ablex Publishing Corporation, 1994, 23-36.

Milroy, L. *Language and Social Networks*. New York: Blackwell, 1987.

Palacios, A & Pfänder, S. "Similarity Effects in Language Contact". *Congruence in Contact-Induced Language Change: Language Families, Typological Resemblance, and Perceived Similarity*. Besters-Dilger, J. *et al.*, (eds). Berlin: De Gruyter, 2014, 219-238.

Salzmann, T. *Language, Identity and Urban Space. The Language use of Latin American Migrants*. Frankfurt, New York: Peter Lang, 2014.

Salzmann, T. *Ecología lingüística: hacia una metodología y teoría holística en el contacto de lenguas. Armonía y contrastes, estudios sobre variación dialectal histórica y sociolingüística del español*. Santos Rovira, J.M (ed.) Lugo: Axac, 2015, 11-25.

Smith, A. D. *National Identity*. Las Vegas: University of Nevada Press, 1991.

Tannen, D. *Conversational Style. Analyzing Talk among Friends*. Oxford: Oxford University Press, 2005 [1984].

UNESCO. "Migrants, Refugees or Displaced Persons?" Última modificación: 23 septiembre 2021, https://www.unesco.org/en/articles/migrants-refugees-or-displaced-persons

von Hirschhausen, U. & Leonhard, J. *Europäische Nationalismen im West-Ost-Vergleich: von der Typologie zur Differenzbestimmung. Nationalismen in Europa. West und Osteuropa im Vergleich*. Von Hirschhausen & Leonhard, (eds). Göttingen: Wallstein Verlag, 2001, 11-45.

Los derechos humanos de los migrantes ambientales: urgencia de una articulación de teorías de la justicia y teorías críticas

Bernardo Bolaños Guerra

Universidad Autónoma Metropolitana, Campus Cuajimalpa, México

Introducción

En el presente capítulo analizaremos algunos de los argumentos que algunas de las más importantes teorías críticas (marxismo, posestructuralismo, ecofeminismo) dirigen contra las teorías de la justicia agrupadas bajo la etiqueta de "liberales", específicamente con respecto a los desplazados climáticos. Antes debemos mencionar, brevemente, cómo las negociaciones internacionales sobre cambio climático han llevado la discusión más allá de los esfuerzos de mitigación y adaptación a la crisis ambiental, para reconocer las pérdidas y daños que sufren algunos países. Estas pérdidas y daños se refieren a los efectos del cambio ambiental global que ya no se podrán evitar mediante reducción de emisiones de gases de efecto invernadero o estrategias de adaptación. Veremos que, para diseñar cómo compensar a los países afectados, se requiere echar mano tanto de las teorías de la justicia tradicionales (ocupadas de criterios de distribución, imperativos categóricos y demás criterios normativos), como de la visión estructural de la injusticia climática que ofrecen las teorías críticas.

De las decisiones de la Conferencia de las Naciones Unidas sobre el cambio climático número 27 (la COP 27), celebrada en Egipto en noviembre del 2022, el acuerdo más relevante fue el "Plan de implementación de Sharm el-Sheikh". Este contiene el siguiente párrafo sobre movilidad humana:

La Conferencia de las partes [...] observa con profunda preocupación, según información de las contribuciones de los Grupos de Trabajo II y III al Sexto Informe de Evaluación del Grupo Intergubernamental sobre Cambio Climático (IPCC), la creciente gravedad, alcance y frecuencia, en todas las regiones, de pérdidas y daños asociados a los efectos adversos del cambio climático, los cuales provocan pérdidas económicas y no económicas devastadoras, incluido el desplazamiento forzado y los impactos en el patrimonio cultural, la movilidad humana, las vidas y en los medios de subsistencia de las comunidades locales, asimismo subraya la importancia de una respuesta adecuada y eficaz a las pérdidas y los daños.[1]

También destaca de la COP 27 la decisión de poner en funcionamiento la llamada "Red de Santiago para pérdidas y daños". Dicha red conectará a países en vías de desarrollo que sean especialmente vulnerables al cambio climático con proveedores de asistencia técnica, conocimientos y recursos que son necesarios para abordar riesgos climáticos, de tal manera que se evite, minimice y cubran pérdidas y daños.

Los logros de Sharm el-Sheikh tienen sabor agridulce porque representan también el reconocimiento implícito del fracaso de la mitigación del calentamiento global por abajo de 1.5°C. No es una coincidencia que, ante la certeza de la desaparición de algunas islas y zonas costeras, la comunidad internacional acuerde cierta ayuda a los desplazados más pobres de esas regiones. Si alcanzan los recursos, se apoyará también a Estados inundados, como Bangladesh, o desertificados, como Sudán. Pero es importante convencer al mundo de que también aumente la ayuda humanitaria para enfrentar el desplazamiento forzado desde Centro y Sudamérica, donde la decisión de migrar desde regiones áridas o golpeadas por tormentas suele estar acompañada por contextos de violencia, pero una violencia que también está en muchos casos asociada a la degradación de las condiciones ambientales (sequías, huracanes y nuevas plagas en los cultivos).

De manera previa a este giro en las negociaciones internacionales, una visión estructural de la justicia climática se ha ido haciendo cada vez más presente en el discurso de los expertos y activistas. Apenas en 2019, Greta Thunberg negaba tajantemente tener una posición anticapitalista. "¿Se define usted como anticapitalista?", le preguntó la reportera Aude Massiot a la adolescente sueca en una entrevista con el periódico francés *Libération*, publicada el 14 de julio de ese año. "Tengo mucho cuidado de no utilizar ese tipo de palabras –respondió Greta–. Trato de reportar solamente lo que dice la ciencia. Tener una opinión sobre la cuestión del capitalismo requiere tomar en consideración más aspectos que el clima. Voy a evitarlo".

Ahora bien, a lo largo de estos años, Thunberg ha ido cambiando y colocando de manera cada vez más céntrica el señalamiento de que la responsabilidad climática debe recaer en pocas manos, las mismas que concentran la riqueza mundial. En el libro que coordinó en 2023, escribe: "El 1 por ciento más rico de la población mundial es responsable de más del doble de la contaminación por carbón mineral con respecto a la mitad más pobre de la humanidad".[2] Ante este acento crítico que gana importancia, vale la pena explorar en el presente ensayo algunos de los enfoques teóricos que lo respaldan.

La migración de personas afectadas por el cambio climático será el gran problema de la segunda mitad del siglo XXI. Hoy, por ejemplo, todavía es posible para los Estados de Guatemala, México y Estados Unidos parar y hacer volver sobre sus pasos a unas cuantos miles de personas que organizan una caravana desde Honduras, tras la catástrofe en noviembre del 2020 provocada por dos huracanes categoría 5 en las costas de Centroamérica. Aún es posible minimizar el acontecimiento y acallar en buena medida una noticia como esa. Es relativamente fácil ignorar a familias enteras que caminan bajo el sol ardiente hacia el norte. A los gobiernos les basta la militarización de las fronteras y la dispersión de los migrantes en grupos pequeños y clandestinos que tratarán desesperadamente de llegar a Estados Unidos por diferentes rutas.

Pero en las próximas décadas, más huracanes y ciclones arrasarán con poblaciones costeras. Sequías cíclicas arruinarán económicamente a campesinos. El aumento del nivel del mar, desde ahora y a muy largo plazo, generará ruinosas inundaciones. El deshielo de glaciares ya destruye sistemas de agua potable y riego en Nepal y Perú, mientras que aumentos de temperatura vaciarán algunos territorios ecuatoriales, imposibles de habitar. Sorpresivamente, algunas regiones más bien se congelarán, por la desviación de corrientes cálidas en la atmósfera. Estos acontecimientos se convertirán en multitud de caravanas, dilemas morales para detenerlas, debates políticos sobre interpretación de los derechos humanos y juicios ante los tribunales. Pero, por lo pronto, el tema de los migrantes climáticos apenas llega a la filosofía y a las teorías de la justicia. Las teorías de la justicia se han centrado hasta ahora en la repartición del sacrificio de mitigar el cambio climático, no en la responsabilidad por pérdidas y daños ante los desplazados climáticos y ante las poblaciones vulnerables susceptibles de migrar.

Se ha discutido cómo mitigar el calentamiento global, pero apenas iniciamos la conversación de cómo ser justo con sus primeras víctimas. Como todos nos veremos seriamente afectados por el calentamiento global promedio de la atmósfera, tenemos conversaciones de ética ambiental; pero como no todos creen que serán afectados por la movilidad forzada de millones de desplazados ambientales, prácticamente no hay una ética de la migración inducida por el cambio climático.

Que la justicia que busca distribuir equitativamente los límites de emisión de gases de efecto invernadero es distinta de la justicia acerca de los migrantes ambientales (justicia para ellos y para los Estados que los acojan) es claramente explicado por Draper.[3] Las obligaciones de mitigar emisiones surgieron en un tiempo en el que el cambio climático aún no producía sus peores efectos y los costos podían repartirse según un "principio de igual sacrificio".[4] En cambio, la migración climática ocurre en un segundo momento, cuando las pérdidas y daños que debieron haber sido evitados ya han ocurrido. Draper propone que "los Estados con altas emisiones tienen la responsabilidad de contribuir a remediar la situación que enfrentan los migrantes climáticos, en virtud de su responsabilidad en la desgracia que ellos enfrentan".[5]

Pero podríamos cuestionarnos ¿qué sentido tiene preguntarse por los deberes y prohibiciones morales en relación con los desplazados por desastres, cuando el remedio universalmente adoptado parece ser la militarización de las fronteras (o "securitización", como algunos osan decir)?[6]

A continuación, trataremos de articular la visión específica de las teorías clásicas de la justicia (llamadas "liberales" por los filósofos continentales) con la perspectiva más panorámica de influyentes teorías críticas: el posestructuralismo, a veces llamado posmodernismo, el marxismo y el ecofeminismo. Mientras que las primeras, con las herramientas de la filosofía analítica, sirven para discutir los principios de justicia que deben ser aplicados a la crisis climática, las segundas tienen una elaborada concepción del poder y de la dominación reales, situadas en contextos concretos. Más aún, a partir de Foucault, las teorías críticas logran nombrar al poder netamente estructural. Como veremos, los migrantes climáticos están sometidos a este tipo de poder, a esa división internacional de la riqueza proveniente de la revolución industrial y resultado también de los grandes imperios. Es por ello que los más grandes emisores históricos de bióxido de carbono son también las principales potencias.

A pesar de las dificultades metodológicas para establecer relaciones causales entre, por un lado, un huracán o una sequía particular (que expulsan millones de desplazados) y, por el otro, el cambio climático en general, la evidencia que los conecta se acumula. Gracias a la información de los satélites, hoy podemos decir, por ejemplo, que la probabilidad de que ocurra una ola de calor extremo en el hemisferio norte se ha incrementado 40 veces en los últimos 50 años.[7] Se desarrolla así una nueva ciencia de los eventos hidrometeorológicos específicos que permite atribuir responsabilidad por las pérdidas y daños sufridos por una región.

A continuación, se mencionarán algunas de las principales teorías contemporáneas de la justicia y luego las teorías críticas que exhiben sus limitaciones, dada la injusticia estructural en la que se encuadran las pérdidas y daños por el cambio climático.

Utilitarismo

El núcleo de la teoría utilitarista se puede resumir diciendo que las acciones que fomenten la felicidad son recomendables y las que causan daño, inaceptables. En términos de utilidad, es la posición moral que elige pagar ciertos costos en aras de la obtención de beneficios mayores. En el tema migratorio, el argumento puede retomarse y legitimar las fronteras políticas. Es decir, las fronteras son *útiles* a los habitantes de un país entero en tanto que ellas delimitan las responsabilidades sobre los recursos naturales, evitan conflictos por la posesión de tierras y ordenan el flujo de trabajadores.[8] Sin embargo, las fronteras afectan a las personas que aspiran a migrar y que no se les permite hacerlo, chivos expiatorios para conservar la prosperidad o comodidad de los habitantes de los países de destino.

Las teorías utilitaristas de la decisión pública pueden argumentar que las fronteras hacen posible la justicia histórica, porque aprueban recompensar a sociedades que fomentaron el ahorro, que invirtieron en trabajo y educación o que mantuvieron una explotación de recursos sostenible.[9] Como veremos, la justicia histórica también debería operar en sentido contrario: cuando los países construyeron su prosperidad extrayendo y quemando combustibles fósiles desenfrenadamente y sin precaución, son responsables de un daño histórico llamado "cambio climático" y de sus daños colaterales: los desplazados climáticos.

La obra de Peter Singer, pensador utilitarista, recomienda hacer cálculos muy básicos y directos a partir de la desgracia de unos, la prosperidad de otros y la responsabilidad de quienes han contribuido a la crisis ambiental. A diferencia de los enfoques kantianos que parten de deberes y del concepto de dignidad de las personas, Singer es afecto a ponderaciones cuantitativas. Por ejemplo, a propósito de una crisis humanitaria provocada por un ciclón (además de pobreza constante y guerra civil) que transformó a nueve millones de personas en "refugiados indigentes" en Bengala, región del subcontinente indio, Singer escribió de manera célebre: "Si está en nuestro poder evitar que ocurra algo malo sin sacrificar algo de importancia moral comparable, entonces debemos, moralmente, evitarlo".[10] Los países desarrollados han emitido más gases de efecto invernadero y, por lo tanto, el utilitarista infiere que existe un deber de asistir a los primeros.[11] La asistencia a estos individuos ocurriría solamente cuando ello no signifique arriesgar nuestra propia vida, sólo entonces tendríamos un deber obvio e imperioso de salvarlos, como a un niño que se ahoga en un estanque.[12]

Singer ha sido una voz importante en las discusiones sobre justicia climática y ha exhibido la hipocresía de figuras como Al Gore, quien, a pesar de difundir la gravedad de la crisis climática, se oponía a que los países contaminantes paguen por pérdidas y daños a las naciones más afectadas.[13] Los utilitaristas más burdos, sin embargo, son vulnerables al populismo de las fronteras y a encontrar en los migrantes, chivos expiatorios. Por ello, más allá de los principios utilitaristas, se requiere una perspectiva más elaborada que vaya más allá de la compasión y de la solidaridad, de modo que profundice en la responsabilidad de algunos sobre la desgracia de las víctimas ambientales.

Liberalismos

Las teorías liberales tienen prohibido construir chivos expiatorios en los cuales descargar la frustración de la mayoría, ya que ello violaría los derechos humanos y la dignidad (conceptos centrales para esta tradición). El liberalismo reivindica la importancia primera de la libertad (de expresión, de asociación, de movimiento, etcétera) y el carácter contractual (no natural) del Estado. La libertad de migrar, por lo tanto, es un derecho humano, además de que las personas que se desplazan gozan de otros derechos humanos (por ejemplo a la vida y a la libertad de expresión, amenazadas quizá en una dictadura de la que huyen). Lógicamente, los liberales deben aceptar, en principio, la libertad de los migrantes de dejar sus países de origen y entrar a los países donde elijan libremente establecerse. Pero no es tan sencillo. El contrato social de cada Estado, reconocido por los liberales, puede limitarlos.

Es el caso de la teoría de la justicia de John Rawls. Fundada en un contrato a nivel nacional y en deberes mínimos a nivel internacional, es sobre todo una propuesta de justicia para los participantes del acuerdo fundador en cada país, no para quienes quisieran ser acogidos viniendo del extranjero. Rawls se plantea un deber limitado de asistencia entre "pueblos" que sólo consiste en que los Estados más prósperos, "decentes" y "bien ordenados" ayuden a los desafortunados a satisfacer sus necesidades básicas y a convertirse, a su vez, en sociedades "decentes" y "bien ordenadas".[14] El filósofo estadounidense propone el siguiente y, según él reconoce, controvertido principio: los pueblos tienen el derecho de ayudar a otros pueblos que se encuentren en condiciones desfavorables que les impidan tener un régimen político y social que sea justo o decente.[15] Aunque, para Rawls, un Estado desarrollado no tiene el deber general de acoger a ciudadanos provenientes de uno subdesarrollado, puede ser sensible a condiciones desfavorables permanentes, como la falta de recursos naturales, o temporales, como podrían ser terremotos, huracanes y otras catástrofes naturales.

Pero su teoría ha sido duramente criticada porque, en ella, prácticamente sólo cuentan los derechos humanos de los ciudadanos del propio país;[16] la referencia a las catástrofes naturales parece una concesión mínima al universalismo de los derechos humanos. Esta concesión teórica coincide con la voluntad histórica de Estados Unidos, desde antes de Rawls, de realizar cierta "filantropía" puntual hacia países en desventaja y, más recientemente, otorgar visas humanitarias a afectados por "desastres ambientales", bajo el programa *Temporary Protected Status*.[17] El presidente Donald Trump, sin embargo, rompió con esa tradición estadounidense de acogida de desplazados ambientales.

Una teoría liberal coherente debería ser sensible al azar de nacer en un lugar y no en otro, dentro o fuera de las fronteras nacionales. Para efectos de respetar la libertad y la dignidad humanas, ese hecho azaroso debería ser intrascendente. Pero el liberalismo realmente existente no siempre lo hace. Además, parece tener un problema serio con los "migrantes irregulares", aquellos que son indocumentados, dada la importancia para los liberales de respetar el "contrato social".

Pero el liberalismo es compatible con consideraciones de justicia histórica y Caney argumenta que son implausibles las teorías que no tomen en cuenta las emisiones de gases de efecto invernadero del pasado.[18] De acuerdo con esta línea de pensamiento, los herederos y beneficiarios de la industria contaminante tendrían que reducir las emisiones de gases de efecto invernadero y aceptar o compensar a los desplazados climáticos.

En otro trabajo hemos sostenido que, si buscamos discutir las bases para un acuerdo amplio sobre justicia climática (un consenso sobrepuesto), no es indispensable acudir a la responsabilidad histórica y a cuestionar la libertad de heredar riqueza y privilegios. En vez de hacer responsables a los ciudadanos actuales por lo que hicieron los antepasados de su país, se podría pedirles responsabilidad por su estilo de vida actual.[19] Ello parece razonable tratándose de la mitigación del cambio climático, pero no de la compensación por pérdidas y daños. Por ello, en el presente ensayo sí exploramos la responsabilidad histórica: los Estados que han provocado el cambio climático son causantes de las pérdidas y daños de los países más afectados. Son, por lo tanto, en gran parte responsables del desplazamiento forzado por la crisis ambiental.

En suma, para los liberales igualitarios es plausible postular un deber de ayuda a los afectados por "desastres naturales" e incluso recibir a migrantes ambientales mientras éstos no pongan en riesgo a la misma sociedad ordenada por contrato que los recibirá. La lectura más conservadora de la teoría de Rawls afirma que es válido negar la entrada a migrantes ambientales si estos representan una amenaza al contrato social. Empero, si el país de acogida ha contribuido al agravamiento del cambio climático y provocado los desplazamientos, entonces, desde el punto de vista del liberal igualitario, su deber moral parece ineludiblemente ser el ayudar a la víctima ambiental (al menos en caso de que hacerlo no ponga en juego su propia supervivencia). Así, la tesis de la responsabilidad moral moderada es válida dentro de las teorías liberales igualitarias.

Distinto es el caso para el llamado liberalismo libertario. Luc Bovens, por ejemplo, adapta el argumento de Locke de la apropiación legítima de la tierra por los primeros ocupantes que constituyeron así la propiedad privada.[20] Según Bovens, el primero en tiempo es primero en derecho y los países industrializados serían los primeros beneficiarios legítimos de las actividades que saturaron la atmósfera de dióxido de carbono en el pasado; en cambio, los países en vías de desarrollo ya no tendrían legitimidad para ocupar una posición equivalente, por el simple hecho de haber llegado más tarde y de que el presupuesto de carbono se agota. Habiendo ejercido el derecho de emitir gases cuando la atmósfera aún lo permitía, los países desarrollados apenas tendrían deberes mínimos de solidaridad y cooperación internacional, según los libertarios. Esta posición extrema no es una excentricidad teórica, sino que coincide con la intuición de millones de personas en el Norte global.

Contra la pretensión de Bovens, la existencia de migrantes ambientales es la prueba encarnada de un daño histórico causado principalmente por quienes contaminaron primero la atmósfera.[21] Con los derechos del primer ocupante vienen también las obligaciones. Desde el derecho romano, el propietario debe responder por las pérdidas y daños que causa su propiedad.

Cosmopolitas y comunitaristas

En enero del 2020, el Comité de Derechos Humanos de la Organización de Naciones Unidas declaró que los Estados no pueden deportar legítimamente a las personas que enfrentan condiciones adversas inducidas por el cambio climático y que ponen en peligro su vida. El precedente reconoce que los efectos del cambio climático en los países de origen de la migración pueden hacer válidas las obligaciones de "no devolución" en los Estados de destino.[22] Pero para satisfacción de libertarios temerosos de un gobierno mundial y decepción de cosmopolitas partidarios de la justicia global, esta decisión tiene un peso simbólico, de "soft law", más que un carácter vinculante.[23]

La discusión actual sobre desplazamiento forzado por causas ambientales enfrenta a libertarios que se niegan a ampliar el concepto de "refugiado" y pugnan por abordar este problema desde meras declaraciones de buenas intenciones (nuevamente el llamado "soft law") y, por otro lado, a los cosmopolitas que defienden una posición maximalista: que la comunidad internacional apruebe una nueva convención sobre desplazados ambientales o que amplíe la Convención de Ginebra para reconocer a los "refugiados climáticos".[24] Los cosmopolitas maximalistas parecen ser los principales aliados de las víctimas del cambio climático, pero se les acusa de propagar un amarillismo contraproducente. Al despertar los miedos a supuestas oleadas de desplazados, sus críticos aseguran que ellos son corresponsables de la histeria colectiva y la militarización de las fronteras.[25] Es cierto que la enorme mayoría de los migrantes climáticos no cruzan fronteras internacionales, son desplazados internos, y las pérdidas y daños que sufren podrían repararse en su país de origen.

Por su parte, las llamadas teorías comunitaristas giran en torno al bien común y a la identidad colectiva. Afirman que el bien común no es algo inconmensurable y debe protegerse, en oposición a los liberales que evaden una definición intersubjetiva del bien y que carecen de opciones para proteger las identidades colectivas. Los enfoques comunitaristas llaman a proteger las identidades sociales como un bien colectivo, no como una elección individual.[26]

No obstante, los comunitaristas tampoco tienen todas las respuestas, ni se salvan de una crítica audaz: suelen hacer depender la solidaridad de la empatía. Y, si pudiesen vivir en un campo inmune a otros pueblos y culturas, quizá podrían deslindarse de proporcionar ayuda a desplazados climáticos de países con los que no se encuentren conectados culturalmente de manera profunda. Pero ocurre que el mundo hoy, en el Antropoceno, es un revoltijo de culturas y no hay sociedades con identidades puras.

Los imperios europeos construyeron un mundo con diásporas coloniales habitando las metrópolis. Latinoamericanos en Madrid, magrebíes en París, jamaiquinos y paquistaníes en Londres. El desarrollo industrial y las integraciones hemisféricas atrajeron a millones de mexicanos a Estados Unidos y de rumanos a Italia y España. Hace décadas que dejó de ser aplicable una fórmula sencilla de relocalización de migrantes ambientales según lazos culturales e históricos, como quieren los comunitaristas. Calcular un crisol de desplazados climáticos proporcional al crisol étnico de cada país sería una empresa compleja y posiblemente arbitraria.[27] Sin embargo, es admisible que, dentro de la cuota que deba recibir cada país, los comunitaristas prefieran a los más afines culturalmente. En la actualidad la provincia de Quebec, en Canadá, ya favorece a solicitantes francófonos y podría seguir siendo así con los afectados por la crisis ambiental.

¿Cuáles son las obligaciones morales de los comunitaristas hacia las víctimas del cambio climático? Obviamente, recibir la cantidad de ellos que les corresponda, pudiendo seleccionarlos para afirmar la identidad de la propia sociedad, entendida como un ente con identidad colectiva y bien común identificable. Pero la selección de los desplazados climáticos no podría servir de pretexto para reducir el número de ellos que debe recibir un país. Quien es responsable de la desgracia de otro debería estar dispuesto a compensar sus pérdidas y daños, sin que lo libere de este deber el aducir que ello hace peligrar su identidad. Ahora bien, dar asilo a los desplazados climáticos no es la única manera para el comunitarista de pagar por haber contribuido desproporcionadamente a generar la crisis ambiental. Sociedades con un fuerte celo identitario, como Quebec o Cataluña, podrían ofrecer: o bien asilo, o bien compensación material a una proporción de migrantes ambientales que han sido desplazados por el desarrollo fundado en combustibles fósiles.

Ética procedimental: Habermas y Miller

Finalmente, para terminar nuestro esquemático recorrido por algunas teorías de la justicia, hay pensadores que no ofrecen soluciones sustantivas pero sí recomiendan alcanzar la justicia caso por caso, según procedimientos normativamente válidos. La teoría de Habermas es un ejemplo paradigmático del Estado de Derecho entendido como una especie de instructivo para producir validez normativa a partir de diferentes facticidades.[28] Mientras las instituciones abran causes participativos y respeten los pilares del constitucionalismo occidental, se considera válido abrir más o cerrar más las fronteras a los migrantes climáticos. Por ejemplo, la guerra en Siria a partir del 2011 vio aumentar la hospitalidad oficial de Alemania (que recibió a 1.2 millones de refugiados), seguida por un estado de alarma en la opinión pública por la "crisis migratoria". Este último llevó a modificar la política de asilo y limitar la entrada de refugiados. Algo semejante se observó en Estados Unidos, primero dentro del Partido Republicano y luego también en el Demócrata. A principios del siglo XXI, muchos políticos de carrera de ambos partidos eran favorables a aprobar reformas migratorias moderadas que, por ejemplo, concedieran refugio a desplazados por desastres naturales, como mencionamos antes. Sin embargo, tras la creación del *Tea Party* –movimiento conservador antiinmigrante– y las derrotas electorales de los políticos abiertos a regularizar a indocumentados, la política migratoria estadounidense se endureció. Los teóricos de la justicia procedimental no se oponen a estos vaivenes, mientras estén legitimados por el constitucionalismo democrático.

David Miller ha elaborado un enfoque procedimental específicamente aplicable a la justicia climática.[29] Él reconoce la igualdad moral de todas las personas, pero no necesariamente la garantía de una igualdad de trato. Ante los extranjeros existirían dos obligaciones: que no sean dañados y asegurarles sus derechos humanos cuando sus propios Estados no logran protegerlos. Aunque cada autoridad nacional tiene la facultad discrecional de decidir si deja o no entrar a ciudadanos de otros países, para Miller los refugiados serían un caso excepcional. Refugiado es esa persona en una situación desesperada que sólo conserva sus derechos si sale de las fronteras de su país de origen.[30] Pero el derecho humano de ser acogido no debe destruir la soberanía estatal del país de acogida, pues la responsabilidad de proteger a los refugiados es compartida por toda la comunidad internacional y, por lo tanto, no debe ser abrumadora para cada Estado. En concreto, esta responsabilidad estaría regulada en los tratados internacionales o dependería de un procedimiento para definir la división justa del conjunto de refugiados entre los Estados del mundo. Miller, un poco como Habermas, exige que los solicitantes de asilo, cuando éste les sea negado, reciban a cambio la magra compensación de escuchar una razón o motivo del rechazo. Parece una consolación absurda, pero ello aseguraría, por lo menos, que no existan causas odiosas e inaceptables de rechazo de refugiados (como son los prejuicios racistas contra ciertos migrantes).

Con respecto a la justicia climática, Miller adopta la posición libertaria, similar a la de Bovens.[31] Los países supuestamente no dañaban cuando comenzó la Revolución Industrial y la gran aceleración; pero ahora que el cambio climático se revela un problema, ya hay por primera vez responsabilidades comunes y límites a la contaminación. Pero Draper muestra que los migrantes ambientales son la prueba viviente de un daño acumulado y, por lo tanto, de la responsabilidad de los países contaminantes, según una relectura coherente de la teoría de Miller.[32] Recordemos que éste reconoce la obligación de cada Estado, frente a los extranjeros, de responder por las afectaciones que se les causen. La manera coherente de compensar a los afectados, señala Draper, sería ofrecerles asilo; no parece haber razón válida del rechazo que sea mayor que la responsabilidad histórica por el daño cometido, ni parece existir procedimiento legítimo que borre el agravio que los países emisores de grandes cantidades de gases de efecto invernadero han causado a las personas forzadas a convertise en desplazados climáticos.

En resumen, para la ética procedimental, los Estados tienen en teoría derecho a negar la entrada de migrantes de manera soberana pero justificada, discrecional pero no arbitraria. Es decir, justa en algún sentido relevante (por ejemplo, utilitarista, liberal o comunitarista). Pero Draper muestra que, si estos autores son coherentes, desde este enfoque los migrantes ambientales tienen el derecho humano de obtener asilo en alguno de los países que han causado su desgracia. Abordemos ahora las teorías críticas.

Marxismo

Las obras de Karl Marx y Federico Engels se nutrieron de una gran cantidad de teorías vanguardistas del siglo XIX, no sólo económicas y filosóficas, sino de las ciencias naturales, incluyendo la hipótesis de la transformación del clima a lo largo de la historia. Gracias a las investigaciones de su amigo el naturalista Ray Lankester, Marx comprendió que en el pasado el cambio climático ocurrido por causas naturales produjo la extinción de especies. También llegó a atisbar la desertificación producida por la civilización. Pero fue Engels quien aceptó que la intervención humana en el planeta podía modificar el clima mediante el agotamiento de la tierra y la deforestación que desembocaban en sequía y calentamiento. Uno de los ejemplos citados por Engels era la isla de Cuba, con la quema de selva para sembrar cafetales.[33]

Eso no significa que el socialismo clásico no fuese partidario del desarrollo industrial y reivindicara la conquista de la Naturaleza. Pero en la compleja trayectoria intelectual de Marx y Engels encontramos matices importantes a la visión prometeica del progreso. Para Marx, los seres humanos se relacionan con la naturaleza a través del trabajo. Esto genera un metabolismo de la humanidad con el medio natural. A partir de 1860, sin embargo, el pensador prusiano es más específico y relaciona el metabolismo social con el despojo de las tierras a las comunidades campesinas, la consecuente pérdida de nutrientes del suelo, seguida de contaminación en las ciudades y escasez de alimento, todo lo cual habría hecho necesario el comercio internacional de productos agrícolas.[34]

Engels desarrolla su propia visión del asunto en los libros *Anti-Dühring*, de 1878, y en su obra póstuma: *Dialéctica de la naturaleza*. Para él, el mundo material está en constante evolución, es complejo, contingente y contradictorio.

Se pensaría que, de tales pensadores, deberían surgir discípulos sensibles a las oleadas de migrantes climáticos, millones de personas desposeídas y hambrientas, buscando trabajo en los grandes centros industriales y en las megalópolis del norte. Pero, paradójicamente, entre algunos neomarxistas se ha llegado al extremo de sostener que no existe la migración inducida por causas ambientales, por ejemplo porque los migrantes nunca son los más pobres y afectados por las sequías o huracanes, pues se necesita de un capital para emprender el viaje. Estos autores prefieren decir que la causa estructural de esos movimientos de personas es la división internacional del trabajo, la dependencia de los países pobres y los tratados de libre comercio.[35]

En el siglo XXI, tanto marxistas como neomarxistas han abordado el problema del cambio climático con menos apertura intelectual que sus padres fundadores. Acusan casi exclusivamente al sistema capitalista de producir la crisis ambiental y raramente al crecimiento demográfico, a las máquinas operadas con combustibles fósiles o a la deforestación. Señalan que la mayor parte de los Partidos Verdes son aliados de los bancos y del gran Capital, como una falacia *ad hominem* contra los argumentos, a veces anticapitalistas, de esos mismos partidos.[36] En una actitud cercana al negacionismo, incluso conciben a las energías renovables sólo como dispositivos de acumulación de ganancias. Mediante generalizaciones que acaban sirviendo para despreciar la lucha contra el cambio climático, muchos marxistas denuncian que la contaminación y emisión de gases de efecto invernadero sirven como nichos de mercado para que las compañías continúen acumulando capital, a través de tecnologías patentables de remediación ambiental (como la geoingeniería) y mediante la ocupación de tierras para instalar energías renovables (eólica y solar, principalmente).[37]

Afortunadamente, existen marxistas informados y ocupados por la crisis ambiental. En 2019, David Harvey, el famoso profesor de la Universidad de la Ciudad de Nueva York, quedó estupefacto al conocer la gráfica de la Oficina Nacional de Administración Oceánica y Atmosférica del gobierno de Estados Unidos que muestra los niveles de dióxido de carbono de los últimos 800 mil años (información que se obtiene del hielo glaciar).[38] Ella muestra que el principal gas de efecto invernadero se ha disparado desde desde 2007 a niveles nunca antes vistos en la historia (400 partes por millón). Harvey se convenció así de que el derretimiento de todos los glaciares del planeta es inminente. Y con ello sobrevendrán trastornos a la agricultura y al suministro de agua potable. Para él, no se trata ya de una probabilidad, sino de una certeza, a menos de que tomemos medidas no sólo de limitación de las emisiones de CO2, sino de remediación mediante geoingeniería, reforestación u otras técnicas.[39]

Pero el marxismo clásico surgió con el capitalismo y es difícil que, por sí mismo, sirva para pensar fuera de la caja capitalista. Los marxistas ortodoxos no suelen ser los más indicados para entender la transición energética. Repiten mantras como que el Estado debe poseer los medios de generación de energía (muchas veces más contaminantes, por obsoletos); al mismo tiempo, ignoran deliberadamente la evidencia de innovaciones tecnológicas impulsadas gracias a la competencia capitalista y que podrían ser reguladas (no monopolizadas) por el Estado. Olvidan que, desde el punto de vista de Marx, las revoluciones tecnológicas desatan fuerzas productivas que ya no suelen ser compatibles con el modo de producción anterior. Como la revolución de las energías solar y eólica baratas, que logró el Protocolo de Kyoto, frente al modelo fundado en enormes empresas de hidrocarburos.

En resumen, el foco que pone el marxismo en la explotación de los trabajadores en el marco del capitalismo y de la división internacional del trabajo enriquecería un enfoque integral de la migración inducida por cambio climático. Pero resulta urgente comprender la transición energética como una transformación de los modos de producción, un plan ineludible para prevenir la migración ambiental de cientos de millones de personas. La obra de Marx contiene ambas claves.

Teorías críticas inspiradas por Foucault

Las teorías de la justicia que hemos mencionado antes del marxismo (frecuentemente clasificadas como "liberales" en conjunto) son consideradas meras biopolíticas desde los enfoques inspirados en la obra de Foucault.[40] Ello significa que, lejos de asumir la transparencia de sus conclusiones normativas, los posestructuralistas foucaultianos ven detrás de ellas dispositivos discursivos para el control de los cuerpos y de las poblaciones. En una palabra, de la vida.

La concepción *estructural* de poder que está detrás de los enfoques posestructuralistas es útil para comprender la dominación y la injusticia que sufren los migrantes climáticos. Para ello es central la idea foucaultiana del poder como una red, es decir, una fuerza diseminada. Pero varios comentaristas, incluso afines al filósofo francés, han advertido que esa imagen aislada puede llevarnos a pensar que nadie en particular detenta el poder en sus manos. Wartenberg aclara que las relaciones de poder dependen de la coordinación con otros agentes, más allá de la relación diádica entre el sujeto poderoso y el que sufre la consecuencia del poder. Estas relaciones están socialmente situadas en un contexto de funcionamiento del mundo social.[41] Ello es claro en el caso de la crisis climática, con una relación diádica entre poderosos Estados emisores de gases de efecto invernadero y víctimas afectadas por catástrofes a consecuencia del cambio climático. Esta relación de poder depende del contexto de la economía fósil y de los distintos niveles de desarrollo que hacen más o menos vulnerables a las regiones. También depende de la coordinación de acciones de los Estados a través de los tratados internacionales (la llamada convención de Ginebra sobre refugiados, el Acuerdo de París sobre cambio climático, entre otros). Pero el contexto no impide que exista claramente esa relación diádica y, como señala Draper, una responsabilidad.[42] Como vemos, las teorías de la justicia y el enfoque foucaultiano se complementan bien para mostrar la responsabilidad específica de algunos sujetos por el daño a los desplazados climáticos en un marco estructural complejo. Sin estas claves, las caravanas de migrantes hondureños detenidas en la frontera con Guatemala, por presión del gobierno de Estados Unidos, no podrían considerarse dominadas u oprimidas y en demanda legítima de justicia.

Muchos especialistas estudian la propensión a migrar debido a procesos ambientales como si fuera una modalidad de la llamada *resiliencia*.[43] *Resiliencia* es un concepto teórico de la ecología. Originalmente surgió en Física para estudiar la resistencia de los materiales. De ahí se importó a la Psicología, con la misión de conocer las capacidades de las personas de resistir a eventos traumáticos. Finalmente, desde finales del siglo XX, sirve para analizar la resistencia de los ecosistemas a la perturbación.[44] Pero los críticos foucaultianos ven en ese concepto una biopolítica "liberal", es decir, una tecnología de poder.[45] Aparte de competir para establecer los *principios* de justicia aplicables a la migración climática, un deseo supuestamente positivo y bienintencionado de las teorías de la justicia llamadas "liberales" sería el de fomentar la *resiliencia* de las poblaciones afectadas por el cambio climático. Pero éstas ocultarían el interés de los países desarrollados por proteger su "seguridad nacional", según todos esos críticos, la cual los llevaría a disfrazar un afán de control de los cuerpos de los migrantes y de las poblaciones extranjeras.

En conclusión, varios académicos foucaultianos que abordan explícitamente el problema de los desplazados ambientales suelen dirigir sus críticas contra el concepto de *resiliencia*.[46] Señalan la supuesta contradicción de que sea casi imposible identificar a individuos concretos como desplazados por la crisis ambiental y que, sin embargo, el discurso liberal dibuje un "rostro humano del calentamiento global" en forma de un migrante pobre, de piel morena, rural, víctima pasiva del cambio climático y agente de su propia *resiliencia*.[47] Estas biopolíticas despolitizarían la crisis ambiental y harían que los afectados por ella fueran responsabilizados para que sobrevivan solos, se adapten e incluso mitiguen sus emisiones de gases de efecto invernadero.

No se puede menos que coincidir con los foucaultianos en que resulta inaudito que a ciudadanos de países pobres, con emisiones mínimas de contaminantes pero gravemente desestabilizados por huracanes o desertificación, se les otorgue "ayuda" para que emitan menos CO_2, antes que visas para ser acogidos cuando se ven forzados a migrar. Pero el rechazo del concepto ecológico de *resiliencia* es excesivo, ya que el "derecho humano de no migrar" puede ser una elección auténtica de las comunidades vulnerables. Para ellas, por lo tanto, desarrollar *resiliencia* sería una necesidad legítima.

Por otro lado, según algunos críticos posestructuralistas, este mismo discurso biopolítico "liberal" recoge narrativas del llamado "calentamiento global" que serían alarmistas y catastróficas y que producirían pánico, terror dirigido contra las supuestas hordas de migrantes que invadirán las ordenadas sociedades del norte. Así, Reid rechaza que la migración ambiental sea estudiada sobre todo como una amenaza para la seguridad y la estabilidad del orden internacional y no como un agravio a los derechos humanos de los afectados por el cambio climático.[48] En ello son muy útiles estos enfoques: debemos recordar las teorías de la justicia que reivindican derechos humanos que sean coherentes.

Ahora bien, si estos críticos posestructuralistas coinciden en que estamos frente a biopolíticas estrechamente vinculada a los discursos demográfico (sobre la población y control natal) y desarrollista (obsesionado con el crecimiento económico y la innovación tecnológica), difieren en sus propuestas normativas. Algunos foucaultianos cuestionan la forma contrastante en la que los Estados abordan la migración, mediante la diferencia entre la "amenazante" migración de los pobres y la "benéfica" movilidad de las élites que sostienen la industria turística y la "circulación de talentos".[49] Otros autores critican la diferencia arbitraria de trato entre especies humanas y animales; por ejemplo, entre "valiosos" osos polares en extinción, frente a una demografía humana "desbordada" en algunos países del sur. Según Reid, si los liberales fueran coherentes con sus propias teorías de la justicia, defenderían la libertad de las poblaciones colonizadas; pero, en cambio, su discurso presenta rasgos de neodarwinismo obsesionado por la supervivencia:

Se supondría que el establecimiento de un vínculo entre el analfabetismo y la migración inducida por el clima conduciría, como se suele declarar en Occidente, a la financiación de programas de alfabetización (Gunter, Rahman y Rahman 2008). Por el contrario, el periódico *The Guardian* del 15 de abril de 2012 informó cómo se han gastado decenas de millones de libras del dinero de la ayuda del Reino Unido en un programa en las regiones indias de Bihar y Madhya Pradesh para la esterilización forzada de los pobres de las zonas rurales, incluidos hombres y mujeres.[50]

La propuesta de Reid y otros consiste en superar la tentación de patologizar a los desplazados ambientales, para lo cual se requeriría reconocer aspectos estéticos de la supuesta "crisis" y revisar los imaginarios biopolíticos que regulan la representación de estos procesos a la manera de Derrida, quien aboga por la creación de un imaginario político alternativo fundado sobre la hospitalidad.[51]

Sin embargo, todos estos enfoques influenciados por la obra de Foucault no están exentos de contradicciones. Por ejemplo, la mixtura biológica y geográfica que resultaría de relajarse, de abolir las palabras "seguridad" y "resiliencia" y de no preocuparse por la supervivencia de los ecosistemas, las especies y las actuales comunidades humanas, parece una actitud posmoderna bastante irresponsable. Parece incluso una apelación a una *resiliencia* viciosa que daría la bienvenida anticipada al caos del Antropoceno: la mezcla de campos de refugiados con parques naturales; el surgimiento de especies híbridas de osos polares y pardos, de lobos con perros y coyotes. Peor aún, sería la aceptación de una ley de la selva provocada por el fin del templado y previsible mundo del Holoceno.

Que Reid y otros llamen a abrazar la vorágine que vendrá con la crisis ambiental es rendirse a los hechos. Se trata de una especie de *amor fati* nietzscheano que tiene, al menos, dos problemas. El primero es la falacia naturalista o el problema de aceptar cualquier cosa que venga, pues normalmente no deberíamos inferir mecánicamente que "lo que es", "deba ser"; que lo que vendrá, deba ser bienvenido. En segundo lugar, podría haber en el discurso de estos críticos una legitimación del "status quo" y de los privilegios de los poderes industriales que han producido la catástrofe. Así como sería injusto decir que hay que disfrutar la vorágine del terrorismo, por ejemplo, pareciera que aceptar el cambio ambiental global, sin señalar responsables y exigirles compensaciones, es legitimar la dominación existente en una relación de poder estructural entre víctimas y victimarios. Nuevamente, la perspectiva de Draper y la noción de poder estructural son un buen antídoto para plantearse una posición normativa más exigente.[52]

Ecofeminismo

El tema central del ecofeminismo es la dominación masculina sobre la mujer y el medio ambiente. El sistema patriarcal habría conducido a una crisis global de la familia, del capitalismo y del planeta que exigirían una transformación que lo derribe. Como el posestructuralismo foucaultiano, es una perspectiva que persigue un cambio estructural, no cosmético. Como el marxismo clásico, es un posicionamiento teórico y práctico revolucionario.

Hay, sin embargo, una tensión en el ecofeminismo porque rechaza que exista una naturaleza humana fija y, al mismo tiempo, reivindica "La Naturaleza". Es decir, según las ecofeministas, la mujer no estaría condenada por razones naturales a tener un papel determinado en las sociedades humanas que ella no haya elegido; pero, al mismo tiempo, sí existirían razones naturales, ecosistemas y ciclos vitales que deberían ser respetados. El ecofeminismo no es biologista pero sí, en algún sentido, naturalista.

Rothe analiza el discurso de la *resiliencia* y, contra los foucaultianos que hemos citado, muestra que ésta no sólo sirve como eufemismo para negar que las comunidades tengan derecho de migrar, sino que la migración misma puede ser concebida como una forma de adaptación o amortiguamiento del cambio climático por parte de las comunidades vulnerables.[53] Los campesinos centroamericanos que migran durante los años de sequía provocada por el fenómeno de El Niño, pero que luego retoman el cultivo de sus tierras, serían profundamente resilientes. Así, a diferencia de otros críticos que rechazan el concepto, las perspectivas feministas suelen ver con agrado que, interpretada adecuadamente, la *resiliencia* constituye una ruptura con actitudes alarmistas e inspiradas en egoístas preocupaciones de seguridad nacional. Más aún, fomentar la *resiliencia* ayudaría a superar un discurso masculinizado de la seguridad como control.

Tanto Rothe como Dumitru atacan los "mitos de la mujer en el llamado Sur Global", mitos que suelen ser propagados por supuestas teorías de la justicia que en realidad son paternalistas, es decir, que dicen perseguir el beneficio de las mujeres dominadas y vulnerables del llamado Tercer Mundo.[54] El estereotipo de la mujer migrante explotada laboralmente al vender sus tareas de cuidado de niños y ancianos en el Norte Global sería esbozado por una biopolítica alarmista que calla premeditadamente el hecho de que los salarios y horarios de trabajo suelen ser mejores en los países desarrollados; de tal manera que la migración es *resiliencia* y puede ser emancipación para las mujeres oprimidas del sur. Las mujeres desplazadas por causas ambientales necesitan un nuevo hogar y mienten quienes les niegan el derecho de migrar para, supuestamente, no robarle cuidados a "niños pobres". Tanto liberales como neomarxistas se ven exhibidos por estas feministas y ecofeministas como conservadores que pretenden usar un discurso para cerrar las fronteras. Las ecofeministas, como los posestructuralistas, rechazan la biopolítica migratoria y sus hipócritas discursos morales pero, a diferencia de éstos, reivindican la perspectiva de la *resiliencia* y ponen énfasis en las circunstancias concretas, personales, íntimas, que llevan a las personas a quedarse en el territorio o migrar:

> Cuando los roles de género construidos socialmente dictan que los hombres deben migrar en busca de trabajo a raíz de desastres ambientales, las mujeres que quedan atrás experimentan una forma lenta de violencia de sus parejas. La decisión de los hombres de migrar con frecuencia significa que hay menos manos para reparar y reconstruir y, además, las responsabilidades privatizadas de la vida hogareña y el trabajo de cuidado recaen exclusivamente en las mujeres, lo que limita aún más el tiempo disponible de ellas para obtener ingresos, realizar actividades educativas o participar políticamente.[55]

El ecofeminismo no ignora la evidencia empírica, es sensible a los datos que muestran que las víctimas de las catástrofes naturales suelen ser sobre todo mujeres, en mucho mayor proporción que los hombres. Tras un huracán, ellas deben ver por su vida tanto como por la de los niños. Además, el machismo les suele negar la educación necesaria para protegerse (aprender a nadar y acceder a información del clima con información vital en caso de desastres).

Al defender la libertad de las mujeres sobre su cuerpo, las feministas representan una vanguardia frente a la crisis demográfica, es decir, ante el problema de la sobrepoblación. Sin embargo, otras desprecian temas demográficos. Greta Gaard, por ejemplo, argumenta de la siguiente manera: aproximadamente 80% de la población del mundo (el llamado Sur global) genera apenas un 20% de gases de efecto invernadero. El resto, 20% de los seres humanos en el planeta, son responsables de 80% de la acumulación de esas emisiones en la atmósfera. "A pesar de la claridad de esa lógica, la demografía reapareció en publicaciones preparatorias de la COP 2009 sobre cambio climático de Naciones Unidas, con los autores pidiendo la planificación familiar como un método para reducir emisiones de carbono".[56]

La perspectiva de Gaard incurre en una falacia. Si bien es cierto que la huella de carbono de varias personas en el Sur global equivale a la de una sola persona de un país desarrollado, también lo es que la migración hacia el Norte global tiende a aumentar, precisamente, dicha huella entre los migrantes que logran mejorar su calidad de vida. En términos prácticos, los migrantes buscan integrarse a las sociedades de consumo. Por ello, el tema demográfico sí es relevante, igual que la necesidad de la transición energética hacia tecnologías limpias. Los temas demográficos y tecnológicos son vitales para prevenir la dislocación de la civilización que vendría con la migración de cientos de millones de personas.

Partiendo del pensamiento de Foucault, la filósofa feminista Miranda
Fricker explica que el poder social es la capacidad que tenemos como agentes
sociales para influir en la marcha de los acontecimientos del mundo social. El
poder puede operar de manera no sólo "agencial" sino "netamente estructural", cuando no existe ningún agente concreto que lo ejerza.[57] Supongamos,
dice ella, que a las personas en prisión se les priva, de hecho aunque no de
derecho, del voto, porque ni pueden salir a participar en las elecciones, ni
se instalan urnas electorales en las cárceles; en este caso, no es un agente en
particular el que está excluyendo a los reos, pero igual son excluidos. Aquí
vemos un poder social a través de todo el sistema social, estructuralmente,
sin un agente visible en particular. Foucault consagró buena parte de su obra
a mostrar el funcionamiento del poder estructural. Pero debemos cuidarnos
del error de pretender borrar las relaciones de poder "diádicas", situadas, al
reconstruir las redes estructurales. En particular, la injusticia climática tiene
causantes y víctimas concretas. Los derechos humanos son precisamente esa
relación diádica entre un sujeto obligado (individual o colectivo) que tiene
el poder y un sujeto que merece justicia.

Con un afán menos guerrero que marxistas y postestructuralistas que
parecen definirse como lo opuesto a los "liberales", feministas como Rothe
y Fricker se interesan por la resiliencia de las personas reales y definen sus
derechos como nodos específicos, reconocibles, de la gran red de poder estructural.[58] Gracias a estas autoras, vemos que teorías de la justicia y teorías
críticas pueden y deben articularse en una gran síntesis.

Conclusiones

Los países tienen responsabilidades comunes pero diferenciadas de mitigar el
aumento de la temperatura del planeta y evitar así, en la medida de lo posible,
el desplazamiento forzado desde los países vulnerables. Además tienen deberes de cooperación para la adaptación de las poblaciones más vulnerables a la
crisis ambiental global. Finalmente, deben responder por las pérdidas y daños que rebasen la resiliencia de las poblaciones afectadas. El desplazamiento
forzado es distinto de la migración económica, porque no es una estrategia
de adaptación. Es una manifestación de las pérdidas y daños causados por el
desarrollo industrial fundado en los combustibles fósiles.

La discusión de estos temas ocupa a la comunidad internacional en esto
momentos. Las teorías de la justicia y las teorías críticas deben abordar esos
tres conceptos: mitigación, adaptación y pérdidas y daños.

En noviembre de 2018, Hillary Clinton declaró que frenar la inmigración a Europa era la mejor manera de resistir al populismo de derechas. Advirtió a los líderes socialdemócratas y liberales europeos que, supuestamente, no podrían continuar ofreciendo refugio y ayuda a los migrantes: "Creo que es justo decir que Europa ha hecho su parte", sentenció.[59] Pero las recientes negociaciones dentro de la COP 27, en Egipto, fijaron una nueva forma de contribuir para los países desarrollados. Se trata de responder por las pérdidas y daños causados por el cambio climático.

Ante este panorama, debemos desarrollar teorías complejas que no sólo discutan los deberes morales frente a la migración ambiental, deberes que son despreciados incluso por políticos de centro (más aún por los partidos de extrema derecha). También es preciso que nuestros enfoques teóricos expongan críticamente el poder estructural que produce víctimas de la crisis climática. La evolución del discurso de la joven activista Greta Thunberg muestra esa tendencia.

Por nuestra parte, hemos evocado, primero, un grupo de teorías que discuten cómo actuar correctamente frente a los migrantes ambientales (utilitarismo, liberalismo, cosmopolitismo, comunitarismo y éticas procedimentales). En segundo lugar, abordamos teorías críticas (postestructuralismo, marxismo y ecofeminsmo) que son visiones estructurales o posicionamientos prácticos y asociados con movimientos sociales.

Las filosofías marxista y postestructuralista lanzan críticas a las teorías de la justicia que son llamadas en conjunto "liberales" y a las que con frecuencia les atribuyen esbozar un estereotipo de los migrantes climáticos, identificados con estereotipos raciales y clasistas. Las ecofeministas, a su vez, lanzan críticas también a los dos primeros enfoques y reivindican la resiliencia de las personas. Esas visiones críticas coinciden en denunciar las limitaciones del humanitarismo, que es mera filantropía, y de la visión abstracta de los derechos humanos de las víctimas del cambio ambiental global. Proponen a cambio visiones anticapitalistas, la deconstrucción de redes de poder estructural o del patriarcado.

En particular, los posestructuralistas rechazan el discurso "biopolítico" que responsabiliza a los migrantes ambientales de su propia *resiliencia*, es decir, de su habilidad para enfrentar los cambios ambientales. Guiados por la obra de Foucault, este tipo de autores acusan a la filosofía política tradicional de ofrecer dispositivos de control de las poblaciones, a las que despolitizan. El enfoque de las teorías de la justicia, según los postestructuralistas y las ecofeministas, no es moral sino político y obsesionado por la seguridad, lejos de los intereses de los afectados por el cambio climático.

Sobre los migrantes climáticos se ejerce un poder estructural con diferentes niveles de identificación de los agentes involucrados, pero ello no borra la relación diádica entre países poderosos causantes de la crisis ambiental y desplazados climáticos. Entre obligaciones de los primeros y derechos humanos de los segundos. Tener clara dicha relación es importante en el contexto de la reclamación por pérdidas y daños.

El afán de convencernos de la necesidad de una revolución o de una transformación de la familia es frecuentemente acompañado del negacionismo que cierra los ojos a la mismísima revolución tecnológica que podría prevenir la migración de miles de millones de seres humanos. La descarbonización de la economía debe comenzar a ser vista como una revolución. Es tan urgente y al mismo tiempo tan ambiciosa que no es nada menos que eso. Debemos lograr la descarbonización dentro o fuera del sistema capitalista, como una aspiración radical pero sensata, en tanto parece ser, según la ciencia, la única alternativa posible al colapso de la civilización humana tal como la conocemos.

A pesar de las grandes aportaciones del feminismo a la educación sexual (que sirve como control demográfico no autoritario), desde los enfoques críticos también se suele subestimar el problema de la sobrepoblación mundial. Se hacen comparaciones de las grandes diferencias en las huellas de carbono de ciudadanos de países desarrollados y pobres, pero se debe reconocer también que los migrantes sueñan con integrarse a las sociedades de consumo. No es sostenible juntar tasas de crecimiento demográfico aceleradas con niveles de consumo elevados. La alternativa consiste en abrazar una síntesis compleja que no niegue la necesidad del decrecimiento económico, de la planificación demográfica y de la justicia climática.

La perspectiva guiada por los derechos humanos es normativa, es decir, un modelo idealizado de deber ser. No siendo fácilmente aplicable, tampoco significa por sí misma una garantía de protección y refugio reales de los desplazados climáticos; ni siquiera representa un compromiso consensuado de la comunidad internacional o al interior de cada país. Pero sí es un primer paso que permite identificar a víctimas reales, en circunstancias concretas, del cambio climático. Debemos a las teorías de la justicia llamadas "liberales" la claridad en el debate que ha permitido formular ese primer estándar de justicia.

Los intentos de muchos marxistas y críticos de deconstruir el discurso de los derechos humanos les impide ver la primacía del nuevo imperativo categórico formulado por Hans Jonas en 1979: evitar que la humanidad deje de existir en condiciones dignas.[60] Esas teorías críticas no parecen ser por sí solas una alternativa, porque el cambio estructural que predican no reconoce lo que ya es obvio: el deber moral de la descarbonización de la civilización y de alcanzar una demografía sostenible por medios democráticos, para evitar tragedias como la diáspora forzada de cientos de millones de seres humanos. Pero las teorías de la justicia llamadas "liberales", ensimismadas en la eterna búsqueda del imperativo moral correcto, tampoco tienen ellas solas las respuestas a la justicia para los migrantes ambientales: suelen ser formuladas en los países que más han provocado la crisis ambiental, como parte de las tecnología de poder.

Referencias

Baldwin, A., Methmann, C. y Rothe, D. "Securitizing 'Climate Refugees': The Futurology of Climate-Induced Migration". *Critical Studies on Security* 2, 2 (2014): 121-130.

Bettini, G. Where next? "Climate Change, Migration, and The (Bio) Politics of Adaptation. *Global Policy* 8 (2017): 33-39.

Betts, A. & Collier, P. *Refuge: Transforming a Broken Refugee System*. Oxford: Oxford University Press, 2017.

Bolaños Guerra, B. "La migración inducida por cambio climático ante las teorías de la justicia". Gandini, L. (coord) *Abordajes sociojurídicos contemporáneos para el estudio de las migraciones internacionales*. México: Universidad Nacional Autónoma de México, 2020, 121-142.

Bolaños Guerra, B. y Calderón Contreras, R. "Desafíos de resiliencia para disminuir la migración inducida por causas ambientales desde Centroamérica". *Revista de Estudios Sociales* 76 (2021): 7-23.

Bovens, L. "A Lockean Defense of Grandfathering Emission Rights". *The Ethics of Global Climate Change*. Denis Arnold, (ed). Cambridge: Cambridge University Press, 2011, 124-144.

Calderón Contreras, R. *Los sistemas socioecológicos y su resiliencia. Casos de estudio*. Ciudad de México: Gedisa & Universidad Autónoma Metropolitana, 2018.

Caney, S. "Climate Change, Energy Rights and Equality". *The Ethics of Global Climate Change*. Arnold, D. G. (ed). Cambridge University Press, 2011, 77-103.

Carens, J. H. "Aliens and Citizens: The Case for Open Borders". *The Review of Politics*, 49, 2 (1987): 251-273.

Clements, P. "Rawlsian Ethics of Climate Change". *Critical Criminology* 23, 4 (2015): 461-471.

Cole, P. "Climate change and global displacement: Towards an ethical response". *The Routledge Handbook to Rethinking Ethics in International Relations*, Shippers, B. (ed). London: Routledge, 2020, 179-195.

Coleman, J. & Harding, S. K. "Citizenship. The Demands of Justice and the Moral Relevance of Political Borders". *Justice in Immigration*. Schwartz, W. F., (ed). Cambridge: Cambridge University Press, 1995, 18-62.

Derrida, J. "Responsabilité et hospitalité. Manifeste pour l'hospitalité". Seffahi, M. (director). *Autour de Jacques Derrida*, Grigny: Paroles l'Aube, 1999, 121-124.

Draper, J. "Responsibility and Climate-induced Displacement". *Global Justice: Theory Practice Rhetoric* 11, 2 (2018): 59-80.

Dumitru, S. "From 'Brain Drain' to 'Care Drain': Women's Labor Migration and Methodological Sexism". *Women's Studies International Forum* 47 (2014): 203-212.

Dumitru, S. Nationalisme méthodologique. En Savidan, P. (director). *Dicctionnaire des inégalités et de la justice sociale*. París: Presses universitaires de France, 2018a, 1143-1150.

Dumitru, S. "How neo-Marxism creates Bias in Gender and Migration Research: Evidence from the Philippines". *Ethnic and Racial Studies* 41, 15 (2018b): 2790-2808.

Jamieson, D. *Reason in a Dark Time: Why the Struggle against Climate Change failed– And What it Means for Our Future*. Oxford: Oxford University Press. 2014.

Few, R., Brown, K., & Tompkins, E. L. "Public Participation and Climate Change Adaptation: Avoiding the Illusion of Inclusion". *Climate policy* 7, 1 (2007): 46-59.

Fricker, M. *Epistemic injustice: Power and the ethics of knowing*. Oxford: Oxford University Press, 2007.

Foster, J. B. *Marx's Ecology: Materialism and Nature*. Nueva York: Monthly Review Press, 2000.

Foster, J. B. *The Return of Nature. Socialism and Ecology*. Nueva York: Monthly Review Press, 2020.

Foucault, M. "El sujeto y el poder". En *Estética, ética y hermenéutica* III. Barcelona: Paidós, 1999.

Gaard, G. "Ecofeminism and climate change". *Women's Studies International Forum* 49 (2015), 20-33.

García-Zamora, Rodolfo, Óscar Pérez-Veyna, *et al.* "Paradojas de la migración internacional y el medio ambiente." *Economía, sociedad y territorio* 6, 24 (2007): 975-994

Gardiner, S. M. *A Perfect Moral Storm: The Ethical Tragedy of Climate Change*. Oxford: Oxford University Press, 2011.

González García, J. M. "¿Son vinculantes los dictámenes del Comité de Derechos Humanos de las Naciones Unidas? Posición de los tribunales españoles a propósito de un controvertido caso (sobre el derecho a la revisión de la condena penal por una instancia superior". *La Ciencia del Derecho Procesal. Estudios en Homenaje a Héctor Fix Zamudio en sus Cincuenta Años como Investigador del Derecho.* México: UNAM, Instituto Mexicano del Derecho Procesal Constitucional, Marcial Pons, 2008.

Habermas, J. *Facticidad y validez: sobre el derecho y el Estado democrático de derecho en términos de teoría del discurso.* Madrid: Trotta, 1998.

Hansen, J., Sato, M., y Ruedy, R. "Perception of Climate Change". *Proceedings of the National Academy of Sciences* 109, 37 (2012): E2415-E2423.

Harvey, D. "Three Marxist Takes On Climate Change". *Conferencia en el Left Forum 2019.* Brooklyn: Essential Dissent, 30 de junio 2019.

Hudson, M. Global Warming and U.S. National Security Diplomacy. *Michael Hudson on Finance, Real Estate and the Powers of Neoliberalism.* 5 de agosto 2019. https://michael-hudson.com. Consulta: 9 enero, 2023.

Jonas, H. *El principio de responsabilidad: Ensayo de una ética para la civilización tecnológica.* Barcelona: Herder Editorial, 1995.

Mallick, B. "The Nexus between Socio-Ecological System, Livelihood Resilience, and Migration Decisions: Empirical Evidence from Bangladesh". *Sustainability* 11, 12 (2019): 3332.

Methmann, C. "Visualizing Climate-Refugees: Race, Vulnerability, and Resilience in Global Liberal Politics". *International Political Sociology* 8, 4 (2014): 416-435.

Methmann, C., & Oels, A. "From 'fearing' to 'empowering' Climate Refugees: Governing Climate-Induced Migration in the Name of Resilience". *Security Dialogue* 46, 1 (2015): 51-68.

Miller, D. "Global Justice, and Climate Change: How should Responsibilities be distributed?". *Tanner Lectures on Human Values* 28 (2009): 119–156.

Miller, D. *Strangers in Our Midst. The Political Philosophy of Immigration.* Cambridge: Harvard University Press, 2016.

Organización Internacional de la Migración (OIM). *Extreme Heat and Migration. The impacts of Threats to Habitability from Increasing and Extreme Heat Exposure due to Climate Change on Migration Movements.* Ginebra: OIT, 2018.

Organización de Naciones Unidas (ONU). "El Comité de Derechos Humanos abre la puerta a las solicitudes de asilo por cambio climático". *Noticias ONU.* 21 enero 2020. Consultado en: https://news.un.org/es/story/2020/01/1468291. Consulta: 9 enero, 2023

Lutz, Wolfgang Et al. "Desafíos demográficos para un desarrollo sustentable". *Estudios Demográficos y Urbanos* 27, 1 (2012): 227-234.

Nolt, J. "How Harmful are the Average American's Greenhouse Gas Emissions?". *Ethics, Policy and Environment* 14, 1 (2011): 3-10.

Prudham, S. "Pimping Climate Change: Richard Branson, Global Warming, and the Performance of Green Capitalism". *Environment and Planning A* 41, 7 (2009): 1594-1613.

Rawls, J. *Teoría de la justicia.* Ciudad de México: Fondo de Cultura Económica, 2012.

Rawls, J. *The Law of Peoples: With, the Idea of Public Reason Revisited.* Cambridge: Harvard University Press, 1999.

Reid, J. "Climate, Migration, and Sex: The Biopolitics of Climate-induced Migration". *Critical Studies on Security* 2, 2 (2014), 196-209.

Rothe, D. "Gendering Resilience: Myths and Stereotypes in the Discourse on Climate-induced Migration". *Global Policy* 8 (2017): 40-47.

O'Neill, J. "Representing People, Representing Nature, Representing the World". *Environment and Planning C: Government and Policy* 19, 4 (2001): 483-500.

Organización de las Naciones Unidas. *Sharm el-Sheikh Implementation Plan.* Sharm el-Sheikh: 20 de noviembre, 2022.

Scheffran, J., Marmer, E., & Sow, P. "Migration as a Contribution to Resilience and Innovation in Climate Adaptation: Social Networks and Co-development in Northwest Africa". *Applied geography* 33 (2012): 119-127.

Shachar, A. *The shifting Border: Legal Cartographies of Migration and Mobility.* Manchester: Manchester University Press, 2020.

Semmens, A. "Maximizing Justice for Environmental Refugees: A Transnational Institution on Behalf of the Deterritorialized". *Governing for the Environment.* Londres: Palgrave Macmillan, London, 2001, 72-87.

Singer, P. "Famine, Affluence, and Morality". *Philosophy & Public Affairs* 1, 3 (1972): 229-243.

Singer, P. "The drowning Child and the expanding Circle". *New Internationalist* 289 (1997): 28-30.

Singer, P. "Ethics and climate change: A commentary on MacCracken, Toman and Gardiner". *Environmental Values* 15, 3 (2006): 415-422.

Singer, P. *One World Now: The Ethics of Globalization.* Yale University Press, 2016.

Singer, O. "Will the polluters pay for climate change?". *Ethics in the real World.* Princeton y Oxford: Princeton University Press, 2016: pp 264-267.

Taylor, C. "La política del reconocimiento". C. Taylor, *El multiculturalismo y la política del reconocimiento.* México: Fondo de Cultura Económica, 1993.

Taylor, J. E., Filipski, M. J., Alloush, *et al.* "Economic Impact of Refugees". *Proceedings of the National Academy of Sciences,* 113, 27 (2016).

Tigau, C. *Discriminación y privilegios en la migración calificada. Profesionistas mexicanos en Texas.* México: Universidad Nacional Autónoma de México, 2020.

Thunberg, G. *The Climate Book.* Nueva York: Penguin Press, 2023.

Turhan, E., Zografos, C. y Kallis, G. "Adaptation as Biopolitics: Why State Policies in Turkey do not reduce the Vulnerability of Seasonal Agricultural Workers to Climate Change". *Global Environmental Change* 31 (2015): 296-306.

Van Dolah, E. R., Hesed, C. D. M., & Paolisso, M. J. Marsh. "Migration, Climate Change, and Coastal Resilience: Human Dimensions Considerations for a Fair Path Forward". *Wetlands* 40, 6 (2020): 1751-1764.

Wartenberg, T. E. "Situated Social Power". *Rethinking power.* Albany: State University of New York Press, 1992.

Wintour, P. 2018. "Hillary Clinton: Europe must curb immigration to stop rightwing populists". The Guardian. 22 noviembre 2018. Recabado en: https://www.the-guardian.com/world/2018/nov/22/hillary-clinton-europe-must-curb-immigration-stop-populists-trump-brexit Consulta: 7 enero, 2023.

Wonders, N. A. "Climate change, the production of gendered insecurity and slow intimate partner violence". Fitz-Gibbon K, Walklate S, McCulloch J, et al. (eds). *Securing Women's Lives: Intimate Partner Violence, Risk and Security.* New York: Routledge, 2018, 34-51.

NOTAS

❖ Migración, territorio y control de fronteras: aristas de una discusión abierta

1   Pison, G. "¿En qué lugar del mundo hay más inmigrantes?", *El País*, 15/03/2019. Consultado el: 06/09/2022. En: https://elpais.com/elpais/2019/03/15/migrados/1552661798_059448.html

2   Cave, D., & Schuetze, C. (24/10/2021), "'Una guerra por los talentos jóvenes'. Las naciones ricas se disputan a los trabajadores migrantes". *New York Times*. Consultado el: 06/09/2022. En: https://www.nytimes.com/es/2021/11/24/espanol/migracion-mundial.html

3   Dworkin, R. "A New Philosophy of International Law" *Philosophy and Public Affairs* 41, 1 (2013): 2-30.

4   Mackenzie, C., et al. "What is Vulnerability, and Why Does It Matter for Moral Theory". *Vulnerability: New Essays in Ethics and Feminist Philosophy* (C. Mackenzie, W. Rogers & S. Dodds. Oxford: Oxford University Press, 2014).

❖ La ética migratoria y la propiedad común de la tierra

1   Simmons, J. *The Lockean Theory of Rights* (Princeton, NJ: Princeton University Press, 1982), 238. Esta tipología deriva de John Simmons. Simmons identifica cada una de estas posturas del patrimonio con diferentes interpretaciones de Locke, y cada una de ellas cuenta con algún soporte dentro de sus textos.

2   En el caso de Simmons, siempre hay un problema de atribución: ofrece evidencia textual de las cuatro interpretaciones de Locke, lo que sugiere que no respalda ninguna de éstas, si bien parece sugerir que esta interpretación ayuda a explicar algunos pasajes clave en los que Locke contrasta los derechos comunes con la 'propiedad', y concibe esta última como 'fundada sobre', mas no idéntica, al derecho común al uso.

3   Ver: Murray N. Rothbard, *Man, Economy, State* (Arlington: Institute for Humane Studies, 1970), 169; y Edward Feser, "There Is No Such Thing As An Unjust Initial Acquisition", *Social Philosophy & Policy* 22, 1 (2005): 56-80.

4   Simmons, J. *The Lockean Theory of Rights*, 132-50, 140-43, 238-9. Es más típico de John Simmons, quien enfatiza la idea de necesidad –referida por el énfasis de Locke en los derechos de la autopreservación– y la de independencia, o bien, lo que Locke llamó *autogobierno*. "Lo que ha de garantizársele a cada persona", escribe Simmons en un pasaje en donde explica la condición "suficiente e igualmente bueno que", "es la oportunidad de *un modo de vida*, esto es, una

condición de no dependencia, en la que uno sea libre de mejorarse a sí mismo, de gobernar la propia existencia, y de poder gozar los bienes provistos a todos por Dios". Simmons, *Lockean Theory of Rights*, p. 293, en especial, la nota 179.

5   Nozick, R. *Anarchy, State and Utopia* (Nueva York: Basic Books, 1974), 175. Agradezco a Andrew Lister por dirigir mi atención a este pasaje.

6   Cohen, G. A. *Self-Ownership, Freedom, and Equality* (Cambridge: Cambridge University Press, 1995), 95-97.

7   Cohen, G. A. *Self-Ownership, Freedom, and Equality*. Cambridge, 98.

8   Steiner, H. "Left-Libertarianism and the Ownership of Natural Resources". *Public Reason* 1, 1 (2009): 1-8; Steiner, H. "Territorial Justice". *National Rights, International Obligations*, (S. Caney, D. George & P. Jones (eds). Boulder, Co: Westview Press, 1996), 48-9.

9   Se toca este punto en David Miller, *National Responsibility and Global Justice* (Oxford: Oxford University Press, 2007), 57-8.

10   Risse, M. "Human Right to Water and Common Ownership of the Earth". *Journal of Political Philosophy* 22, 2 (2014): 188.

11   Risse, M. *Global Justice and Common Ownership of the Earth* (Princeton, N.J.: Princeton University Press, 2012), 112.

12   Énfasis añadido.

13   Steiner, H. "Territorial Justice". *National Rights, International Obligations* (S. Caney, D. George & P. Jones, eds. Boulder, Co: Westview Press, 1996), 144.

14   Miller, D. *National Responsibility and Global Justice* (Oxford: Oxford University Press, 2007), 57-8.

15   Oberman, K. "Immigration and Equal Ownership of the Earth". *Ratio Juris* 30, 2 (2016): 8.

16   De hecho, realmente no nos dice cómo es que este ideal sería consistente con la propiedad privada, ya que no es del todo claro por qué el consentimiento de los ancestros sería relevante para la generación actual (para los propietarios conjuntos).

17   Oberman, K. "Immigration and Equal Ownership of the Earth", 13.

18   Oberman, K. "Immigration and Equal Ownership of the Earth", 13.

19   Blake, M. & Risse, M. *Migration, Territoriality and Culture*, 2007; Blake, M. & Risse "Immigration and Original Ownership of the Earth", *Notre Dame Journal of Law*, 23, 133 (2009): 133-167.

20	Risse, M. "Human Right to Water and Common Ownership of the Earth". *Journal of Political Philosophy* 22, 2 (2014): 112.

21	Blake, M. & M. Risse. "Immigration and Original Ownership of the Earth", 163-4.

22	Blake, M. & M. Risse. "Immigration and Original Ownership of the Earth", 163-4; Risse, M. *Global Justice and Common Ownership of the Earth*, 112.

23	Pevnick, R. "An Exchange: The Morality of Immigration". *Ethics & International Affairs* (Cambridge: Cambridge University Press, 2018), 241-9.

24	Oberman, K. "Immigration and Equal Ownership of the Earth".

25	Kolers, A. *Land, Conflict, and Justice* (Cambridge: Cambridge University Press, 2009), 52-5.

26	Risse, M. *Global Justice and Common Ownership of the Earth*, 160.

27	Risse, M. *Global Justice and Common Ownership of the Earth*, 160.

28	Risse, M. "Human Right to Water and Common Ownership of the Earth", 112.

29	Véase aquí: Chris Armstrong, *Justice and Natural Resources, An Egalitarian Theory* (Oxford: Oxford University Press, 2017).

30	Christman, J. *The Myth of Property* (Oxford: Oxford University Press, 1994).

31	Waldron, J. "Rights in Conflict". *Ethics*, 99 (1989): 515-19. Waldron sugiere que el respeto por personas descarta la prioridad léxica en dichos casos, porque ha de tenerse en consideración las demandas de diferentes personas. Su ejemplo es de un conflicto dentro del propio derecho, en el que el triaje implica que a ciertos casos urgentes se les da prioridad, si bien no implica prioridad léxica.

32	Risse es sensible a esto en su discusión sobre la injusticia intergeneracional, y reconoce el problema de carácter sustituible de los recursos. También formula la siguiente pregunta: ¿qué nivel y/ o tipo de recursos debemos a las generaciones futuras? El modo en que esto suele abordarse en la literatura de la teoría política se hace en términos de principios de distribución, ya sea que se nos exija, permita o prohíba ahorrar, no ahorrar, o el *statu quo*. Sin embargo, la aproximación que he adoptado hasta ahora respecto a los recursos, que exige un análisis más completo y de nivel más básico sobre las relaciones entre los seres humanos y los recursos, podría sugerir que los desahorros estarían prohibidos en el caso de algunos recursos, mientras que estarían permitidos –e incluso serían exigidos– en el caso de otros. Podría ser que no haya ninguna respuesta generalizada a esta cuestión, y que las compensaciones tengan sentido en el caso de algunos recursos, mas no en otros. Risse es consciente de esta posibilidad, pero no informa su aproximación general a la justicia. El problema surge en todos los casos de conflicto.

33   Miller, D. "Immigration: The Case for Limits". *Contemporary Debates in Applied Ethics*. (A. I. Cohen & C. H. Wellman, eds. Oxford: Wiley-Blackwell, 2014), 193-206.

34   Véase Moore, Margaret, "The Taking of Territory and the Wrongs of Colonialism", *Journal of Political Philosophy* 27, 1 (2019): 87-106.

❖ Teoría democrática y coerción fronteriza: la falta de derecho a controlar unilateralmente las propias fronteras

1   Para una defensa, véase: Kay Hailbronner, "Citizenship and Nationhood in Germany" *Immigration and the Politics of Citizenship in Europe and North America* (ed., W. R. Brubaker. Lanham, MD: University Press of America, 1989).

2   Se usarán los términos "límites" y "fronteras" indistintamente.

3   Carens, "Aliens and Citizens," *Review of Politics* 49 (1987): 251-73; Carens, "Migration and Morality," en *Free Movement*, ed. Brian Barry y Robert E. Goodin (University Park: Pennsylvania State University Press, 1992); cf. Philip Cole, *Philosophies of Exclusion* (Edimburgo, Reino Unido: Edinburgh University Press, 2000); Howard Chang, "Immigration Policy, Liberal Principles, and the Republican Tradition," *Georgetown Law Journal* 85, no. 7 (1997): 2105-19; y Peter Schuck, "The Transformation of Immigration Law," *Columbia Law Review* 84, no. 1 (1984): 1-90.

4   Véase Seyla Benhabib, *The Rights of Others* (Cambridge, Reino Unido: Cambridge University Press, 2004), 7-12; Bas Schotel, "How Political and Legal Theorists Can Change Admission Laws," *Ethics and Economics* 4, no. 1 (2006).

5   Véase: David Owen, "Resistance in Movement" (Philosophy and Social Sciences Conference, Institute of Philosophy, Praga, República Checa, mayo 2005).

6   Charles Beitz, *Political Equality* (Princeton, NJ: Princeton University Press, 1989), 16-17, sostiene que la concepción más "genérica" de la democracia meramente exige la participación de los ciudadanos en la toma de decisiones, mas no su igualdad o participación equitativa. Mi argumento se restringe a las teorías de la democracia comprometidas con la igualdad.

7   Véase Joseph Raz, *The Morality of Freedom* (Oxford, Reino Unido: Clarendon, 1986), 6-17; cf. Charles Taylor, *Philosophy and the Human Sciences* (Cambridge: Cambridge University Press, 1985), 219.

8   Joseph Raz, *The Morality of Freedom*, 154-5, 369.

9   Joseph Raz, *The Morality of Freedom*, 372-8. Cf. Michael Blake, "Distributive Justice, State Coercion, and Autonomy", *Philosophy & Public Affairs* 30, no. 3 (2002): 257-96, 268-70.

10   Joseph Raz, *The Morality of Freedom*, 377-8, 410. El hecho de que la coerción siempre socave la independencia es la razón por la que Grant Lemond se equivoca al decir que "las instancias particulares de coerción pueden dejar intacta la autonomía personal" si dejan intacto un rango adecuado de opciones valiosas. Lamond, "The Coerciveness of Law", *Oxford Journal of Legal Studies* 20, no. 1 (2000): 39-62, 61.

11   Véase el apéndice para mayor elaboración y una definición formal.

12   Véase Blake "Distributive Justice," 281-82; y Raz, *Morality of Freedom*, 156.

13   El término "hipotético" no compromete al liberalismo con la deontología de hechos. Véase: Thomas Pogge, "What We Can Reasonably Reject", *Philosophical Issues* 11 (2001): 118-47, especialmente 141.

14   Véase Joshua Cohen, "Deliberation and Democratic Legitimacy," en *The Good Polity*, ed. A. Hamlin y Philip Pettit (Oxford, Reino Unido: Basil Blackwell, 1989); Jürgen Habermas, *Between Facts and Norms* (Cambridge, MA: MIT Press, 1996); Seyla Benhabib, "Toward a Deliberative Model of Democratic Legitimacy", en *Democracy and Difference* (Princeton, NJ: Princeton University Press, 1996); James Bohman, *Public Deliberation* (Cambridge, MA: MIT Press, 1996); y Frank Michelman, "How Can the People Ever Make the Laws?" en *Deliberative Democracy*, ed. James Bohman y William Rehg (Cambridge, MA: MIT Press, 1997).

15   Véase Beitz, *Political Equality*.

16   Cohen, J. "Reflections on Habermas on Democracy". *Ratio Juris* 12, 4 (1999a): 385-416.

17   Quentin Skinner, Machiavelli (Oxford, Reino Unido: Oxford University Press, 1981), atribuye algo semejante a la primera postura a Maquiavelo. Frederick Neuhouser, "Freedom, Dependence, and the General Will", Philosophical Review 102, no. 3 (1993): 363-95, atribuye la segunda postura a Rousseau.

18   Cole, P. *Philosophies of Exclusion* (Edimburgo: Edinburgh University Press, 2000), 184.

19   Cohen, J. "Changing Paradigms of Citizenship and the Exclusiveness of the Demos". *International Sociology* 14, 3 (1999b): 245-68. Ver: Benhabib, *The Rights of Others* (Cambridge: Cambridge University Press, 2004), 19, 45-47, 219; y Jürgen Habermas, *The Postnational Constellation* (Cambridge, MA: MIT Press, 2001), 107-9. Sobre la tensión putativa entre el liberalismo y la democracia, véase Carl Schmitt, *The Crisis of Parliamentary Democracy* (Cambridge, MA: MIT Press, 1985) y Chantal Mouffe, *The Democratic Paradox* (Londres: Verso, 2000).

20   Mouffe, C. *The Democratic Paradox* (Londres: Verso, 2000), 39.

21   Véase, por ejemplo, Charles Taylor, "The Dynamics of Democratic Exclu-sion", *Journal of Democracy* 9, no. 4 (1998): 143-56.

22   Whelan, F.G. "Citizenship and Freedom of Movement". *Open Borders? Closed Societies?* Gibney, M (ed.). Nueva York: Greenwood, 1988) 16-7, 28.

23   Whelan, F.G. "Citizenship and Freedom of Movement", 28.

24   Whelan, F.G. "Citizenship and Freedom of Movement", 62.

25   Sobre las implicaciones globalizantes del principio de que todos son afectados, véase Robert E. Goodin, "Enfranchising All Affected Interests, and Its Alterna-tives", *Philosophy & Public Affairs* 35, 1 (2007): 40-68.

26   Para una explicación de por qué el régimen fronterizo del control estatal some-te a los extranjeros a coerción (y para una definición formal de *sometimiento a coerción*), véase el apéndice. Limito el argumento al caso de la coerción, como es entendida en el principio de autonomía como fundamento metodológico, y no porque descarte la necesidad de justificar el ejercicio de otras formas de poder político (p.ej., manipulación ideológica) que afectan a las personas pero que no podrían ser calificadas como coerción.

27   La tesis del *demos* ilimitado no es una tesis propiamente ni normativa ni em-pírica. Se trata de *una* afirmación (conceptual o metafísica) *a priori* sobre un elemento constitutivo "del *demos*", que es el término utilizado en el principio de legitimación (PL) de la teoría democrática normativa. En el nivel más abstracto, el PL sería este: la justificación para el ejercicio de poder político correspondería al *demos* sobre el que se ejerce. De acuerdo con la tesis del *demos limitado*, el PL solo sería significativo si por *demos* nos refiriéramos a un conjunto institu-cionalmente articulado de personas del que algunas quedaran necesariamente excluidas. La tesis del *demos ilimitado* niega lo anterior, y afirma en cambio que el *demos* en el PL podría expresarse acertadamente como "todas las personas". Para una defensa de la afirmación según la cual la articulación de un grupo no obliga constitutivamente (ni a nivel conceptual ni metafísico) a excluir a algu-nas personas, véase: Arash Abizadeh, "Does Collective Identity Presuppose an Other?" *American Political Science Review* 99, no. 1 (2005): 45-60.

28   Whelan, F. G. "Prologue: Democratic Theory and the Boundary Problem". *Nomos 25: Liberal Democracy* (Pennock J. R. & Chapman, J. eds. Nueva York: New York University Press, 1983), 22, 40.

Ver: Robert Dahl, *After the Revolution?* (New Haven, CT: Yale University Press, 1970), 59-63.

29   Para una crítica a esta concepción substancialista, véase: Habermas, *Between Facts and Norms*, 463-90; James Bohman, "From *Demos* to *Demoi*", *Ratio Juris* 18, no. 3 (2005): 293-314, 296.

30   Walzer, M. *Spheres of Justice* (Oxford: Blackwell, 1983), 62.

31   Sobre el bienestar, véase Joseph Carens, "Immigration and the Welfare State", en *Democracy and the Welfare State*, ed. Amy Gutmann (Princeton, NJ: Princeton University Press, 1988), 222; sobre la cultura, véase: Will Kymlicka, "Territorial Boundaries", en *Boundaries and Justice*, ed. David Miller y Sohail Hashmi (Princeton, NJ: Princeton University Press, 2001), 265-66; Carens, "Migration and Morality", 37-39; y James Woodward, "Commentary", en *Free Movement*, ed. Brian Barry y Robert E. Goodin (University Park: Pennsylvania State University Press, 1992), 64.

32   Raz, J. *The Morality of Freedom* (Oxford: Clarendon, 1986), 369-381.

33   Raz, J. *The Morality of Freedom*, 308-310. "La libertad depende de las opciones que a su vez dependen de las reglas que constituyen dichas opciones… [que por su parte] presuponen significados compartidos y prácticas comunes". Joseph Raz, *Ethics in the Public Domain*, rev. ed. (Oxford, Reino Unido: Clarendon, 1995), 176.

34   Ver la discusión de Jeff McMahan sobre el pluralismo cultural en "The Limits of National Partiality", en *The Morality of Nationalism*, ed. Robert McKim y Jeff McMahan (Nueva York: Oxford University Press, 1997), 123.

35   "El carácter distintivo de las culturas y de los grupos depende del estar cerrados y, sin ello, no puede concebirse como un rasgo estable de la vida humana. Si este carácter distintivo es un valor… entonces el estar cerrados debería permitirse en algún lugar". Walzer, *Spheres of Justice*, 39.

36   Un lector ha objetado que en este caso la autonomía se vería comprometida sólo si el Estado cerrara realmente sus fronteras y no si meramente tuviera el derecho unilateral a hacerlo. Pero incluso si la premisa de la objeción fuera verdadera (que la autonomía no se vería afectada por el derecho unilateral a cerrar las fronteras), no se libraría del argumento de la autodeterminación. Esto es así porque la consecuencia del argumento pluralista es al menos negar a los ciudadanos el derecho unilateral a cerrar sus fronteras, lo que significa que, a fin de seguir siendo compatible con el argumento pluralista, el argumento de la autodeterminación podría, a lo más, establecer un "control" fronterizo local y unilateral en el sentido limitado de administrar una política sobre qué ciudadanos tendrían poca participación (dado que las fronteras no deberían estar cerradas). Esto socava el argumento de la autodeterminación, porque su postura a favor del control unilateral está fundada sobre la necesidad putativa de un derecho a *cerrar* las fronteras. El establecimiento de este derecho a cerrar las fronteras es precisamente el punto del argumento de la autodeterminación. De igual modo, la premisa de la objeción no es verdadera. Si la autonomía de los extranjeros limita lo que los ciudadanos podrían hacer en justicia respecto a la política fronteriza, desde una perspectiva democrática, el hecho de respetar los límites sería insuficiente (y los derechos correlativos de los extranjeros) gracias a la bondad de los corazones de los ciudadanos. Si los ciudadanos tienen participación en la justificación, la democracia demandaría un derecho a la participación. Si la democracia es justificada *instrumentalmente*, demandaría un derecho a

la participación como un *medio* necesario para salvaguardar la autonomía de las personas (y sus derechos consecuentes). Si es justificada *no-instrumentalmente*, afirmaría que las personas son autónomas sólo en la medida en que pueden verse a sí mismas como autoras de sus propios derechos y obligaciones políticamente establecidos, en lugar de gozar de ellos simplemente a merced de un autócrata iluminado pero irresponsable. (Este último punto puede teorizarse en términos de la tesis de la "co-originalidad" de Jürgen Habermas, misma que acepto mas no defiendo aquí. Esta tesis sostiene que los fundamentos para justificar el principio liberal de los "derechos humanos", que restringe el modo en que el poder político puede ejercerse de modo justo, son los mismos fundamentos que justifican el principio democrático de la "soberanía popular", que exige derechos de participación política). Habermas, *The Inclusion of the Other* (Cambridge, MA: MIT Press, 1998), cap. 10.

37   Montesquieu. *L'Esprit des lois* (Paris: Hachette BNF, 2017), libro IX, cap. 1.

38   Ver: Whelan, "Citizenship and Freedom of Movement", 25. Véase Walter Berns, "The Case Against World Government", en *Readings in World Politics*, ed. R. A. Goldwin (Nueva York: Oxford University Press, 1959); y, para una crítica, Janna Thompson, *Justice and World Order* (Nueva York: Routledge, 1992), 93-98.

39   Por ejemplo, véase la postura milliana de John Rawls según la cual los ciudadanos de las democracias desean compartir su cuerpo social con personas con las que "comparten simpatías". Rawls, *The Law of Peoples* (Cambridge, MA: Harvard University Press, 1999), 24.

40   Esta justificación instrumental, desde el punto de vista de la eficiencia, corresponde a la justificación consecuencialista de los deberes especiales y de las fronteras políticas de Robert E. Goodin. Véase: Goodin, "What is so Special about Our Fellow Countrymen?" *Ethics* 98, no. 4 (1988): 663-86, 681.

41   Véase Robert Dahl, "Can International Organizations be Democratic?" en *Democracy's Edges*, ed. Ian Shapiro y Casiano Hacker-Cordón (Cambridge: Cambridge University Press, 1999), 22.

42   Los políticos liberales han replicado exigiendo que el Estado permanezca neutral, en su nivel constitucional esencial, respecto a diferentes concepciones del bien. Sin embargo, como los propios liberales cada vez reconocen más, las instituciones políticas no pueden ser del todo neutrales a nivel cultural, dado que necesariamente reconocen algún o algunos lenguajes particulares para la vida política. Véase Will Kymlicka, *Multicultural Citizenship* (Oxford, Reino Unido: Clarendon Press, 1995), 111-15.

43   El argumento de la protección de las minorías tiene ciertas afinidades con el "argumento del reconocimiento" que Alan Patten presenta para defender las jurisdicciones políticas separadas, si bien en él se han eliminado las asunciones nacionalistas problemáticas en torno a la naturaleza de y las relaciones entre la identidad, la cultura y los valores. Véase Patten, "Democratic Secession from

a Multinational State", *Ethics* 112 (abril 2002): 558-86. Nacionalistas liberales como Kymlicka defienden la existencia de las fronteras al afirmar que son instrumentos necesarios para la protección de las diferentes culturas nacionales que, por su parte, es algo necesario para la autonomía. Kymlick*a, Multicultural Citizenship,* cap. 5; Kymlicka, "Territorial Boundaries", 266. No obstante, como Patten ha mostrado en otro lugar, este argumento solo procede bajo ciertas condiciones bastante restringidas. Patten, "The Autonomy Argument for Liberal Nationalism", *Nations and Nationalis*m 5, no. 1 (1999): 1-17. Los demás argumentos de Kymlicka –que la regulación de las fronteras es instrumentalmente necesaria para constituir la nación, lo que a su vez se requiere para dar lugar a una economía moderna, a la solidaridad social y a la comprensión y confianza mutuas necesarias para la democracia– dependen de afirmaciones empíricas problemáticas. Kymlicka, "Territorial Boundaries", 265-66. Para una crítica a estas afirmaciones, véase: Arash Abizadeh, "Does Liberal Democracy Presuppose a Cultural Nation*?" American Political Science Review* 96, no. 3 (2002): 495-509.

44   Sobre la relación entre las dos condiciones para la legitimidad democrática (la participación y la libertad/ igualdad), véase Cohen, "Reflections on Habermas on Democracy".

45   Para una discusión, véase: Mark Gibney, ed*., Open Borders? Closed Societie*s? (Nueva York: Greenwood Press, 1988); Brian Barry y Robert E. Goodin, eds., *Free Movement* (University Park: Pennsylvania State University Press, 1992); David Miller y Sohail Hashmi, eds*., Boundaries and Justice* (Princeton, NJ: Princeton University Press, 2001); y *Ethics and Economics* 4, no. 1 (2006).

46   Un lector ha sugerido que esto introduce disimuladamente el principio de que todos son afectados. Es cierto que el principio de autonomía es sensible a los intereses (i.e., valores). Sin embargo, sigue estando más limitado que el principio de que todos son afectados, ya que esta sensibilidad sólo se activa para diferenciar entre aquellos que ya están siendo sometidos a coerción. El hecho de tener opciones valiosas que están en juego no es suficiente para que el principio de autonomía genere una demanda de justificación. Uno debe estar sometido a coerción.

47   El hecho de que el control fronterizo sea reconocido por las Naciones Unidas como si recayera sobre la jurisdicción de los Estados individuales no cuenta como si se delegara en el sentido *democrático* (cumpliendo las condiciones de participación y de igualdad/ libertad) necesarias para la legitimación.

48   Para exploraciones preliminares sobre cómo las disposiciones democráticas podrían articularse a nivel institucional, véase: Daniele Archibugi, David Held, y Martin Köhler, eds*., Re-Imagining Political Community* (Stanford, CA: Stanford University Press, 1998).

49   Ver: Benhabib, "Toward a Deliberative Model", 84.

50   Como plantea Schotel, "hacerlo y aprender es la actitud apropiada" de los activistas en este rubro. Schotel, "How Political and Legal Theorists Can Change Admission Laws", 8.

51   Para la distinción entre la coerción exitosa y la coacción, véase Lamond, "Coerciveness of Law", 52; y Scott Anderson, "Coercion", en *Stanford Encyclopedia of Philosophy*, 2006, http://plato.stanford.edu/ (consultado abril 3, 2007). Para una explicación (que Anderson correctamente critica) que reduce la coerción a "una palabra de logro" que denota éxito, véase Michael Bayles, "A Concept of Coercion", en *Coercion: Nomos* XIV, ed. J. Roland Pennock y John Chapman (Chicago: Aldine, 1972), 19.

52   En contraste, Robert Nozick, "Coercion," en *Philosophy, Politics and Society: Fourth Series*, ed. Peter Laslett, W. G. Runciman, y Quentin Skinner (Oxford, Reino Unido: Basil Blackwell, 1972); y Michael Gorr, "Toward a Theory of Coercion," *Canadian Journal of Philosophy* 16, no. 3 (1986): 383-406, limitan su discusión a la coerción comunicativa. Para razones adicionales a favor del rechazo esta limitación, véase: Anderson, "Coercion," y Virginia Held, "Coercion and Coercive Offers," en *Coercion: Nomos* XIV, ed. J. Roland Pennock y John Chapman (Chicago: Aldine, 1972).

53   La autorización no constituye una amenaza *coercitiva* porque no opera comunicando intenciones de coaccionar (aunque podría también estar acompañado de amenazas). Autorizar legalmente que los agentes estatales incapaciten de modo preventivo a una persona para que no cometa un homicidio es distinto a amenazar con prisión a un homicida tras haber cometido el acto. Véase Lamond, "Coerciveness of Law," 42-43.

54   Como Held acertadamente afirma, en estos casos lo que "cambia no es el carácter coercitivo de dichas leyes, sino el interés del individuo en arriesgar o no arriesgar las consecuencias de su violación". Held, "Coercion and Coercive Offers", 55.

55   He adaptado estas condiciones de Nozick, "Coercion", 102-6, y *Raz, Morality of Freedom*, 148-49. Las condiciones 1-6 a grandes rasgos corresponden a las condiciones 1'; 2' y 7; 3; 6; 4; y 5' de Nozick; y a las condiciones 1; 3 y 4(b); 2; 4(a); 5; y 6 de Raz; respectivamente.

56   También defendería otras dos condiciones, cada una suficiente para que una amenaza sea coercitiva cuando se combina con 1-4 más N:

S2: X deja a Q con un rango inadecuado de opciones valiosas (siendo que Q tendría un rango adecuado de no ser por X); o

S3: X elimina una opción que es fundamental para la capacidad de Q para seguir sus propios proyectos o planes de vida.

S3 capta lo que Raz llama una elección dictada por las "necesidades personales". *Raz, Morality of Freedom*, 152-53.

57 Más formalmente:

N: q←p; o p→q

S: (r∩o)→p

Entonces: (r∩o)→q

Donde:

o = t cumple las condiciones 1-4

p = t somete a Q a una amenaza coercitiva

q = t invade la autonomía de Q

r = t amenaza con fuerza física a Q

58 Véase Arthur Ripstein, "Authority and *Coercion*", *Philosophy & Public Affairs* 32, no. 1 (2004): 2-35.

59 Puede que preocupe que esta definición de estar sometido a una amenaza coercitiva –que no es condicional respecto al interés de quien es coaccionado de llevar a cabo la acción proscrita– sea demasiado amplia. Al lector le preocupa que la implicación (implausible) de la definición sería que la ley que criminaliza la homosexualidad en Nigeria sometería a coerción a un ciudadano y residente estadounidense que no tuviera interés por ir a Nigeria, ya que esto le representaría una amenaza por las sanciones a las que se vería sujeto en caso de ir a Nigeria y ejercer su homosexualidad. Esto pierde de vista la diferencia entre las leyes que regulan las fronteras y las leyes que regulan las acciones al interior del Estado y, por ende, hace una lectura errada de la condición 1 (y de la ley). Es cierto que algunas leyes afirman tener una jurisdicción universal y, por ende, someterían a los extranjeros con amenazas coercitivas. Como tales, serían análogas a las leyes fronterizas y, en consecuencia, su legitimidad exigiría ser justificadas ante los extranjeros. (El *Helms-Burton Act* de los Estados Unidos de América amenaza a las compañías no-norteamericanas que hagan negocios con Cuba; la jurisdicción de la ley universal de Bélgica de 1993 otorgó a las cortes belgas jurisdicción sobre las atrocidades cometidas por no-belgas y fuera de Bélgica). Sin embargo, estas reglas son poco comunes; normalmente las leyes (como en el ejemplo de Nigeria) no son dirigidas a los extranjeros. Lo distintivo sobre las leyes fronterizas (y las amenazas que las acompañan) es que son dirigidas *inherentemente* tanto a los locales como a los foráneos (independientemente del interés que los foráneos tengan por realizar la acción proscrita). Una ley fronteriza cumple con la condición 1 ante un extranjero porque el Estado P comunica su intención, por ejemplo, de encarcelar al extranjero Q (resultado X) si Q procede a entrar al Estado (acción A). Sin embargo, la ley que criminaliza la homosexualidad en Nigeria no amenaza al extranjero Q si Q lleva a cabo sexo homosexual (acción A). Aquí no hay una cuestión de jurisdicción universal. Pretender que se cumpla la condición 1 igualando la "acción A" con "entra en

Nigeria y luego lleva a cabo sexo homosexual" es engañoso, pues combina dos acciones diferentes, una es cruzar la frontera y otra sería tener sexo, que son objeto de leyes distintas. Las leyes fronterizas no siempre están dirigidas a todos y son, por así decirlo, previas a otras leyes: normalmente definen a quién se dirigirán otras leyes limitando su rango jurisdiccional. (La cuestión del ejemplo presentado por el lector es el tipo de derechos democráticos que los turistas o los migrantes deberían tener por el hecho de estar sometidos a las leyes locales, lo cual representa una cuestión que escapa los alcances del presente artículo).

❖ ¿Tenemos deberes de respetar los controles fronterizos de los Estados?

1   Que yo sepa, solamente Yong, C. "Justifying Resistance to Immigration Law: The Case of Mere Noncompliance". *Canadian Journal of Law & Jurisprudence* 31, 2 (2018): 459-481; Hidalgo, J. "Resistance to Unjust Immigration Restrictions". *Journal of Political Philosophy* 23, 4 (2015): 450-470;y Cabrera, L. *The Practice of Global Citizenship* (Cambridge University Press, 2010) han tratado propiamente el derecho de los migrantes potenciales a *resistirse* a las leyes y restricciones migratorias. La diferencia de este capítulo con esas aproximaciones es que ellas no proveen una visión completa de lo que las personas deben hacer frente a las instituciones fronterizas y de la relación normativa entre las y los inmigrantes potenciales y las fronteras. Yo creo que antes de considerar la plausibilidad de los derechos de resistir controles migratorios excluyentes es necesario determinar el tipo de obligaciones a los que ellos dan lugar. Una vez que conocemos el tipo de obligaciones que producen, podemos sopesar esas obligaciones con los derechos de las y los inmigrantes potenciales. Adicionalmente debemos sopesar también las obligaciones y los derechos de los ciudadanos y residentes del país receptor. Algunas obligaciones que generen las fronteras serán derrotables por los derechos de los inmigrantes. Otros derechos darán lugar a los derechos de resistencia que discuten Yong, Hidalgo y Cabrera. En cualquier caso, en este capítulo espero proveer un elemento adicional de análisis que creo que se necesita para completar la visión de las obligaciones que pueden generar las fronteras; y que a su vez pueda complementar los estudios sobre los derechos de resistencia de las y los inmigrantes potenciales.

2   Camacho Beltrán, E. "The Moral Character of Immigration Controls". En *Migración= Migration= Migração* (Universidad de Santiago de Compostela 18-20 Set. 2015, Instituto Internacional Casa de Mateus, 2016); Camacho Beltrán, E. "¿Son Malos Los Derechos Sociales para los Migrantes Internacionales?". *Los derechos sociales desde una perspectiva filosófica* (México: Tirant Lo Blanche, 2017a); Camacho Beltrán, E. "Legitimate Exclusion of Would-Be Immigrants: A View from Global Ethics and the Ethics of International Relations". *Social Sciences* 8 (2019); Camacho Beltrán, E. "How and When Are We Right to Prioritize the Interests of Residents and Citizens?". *World Affairs* 183, 1 (2020).

3   El trabajo que aquí desarrollo y que inicialmente redacté a finales del 2018, antecede temporal, conceptual y orgánicamente a dos trabajos míos que, mientras escribo estas líneas, ya se encuentran publicados, y en los cuales continuo

el proyecto que aquí había delineado inicialmente. Por causas ajenas a mí, este trabajo se publicó mucho después. Pero, en contraste con esos trabajos, éste se enfoca en los distintos y a veces contradictorios juicios éticos que tiene que ponderar una concepción normativa de la legitimidad. En "Legitimate Exclusion of Would-Be Immigrants: A View from Global Ethics and the Ethics of International Relations". *Social Sciences* 8 (2019): 238, reviso el proyecto aquí planteado y expando la tesis crítica que trata de explicar la falta de teorización acerca de la tierra y de la naturaleza de las fronteras. En "How and When Are We Right to Prioritize the Interests of Residents and Citizens?". *World Affairs* 183, 1 (2020) analizo sólo uno de los pasos que propongo para pensar el problema, a saber: si es moralmente permisible darle prioridad a los intereses de los residentes y ciudadanos cuando pensamos problemas de política fronteriza. Finalmente, en "Los Contornos del Diseño Fronterizo", en preparación, defiendo el diseño de mi concepto de fronteras.

4   En general en este capítulo, acerca de la naturaleza moral de las fronteras sigo mi discusión previa en Camacho Beltrán, E. "The Moral Character of Immigration Controls". Acerca de los reclamos morales de los inmigrantes con respecto de las fronteras que tienen un carácter moral sigo mi discusión elaborada en Camacho Beltrán, E. "¿Son Malos Los Derechos Sociales para los Migrantes Internacionales?".

5   Kagan, S. *The Limits of Morality* (Oxford: Oxford University Press, 1991), 17, 55-62.

6   Para la discusión de cómo se puede aplicar esta distinción en otros casos de ética aplicada véanse: McMahan, J. *Killing in War* (Oxford University Press, 2009) y Stemplowska, Z., Swift, A., Sobel, D., Vallentyne, P., & Wall, S. "Dethroning Democratic Legitimacy". *Oxford Studies in Political Philosophy Volume 4* (Oxford University Press, 2018).

7   Pero para estas teorías, "justicia" y "legitimidad" son mayormente conceptos co-extensionales en el sentido de que el uso legítimo del poder político es el que lo ejerce para establecer y mantener relaciones sociales justas. Pero confundir problemas de legitimidad y de justicia acarrea otros problemas a las teorías de la ética de la discriminación, como por ejemplo que los juicios articulados mediante la virtud de la justicia están sesgados por los intereses de los miembros de un grupo; en este caso los intereses de los ciudadanos y residentes. En este trabajo no me adentro en este problema, pero lo abordo en Camacho Beltrán, E. "Legitimate Exclusion of Would-Be Immigrants: A View from Global Ethics and the Ethics of International Relations". *Social Sciences* 8 (2019).

8   Kukathas, C. "The Case for Open Immigration". *Contemporary Debates in Applied Ethics*, 2005, 207-220; Carens, J. "Aliens and Citizens: The Case for Open Borders". *The Review of Politics* 49, 2 (1987): 251-273.

9   Wellman, H. C. "Immigration and Freedom of Association". *Ethics* 119, 1 (2008):109-141.

10   He abundado en el problema del carácter moral de las democracias liberales y sus fronteras en Camacho Beltrán, E. "The Moral Character of Immigration Controls".

11   Carens, J. *The Ethics of Immigration* (Oxford: Oxford University Press, 2013), 110, 118, 190.

12   Un problema adicional que considerar es el de los flujos migratorios desde las democracias liberales poco desarrolladas a otras más desarrolladas. Por ejemplo, los flujos de españoles al Reino Unido o los flujos de mexicanos a Canadá. Es posible que las obligaciones de un inmigrante potencial salvadoreño no sean iguales que las obligaciones de un inmigrante potencial mexicano. Pero espero que mi exclusión de los problemas urgentes pueda lidiar de manera relativamente suficiente con esa diferencia, cuando menos en esta primera aproximación. Gracias a Luis David Reyes por aclararme este punto.

13   Bolaños, B. *Biopolítica y Migración. El Eslabón Perdido de La Globalización* (México DF: Ediciones Acapulco, 2015).

14   Rawls, J. *Justice as Fairness: A Restatement*. Harvard University Press, 2001b; Ypi, L. *Global Justice and Avant-Garde Political Agency* (Oxford: Oxford University Press, 2012).

15   Para saber más de este tipo de método dialéctico y pluralista que combina el análisis normativo con el análisis más situado de las teorías de la injustica véase: Ypi, L. *Global Justice and Avant-Garde Political Agency*, especialmente el capítulo segundo y tercero.

16   Walzer, M.*Spheres of Justice* (Oxford: Basil Blackwell, 1983).

17   Camacho Beltrán, E. "¿Son Malos Los Derechos Sociales para los Migrantes Internacionales?"

18   Wellman, H. C."Immigration and Freedom of Association"; Miller, D. *Strangers in our Midst* (Harvard University Press, 2016).

19   Altman, A. & Wellman, H. *International Justice* (Oxford: Oxford University Press, 2009), 179-80.

20   Altman, A. & Wellman, H. *International Justice*, 179-80.

21   Van der Vossen, B. "Immigration and self-determination". *Politics, Philosophy & Economics* 14, 3 (2015): 270-290; Hidalgo, J. "Self-Determination, Immigration Restrictions, and The Problem of Compatriot Deportation". *Journal of International Political Theory* 10, 3 (2012): 261-282; Fine, S. "Freedom of Association Is Not the Answer". *Ethics* 120, 2 (2010): 338-356.

22   Hidalgo, J. "Self-Determination, Immigration Restrictions, and The Problem of Compatriot Deportation", 16.

23 Tamir, Y. *Liberal Nationalism*. Princeton: Princeton University Press, 1993; Miller, D. *On Nationality*. (Oxford: Clarendon Press, 1995); Gans, C. "Nationalism and Immigration". *Ethical Theory and Moral Practice* 1, (1998): 159-180.

24 Lægaar, S. "What is the Right to Exclude Immigrants?" *Res Publica* 16 (2010): 293. Más aún el proyecto de proteger la cultura desde las instituciones del Estado involucra casi siempre la idea de que el Estado escoja qué partes de la cultura conviene proteger. Esto da lugar al surgimiento de una cultura oficial que, a la postre, derrota el propósito de proteger la cultura nacional porque la convierte en una expresión inauténtica y burocrática de la cultura que le arrebata precisamente a la gente la autodeterminación cultural; ver: Camacho Beltrán, E. "Nacionalismo y crisis". *Tópicos* (México) 52 (2017b): 427-454.

25 Miller, D. *Strangers in our Midst*.

26 Miller, D. *Strangers in our Midst, 30-33*.

27 Miller, D. *Strangers in our Midst, 27*.

28 Miller, D. "Immigration: The Case of Limits". *Contemporary Debates of Applied Ethics*. (A. Cohen & C. Wellman, eds. New York: Wiley-Blackwell, 2005), 200.

29 Simmons, J. "On the Territorial Right of States". *Philosophical Issues: Social, Political and Legal Philosophy* 11, 12 (2001): 300-326.

30 Sidgwick, H. *The Elements of Politics* (London, New York: Macmillan, 1897), 308.

31 Locke, J. *Two Treatises of Government* (P. Laslett (ed). Cambridge: Cambridge University Press, 1988): II, 138.

32 Sidgwick, H. *The Elements of Politics*, 248.

33 Fine & Sangiovanni. *Immigration*. Moellendorf & Widdows, eds. *The Routledge Handbook of Global Ethics* (Routledge: London, 2015), 193-209; Ypi, L. "A Permissive Theory of Territorial Rights". *European Journal of Philosophy* 21, 1 (2013). Publicado en línea (DOI: 10.1111/j.1468-0378.2011.00506.x.); Stilz, A. "Why Do States Have Territorial Rights?". *International Theory* 1, 2, (2009): 185-213; Waldron, J. "Special Tides and Natural Duties". *Philosophy and Public Affairs* 22, 1 (1993): 3-30.

34 Kant. *The Metaphysics of Morals* (R. Sullivan, ed., M. J. Gregor, trans. Cambridge: Cambridge University Press, 1996 [1797]), Ak 6:312; Kant. *Practical Philosophy*. (M. Gregor, ed. Cambridge: Cambridge University Press, 1991 [1781]), 456.

35 Rawls, J. *The Law of Peoples: with "The Idea of Public Reason Revisited"* (Harvard University Press, 2001a), 155; Waldron, J. "Special Tides and Natural Duties", 4, 15). Con respecto a los argumentos de Kant estoy siguiendo parcialmente

una discusión que planteé previamente en la sección tres de Camacho, "The Moral Character of Immigration Controls" *Migración*, Mateus DOC, Galicia, España, 2016.

36   Kant. "Toward Perpetual Peace". *Practical Philosophy-Cambridge Edition of the Works of Immanuel Kant*. (Gregor, M. J., ed. Cambridge: Cambridge University Press, 1999 [1795])33-131. Acerca de este tipo de interpretaciones véase Ypi, L. "A Permissive Theory of Territorial Rights"; Stilz, A. "Why Do States Have Territorial Rights?"; Waldron, J. "A Right to do Wrong". *Ethics* 92, 1 (1981): 21-39.

37   Kant. *The Metaphysics of Morals*, 489-490.

38   Ypi, L. "A Permissive Theory of Territorial Rights". *European Journal of Philosophy* 21, 1 (2013), 3-4.

39   Kant, *The Metaphysics of Morals*, Ak: 8:355-6; Kant, *Practical Philosophy*, 226.

40   Kant, *The Metaphysics of Morals*, Ak: 6:353; Kant, *Practical Philosophy*, 489.

41   Camacho Beltrán, E. "¿Son Malos Los Derechos Sociales para los Migrantes Internacionales?". *Los derechos sociales desde una perspectiva filosófica* (México: Tirant Lo Blanche, 2017a).

42   Me refiero a una ampliación del llamado *boundary problem* o problema de las fronteras, identificado por primera vez por Dahl, R. A. *Democracy and its Critics* (Yale University Press, 1991), 60-61 y luego por Whelan, F. G. "Prologue: Democratic Theory and the Boundary Problem". *Nomos 25 Liberal Democracy*, Pennock & Chapman (eds). New York: New York University Press, 1983, 13-47. El problema es que nuestras teorías normativas pueden explicar por qué es valioso que un grupo tome decisiones democráticas, pero la composición del grupo –el *demos*– no se determina democráticamente. Como resultado, el liberalismo y la doctrina democrática simplemente asumen que existen sociedades con un conjunto determinado de miembros sujetos al dominio de un conjunto determinado de instituciones.

43   Camacho Beltrán, E. "¿Son Malos Los Derechos Sociales para los Migrantes Internacionales?".

44   Camacho Beltrán, E., & Valenzuela Moreno, K. A. "¿Son las personas migrantes una carga pública? Medidas antinmigrantes y deportabilidad en Estados Unidos". *Inter Disciplina*, 11, 29 (2023), 53–77. DOI: https://doi.org/10.22201/ceiich.24485705e.2023.29.84480.

45   Abizadeh, A. "Democratic Theory and Border Coercion: No Right to Unilaterally Control Your Own Borders". *Political Theory* 36, No. 1 (2008): 38.

46   Desde luego, existen teorías de la justicia global. Pero existe una disputa radical acerca de lo que estas teorías requerirían de los Estados. Para unos sólo requieren el respeto de los derechos humanos, pero no tiene sentido hablar de igualdad de oportunidades a nivel global porque, dada la diferencia de culturas, no tendría sentido igualar oportunidades acerca de cuyo valor las personas en el globo tienen entendimientos radicalmente diferentes. Ver: Miller, D. "Justice in Immigration". *European Journal of Political Theory* 14, 4 (2015): 391-408.; Rawls, J. *The Law of Peoples: with "The Idea of Public Reason Revisited"* (Harvard University Press, 2001a). Pero, para otros, la igualdad de oportunidades es un requisito moral coherente en el plano global (Carens, J. *The Ethics of Immigration* (Oxford: Oxford University Press, 2013); Caney, S. *Justice Beyond Borders: A Global Political Theory* (Oxford University Press, 2006). Aquí permanezco agnóstico acerca de la plausibilidad de las teorías de la justicia global que requieren igualdad de oportunidades, aunque es claro que, si alguna fuera plausible, la ética de la inmigración debería estar contenida en ella.

47   Arash Abizadeh. "Closed Borders, Human Rights, and Democratic Legitimation." In *Driven From Home: Human Rights and the New Realities of Forced Migration* (Ed. David Hollenbach. Washington, DC: Georgetown University Press, 2010): 156.

48   La doctrina tradicional de soberanía se elaboró para un tiempo turbulento en el que las dinastías europeas se disputaban el poder político y se enfrascaban en sangrientas guerras por la defensa de sus privilegios y el aumento de su riqueza. Las democracias liberales han cambiado la voluntad de sus dinastías por instituciones que funcionan con base en principios. En la medida en la que los principios regulatorios han sido sujetos a un proceso deliberativo, se han modificado para disminuir los privilegios injustificados y ampliar la distribución de derechos, lo que ha cambiado también a las instituciones. Las fronteras, no obstante, se han mantenido al margen de este deslizamiento moral sin que quede claro por qué. Si bien ya no todas son instituciones militares, como en el pasado la línea Maginot, su administración parece aún quedar a la discreción de los altos oficiales del Estado sin que alcance la deliberación pública que legitima al resto de las instituciones estatales.

49   Blake, M. "Distributive Justice, State Coercion and Autonomy". *Philosophy and Public Affairs* 30, 3 (2001): 257-296.

50   En general la idea de que cada uno debe ser creador de sí mismo. Ver: Raz, J. "Multiculturalism". *Ratio Juris* 11, 3 (1988): 369..

51   Moore, M. *A Political Theory of Territory* (Oxford: Oxford University Press, 2015): 115.

52   Arash Abizadeh. "Closed Borders, Human Rights, and Democratic Legitimation", 156.

53   Moore, M. *A Political Theory of Territory*, 53-54.

54   Moore, M. *A Political Theory of Territory*, 113-115.

55   Moore, M. *A Political Theory of Territory*, 122.

56   Hart, H. L. A., Hart, H. L. A., & Green, L. *The Concept of Law* (Oxford University Press, 2012).

57   Desde la perspectiva de Moore la determinación de la cantidad de tierra que requiere una comunidad política justa será determinada por una teoría completa del territorio. Seguramente habrá que proceder casuísticamente considerando la población, los recursos disponibles, el desarrollo tecnológico, el costo al medio ambiente, etc. Pero eso no es problema para nosotros en este momento pues por el momento sólo estamos considerando el potencial de la visión de Moore.

58   Kolers, A. *Land, Conflict, and Justice: A Political Theory of Territory*, 3-4, 11, 14, 90.

59   En esta sección sigo una discusión paralela que tuve en Camacho 2019. La diferencia es que aquí me concentro en el aspecto ético mientras allá me enfocaba en el aspecto político.

60   Dworkin, R. "A New Philosophy of International Law". *Philosophy and Public Affairs* 41:1 (2013): 5.

61   Dworkin, R. "A New Philosophy of International Law", 6-7.

62   Barry, B. & Goodin R. E., eds. *Free Movement* (London: Routledge, 1992), 6.

63   Camacho Beltrán, E. "¿Son Malos Los Derechos Sociales para los Migrantes Internacionales?"; Camacho Beltrán, E. "The Moral Character of Immigration Controls".

64   Williams, B. *In the Beginning Was the Deed: Realism and Moralism in Political Argument* (Princeton: Princeton University Press, 2005).

65   Barry, B. *Liberty and Justice: Essays in Political Theory (Vol. 2)*. Oxford: Clarendon Press, 1991. En teoría política liberal, sin embargo, ambas virtudes pueden ser coextensionales, cuando menos en el caso típico de las instituciones más básicas de una democracia liberal, porque en ese caso, el uso del poder político se considera legítimo cuando sirve para establecer instituciones justas y la concepción de la justicia es legítima. Es justa cuando es legítima en condiciones de pluralismo razonable.

66   He defendido este argumento de manera más amplia en Camacho 2016.

67   Dworkin, R. "A New Philosophy of International Law.

68   Expando este mismo punto en Camacho Beltrán, E. "¿Son Malos Los Derechos Sociales para los Migrantes Internacionales?", 220.

69   Este punto es explicado en Camacho Beltrán, E. "¿Son Malos Los Derechos Sociales para los Migrantes Internacionales?".

70   Waltz, K. N. *Theory of International Politics* (Tennessee: Waveland Press, 2010 [1979]).

71   Moore, M. *A Political Theory of Territory*. Para un tratamiento del territorio como propiedad, véase: Locke, J. *Two Treatises of Government* (P. Laslett, ed. Cambridge: Cambridge University Press, 1988), 'Second Treatise' II, cap. V, para. V. y Nine, C. "A Lockean Theory of Territory". *Political Studies* 56, 1 (2008): 148-165.

72   Moore, M. *A Political Theory of Territory*, 18-19. A no ser, claro, que asumamos que ciertos derechos naturales existen. Pero en este capítulo permanezco agnóstico con respecto de esta posibilidad.

73   Véase Hobbes, T. *Leviathan* (C.B. Mcpherson, ed. Harmondsworth: Penguin, 1968), parte I, cap. 15 y parte II cap. 30.

74   Sigo más o menos las distinciones que hace Kagan, S. *The Limits of Morality*, 55-62. Para una aplicación internacional de estas distinciones véase Goodin, R. E. "What is so Special About our Fellow Countrymen?". *Ethics* 98, 4 (1988): 663-686.

75   Miller, D. "Immigrants, Nations and Citizenship": 384; Goodin, R. E. "What is so Special About our Fellow Countrymen?".

76   Nagel, T. "The Problem of Global Justice". *Philosophy & Public Affairs* 33, 2 (2005): 113-147.

77   Walzer, M."The Moral Stand of States". *Philosophy and Public Affairs* 9, 3 (1980): 209-229.

78   Véase el Instrumento de Ratificación del Estatuto de Roma de la Corte Penal Internacional, Roma, 17 de julio de 1998.

79   Caney, S. "Just Emissions". *Philosophy & Public Affairs* 40, 4 (2012): 255-300.

80   Para una propuesta similar, véase: Hidalgo, J. "The Case for The International Governance of Immigration". *International Theory* 8, 1 (2016): 140-170.

81   Por ejemplo, deberes domésticos que aplican dentro de las fronteras, deberes globales, deberes individuales, deberes colectivos, derechos individuales, derechos colectivos, consideraciones de justicia distributiva igualitaria, consideraciones de justicia reparativa, consideraciones de justicia especiales; etc.

82   Versiones muy tempranas de este texto fueron presentadas en el seminario de investigación "Migración, territorio e identidades" que fue beneficiario del Fondo de Fomento a la Investigación de la Universidad Panamericana durante el 2018 y 2019. Muchas gracias a los participantes del seminario por todas

sus objeciones y comentarios. Estoy particularmente agradecido con Luis Xavier López Farjeat, Ceci Coronado, Sandra Anchondo, Alfonso Ganem, José Luis Rivera y Fabiola Saul. Algunos de estos argumentos pude discutirlos en el programa Politeia de Radio UP con Guillermo Hurtado. Gracias a Enrique Siqueiros y Víctor Hernández cuyas preguntas y cuestionamientos profundos también fortalecieron este trabajo. Quedo en deuda especialmente con alumnas y alumnos que me ayudaron en clase con sus objeciones, críticas muy lúcidas y comentarios en la Maestría de Historia del pensamiento de la Universidad Panamericana, en la asignatura de filosofía de la historia y de las ciencias sociales en la UNAM y en la asignatura de Justicia Global en la Universidad Iberoamericana; tanto en la licenciatura de Relaciones Internacionales como en la maestría de Estudios Migratorios. Durante los semestres del 2018 los alumnos asistentes a estas clases me ayudaron de diversas maneras a refinar estos argumentos. Agradezco también a Karla Valenzuela de quien aprendo a relacionar mis conceptos con la investigación empírica. Asimismo, estoy muy agradecido con Luis David Reyes, quien leyó con mucho cuidado la última versión del texto y me ayudó, con sus observaciones, a editarla. Gracias, finalmente, a Mauricio Rojas Mendoza por su amable apoyo editorial y de investigación.

❖ Ofensas, derechos y regularización

1   Carens, J. *Immigrants and the Right to Stay.* Cambridge, MA: MIT Press, 2010); Carens, J. *The Ethics of Immigration* (Oxford: Oxford University Press), 2013; Miller. D. *Strangers in Our Midst* (Cambridge, MA: Harvard University Press, 2016).

2   Lo anterior no se reduce a instancias de ética aplicada en cierto modo secundarias o subsidiarias respecto a las normativas de primer orden sobre la ética de la exclusión. Más bien, de estas cuestiones surgen directamente, y en primer lugar, otras respecto a la naturaleza, campo y alcance de las fronteras estatales excluyentes.

3   Miller, D. "Justice in Immigration". *European Journal of Political Theory* 14, 4 (2015): 391 afirma que "entre los académicos que escriben sobre la migración, los controles fronterizos suelen ser vistos con sospecha", postura con la que la autora del presente artículo no comulga.

4   Sin embargo, aquí la concepción no es la de un sistema absolutamente completo y cerrado: los especialistas en ética fronteriza afirman que los Estados pueden optar por abrirse al ingreso de extranjeros en algunas circunstancias. Así, reconocen que hay un mundo de personas fuera y que algunas de ellas podrían ingresar al Estado por otra vía distinta al Nacimiento. Ver: Rawls, J. *Political Liberalism* (New York: Columbia University Press, 1996), 40.

5   Wenar, L. "John Rawls". *The Stanford Encyclopedia of Philosophy* , Edward
     N. Zalta, ed. (Summer 2021 Edition). URL: https://plato.stanford.edu/archives/
     sum2021/entries/rawls/

6   El hecho de no prestar atención a la migración irregular en gran parte de la
     literatura de la ética migratoria no sólo es una omisión teórica y empírica, sino
     que también representa un importante desentendimiento de una ciencia social
     robusta y de la literatura sobre estudios legales que recientemente han recibido
     atención a la irregularidad migratoria y a la "ilegalización".

7   Se podrían plantear algunas preguntas interesantes sobre por qué, en primer
     lugar, podrían atribuírsele derechos al Estado: ¿es acaso apropiado *personificar* a
     un actor institucional de esta forma? Hacerlo así conviene para la ética política.

8   Existe una amplia colección de literatura en la que los teóricos discuten entre
     sí sobre cuál sería la base más adecuada para justificar la exclusión en términos
     democráticos liberales. Algunos ejemplos son: Walzer, M. *Spheres of Justice: A
     Defense of Pluralism and Equality* (New York: Basic Books, 1983); Wellman,
     C. H. "Freedom of Association and the Right to Exclude". *Debating the Ethics
     of Immigration: Is There a Right to Exclude?* (C. H. Wellman & P. Cole, eds.
     Oxford: Oxford University Press, 2011), 13-158; Pevnick, R. *Immigration and
     the Constraints of Justice: Between Open Borders and Absolute Sovereignty* (Cam-
     bridge: Cambridge University Press, 2011); Blake, M. "Immigration, Jurisdic-
     tion, and Exclusion". *Philosophy & Public Affairs* 41, 2 (2013): 103-130; Miller,
     D. *National Responsibility and Global Justice* (Oxford: Oxford University Press,
     2007); Miller. D. *Strangers in Our Midst* (Cambridge, MA: Harvard University
     Press, 2016).

9   Hohfeld, W. *Fundamental Legal Conceptions as Applied in Judicial Reasoning*
     (New Haven, CT: Yale University Press), 1919. Para una recaracterización útil
     de la estructura "molecular" de los derechos a través del análisis de Hohfeld,
     véase: Wenar, L. "The Nature of Rights". *Philosophy and Public Affairs* 33, 3
     (2005). Nótese que Wenar no aborda específicamente la ética de la migración.

10   Miller, D. "Justice in Immigration", 392.

11   El hecho de que la literatura sobre la ética migratoria tienda a concebir los
     derechos de los Estados en términos de demandas, más que como meros pri-
     vilegios, es algo subrayado por la decisión expresa de Miller de desarrollar lo
     que llama una *teoría relacional de la justicia* que, de nueva cuenta, aborda con-
     sideraciones de la justicia "dentro de la relación entre el Estado y el migrante
     potencial" Miller, D. "Justice in Immigration", 392. Si bien lo hacen de manera
     menos explícita al exponer su estructura, otros analistas proceden de modo si-
     milar.

12   Cornell, N. "Wrongs, Rights and Third Parties". *Philosophy and Public Affairs*
     43 2 (2015): 110. Véase también: Wenar, L. "The Nature of Rights", 229, don-
     de Wenar escribe: "en el caso de una demanda-derecho, afirmamos no solo que
     "A tiene derecho a hacer x", sino que "A tiene derecho a que B haga x". Esta

segunda forma fundamental de los derechos-demanda suele implicar no tanto una falta de deber por parte del derechohabiente A, sino la presencia de un deber por parte de la segunda parte, B".

13   Cornell, N. "Wrongs, Rights and Third Parties".

14   Wellman, C. H. "Freedom of Association and the Right to Exclude", 22 ss. directamente utiliza el lenguaje de la ilicitud: "interferir con una legítima autodeterminación política del Estado es impermisible ante todo porque menosprecia erróneamente a los miembros de este Estado".

15   Quizá el no sujetarse a la ley sea en sí una ofensa, pero se trata de una cuestión diferente.

16   La mayoría de las ofensas legalmente definidas se establecen como ofensas *prima facie*, pero la culpabilidad podría superarse o sustituirse a través de razones equivalentes a una justificación o una excusa. Véase, para una visión general: Gardner, J. *Offenses and Defenses: Selected Essays in the Philosophy of Criminal Law*. Oxford: Oxford University Press, 2013. (El que sea solo la culpabilidad o también la injusticia lo que se supera es un tema que se discute en la teoría legal; véase más abajo). Asimismo, la injusticia podría no adjudicarse al inmigrante irregular en un caso en el que el inmigrante poseyera su propia demanda-derecho rival, en este caso, el derecho a migrar. Véanse las secciones 4-6 más abajo para una discusión sobre los posibles modos de superar o sustituir la presunta ofensa.

17   Como es bien sabido, existe toda una política en torno a esta terminología.

18   Véase en general: Bosniak, L. *The Citizen and the Alien: Dilemmas of Contemporary Membership* (Princeton: Princeton University Press, 2006); Bosniak, L. "Response". *Immigrants and the Right To Stay*. (J. Carens, ed. Cambridge: MIT Press, 2010), 81-92.

19   En términos analíticos e institucionales, estas dos cuestiones pueden verse como dos dominios diferentes de regulación, si bien en la práctica están interrelacionadas de forma compleja. Véase en general Bosniak, L. *The Citizen and the Alien: Dilemmas of Contemporary Membership*, caps. 3 y 4.

20   He escrito en otro lugar sobre los argumentos instrumentales utilizados a favor y en contra de la regularización. Véase: Bosniak, L.. "Arguing For Amnesty".

21   Bosniak, L. "Amnesty In Immigration: Forgetting, Forgiving, Freedom". *Critical Review of International Social and Political Philosophy* 16, 3 (2013): 344-365.

22   Para un claro ejemplo del modo de pensar de los *difusores fronterizos*, según el cual la violación original de la frontera por parte del inmigrante sería no solo algo continuo, sino algo relevante para el modo en que el individuo ha de ser tratado en todos los aspectos al interior del Estado, véase Jon Feere, "The Myth of the Otherwise Law-Abiding Illegal Alien", Backgrounder, Center For

Immigration Studies, octubre 2013, http://cis.org/sites/cis.org/files/feere-ille-gal-myths.pdf.

23   Para más discusiones en general sobre lo que se llama aquí *posturas difusoras y limitadoras de la frontera*, véase Bosniak, L. *The Citizen and the Alien: Dilemmas of Contemporary Membership*, cap. 3. No obstante, nótese que los términos *convergencia y separación* poseen un énfasis analítico ligeramente distinto. En lugar de enfocarse, como aquí ocurre, en las posturas contratantes de la frontera propiamente dicha, han denominado posturas contrastantes en torno a la relación *entre* la regulación fronteriza y la regulación general de personas al interior del Estado.

24   Véase, p.ej., Carens, J. *Immigrants and the Right to Stay* sobre "cortafuegos".

25   Waldron, J. "Superseding Historic Injustice". *Ethics* 103, 1 (1992): 4-28.

26   Waldron, J. "Superseding Historic Injustice".

27   Waldron, J. "Superseding Historic Injustice", 24. En resumen, "ciertas cosas que eran injustas cuando ocurrieron pueden ser superadas por los eventos de un modo que implique que su injusticia ha sido suplantada" Waldron, J. "Superseding Historic Injustice", 24. Véase también: Waldron, J. "The Supersession Thesis: The Process and Legacy of Settlement". Minerva Institute of Human Rights, Conference on Israeli Settlements and Related Cases, 2003.

28   Carens, J. *The Ethics of Immigration* (Oxford: Oxford University Press, 2013).

29   Bauböck, R. "Stakeholder Citizenship: An Idea Whose Time Has Come". *Migration Policy Institute Reports* (Abril 2008).

30   Por otro lado, la presencia territorial *es* condición suficiente para los derechos y el reconocimiento de los no-ciudadanos en muchos dominios provisionales de trato. Ver: Bosniak, L. "Being Here: Ethical Territoriality and the Rights of Noncitizens". *Theoretical Inquiries in Law* 8, 2 (2007): 389-410.

31   Por su parte, esta "cuestión sobre cuándo" exige y depende de algunas preguntas conceptuales sobre cuándo ha ocurrido la violación del inmigrante no autorizado: ¿fue sólo al momento de su entrada/ permanencia extendida inicial (*i. e.*, queda confinada al momento en el que la persona pasa a ser un migrante irregular), o se trata de una violación en curso/ continua (ser irregular)? La ley (los precedentes judiciales y los estatutos) abordan esta cuestión de ambos modos en diferentes circunstancias. Dicho de otro modo, responder a preguntas del tipo "cuándo" exige preguntas del tipo "cuál": ¿Cuál es la naturaleza de la violación que se sustituye?

32   Así, por ejemplo, ¿el "camino hacia la ciudadanía" tomará 13 años, como estableció la mejor propuesta, ahora extinta, en la que trabajábamos recientemente en los Estados Unidos? Véase: *Border Security, Economic Opportunity and Immigration Modernization Act* 2013, s. 744 (2013).

33   Carens, J. *Immigrants and the Right to Stay*.

34   En las discusiones sobre políticas públicas, así como en la teoría, esta cuestión se aborda como: (a) la legalización/ regularización/ amnistía: usualmente comprendida como un futuro *camino hacia la ciudadanía*, el derecho a la incorporación a través de un reconocimiento del estatuto legal; (b) la no-deportación/ no-remoción: el derecho a no ser removido a la fuerza como consecuencia de una violación original, el derecho a conducir la propia vida sin que esta amenaza la defina (aunque otras conductas o desarrollos aún podrían detonar/ permitir la remoción).

35   Algunos tomaron una postura según la cual, un camino hacia la ciudadanía por ahora está fuera de alcance, por lo que hemos de insistir al menos en la seguridad local –el derecho a la no remoción. Sin embargo, cabe destacar que hay una versión de una postura de no-deportación (*v. g.*, el movimiento *Not One More/* "Ni Uno Más") que podría tener mucho más alcance e incluso sería más radical que la postura del *camino hacia la ciudadanía*, en tanto que se cuestiona el propio derecho del Estado de poder expulsar a alguien. Para más discusión al respecto, véase Bosniak, L. "Unapologetic". *Being Here: Presence and the Ambiguous Ethics of Territoriality*, en preparación.

36   Carens, J. *Immigrants and the Right to Stay*; Carens, J. *The Ethics of Immigration*. Discuto extensamente los argumentos de Carens a favor de la regularización en otro lugar. Véase: Bosniak, L. "Reseña del libro: Joseph Carens. *The Ethics of Immigration* (Oxford University Press, 2013)", *Ethics* 125, 2 (2015): 571-576; Bosniak, L. "Amnesty In Immigration: Forgetting, Forgiving, Freedom". *Critical Review of International Social and Political Philosophy* 16, 3 (2013): 344-365. Véase también Motomura, H. *Immigration Outside the Law* (Oxford: Oxford University Press, 2014) sobre la fundamentación de los derechos de residencia para los inmigrantes irregulares a partir de la noción de las "afiliaciones" desarrolladas.

37   Stilz, A. "Occupancy Rights and the Wrong of Removal". *Philosophy & Public Affairs* 41, 4 2013): 327. Hay mucho por aprender de la teoría de la migración a partir de una conversación más cercana con Stilz y otros (como Waldron) que escriben sobre derechos territoriales con independencia de las cuestiones migratorias.

38   Sin embargo, nótese que la formulación de Stilz cuenta con un elemento calificador que plantea preguntas sobre su aplicabilidad en este caso: la ocupación que debería fundar el derecho es una *ocupación libre de faltas*. Técnicamente, el derecho que propone no aplicaría en el caso de un contexto de sustitución, precisamente porque este último presupone una falta se supera después. Se discute sobre este punto más adelante en el artículo, cuando se consideran los argumentos de *sustitución contemporánea*.

39   Véase Buchanan, A.. "The Making and Unmaking of Boundaries: What Liberalism Has to Say". *States, Nations and Borders: The Ethics of Making Bounda-*

ries. A. Buchanan & M. Moore (eds). Cambridge: Cambridge University Press, 2003, 1-16: 232 refiriéndose a la "misteriosa idea de que 'mezclar el propio trabajo' con objetos de cierto modo los transforma en algo así como una extensión del propio cuerpo". En el contexto migratorio, la demanda por trabajo podría compartir el carácter misterioso del que algunos se quejan, pero incluye algo intuitivamente correcto –a mi modo de ver– sobre la contribución como una base para el reconocimiento y los derechos.

40   Hillary Clinton, en 2014, señaló: "Creo que las personas que están aquí, que están manteniendo familias, trabajando duro, y contribuyendo con nuestro país merecen un camino hacia la ciudadanía".

41   Motomura, H. *Immigration Outside the Law* invoca los apegos establecidos entre los ciudadanos y los inmigrantes legalmente presentes con inmigrantes irregulares a favor de la defensa de la regularización de estos últimos.

42   Véase Walzer, M. *Spheres of Justice: A Defense of Pluralism and Equality* (New York: Basic Books, 1983), cap. 2.

43   Walzer recurre a la analogía de los *metics* para criticar los programas europeos de trabajadores invitados (braceros) de los años setenta, que bloqueaban cualquier posibilidad para que los trabajadores transitaran hasta la membresía, pero esta analogía es también completamente relevante en el ámbito de la migración irregular.

44   Nótese que Walzer también afirma en *Spheres of Justice,* cap. 2, que el *trabajo duro* en sí mismo fortalece la naturalización. Se trata de una teoría distinta basada en la de contribución-deserción con fundamentos de membresía.

45   A pesar de que, desde su candidatura presidencial de los Estados Unidos, Donald Trump afirmó en repetidas ocasiones que es "realista deportar a todos los ilegales". Véase *Fox Business*, noviembre 12, 2015; asimismo, el debate está disponible en: https://www.youtube.com/watch?v=Uz7fKJ5oIaA.

46   Por ejemplo, el miedo a contactar a la policía, a buscar atención médica, etc.

47   Manos sucias es "una doctrina legal que constituye la defensa de una queja [conforme a la cual] una parte que solicita un juicio no puede recibir la ayuda de la corte si él/ella ha cometido cualquier acto ilegal en relación con el objeto de la demanda" ("Manos sucias", http://dictionary.law.com/Default.aspx?selected=2182#ixzz3xinZZJd8 (consultado el 15 de agosto de 2016).

48   Stolzenberg, N. M. "Facts on the Ground". *Property and Community*, E. Penalver & G. Alexander, eds. Oxford: Oxford University Press, 2010, 107-140.

49   Katz, L. "The Moral Paradox of Adverse Possession: Sovereignty and Revolution in Property Law". *McGill Law Journal* 55 (2010): 47-80.

50   La relevancia de esta analogía de la propiedad en cuestiones de territorio y viceversa ha sido objeto de debate. Sin embargo, véase, por ejemplo, a Stilz (2013), quien hace una analogía entre la propiedad y el territorio, y Katz, L. "The Moral Paradox of Adverse Possession: Sovereignty and Revolution in Property Law", quien hace una analogía entre la territorialidad y/ o la gobernabilidad y la propiedad. Allen Buchanan, en "The Making and Unmaking of Boundaries: What Liberalism Has to Say", se opone radicalmente a la analogía propiedad/ territorio.

51   Katz, L. "The Moral Paradox of Adverse Possession: Sovereignty and Revolution in Property Law". *McGill Law Journal* 55 (2010): 47-80; Epstein, R. A. "Past and Future: The Temporal Dimension in the Law of Property". *Washington University Law Quarterly* 64, 3 (1986): 667-722. Sin embargo, hay otros que consideran inaceptable la sustitución en la 'PA' de la propiedad original.

52   Me gustaría resaltar un modo significativo en el que existe una verdadera disanalogía con la posesión adversa [nota del editor: se refiere a la usucapión o prescripción positiva del derecho de propiedad], y que hace de la posesión adversa una analogía demasiado rigurosa: en el caso de la propiedad, el hecho de ser propietario pasa de una mano a otra; la transferencia en gran medida es una suma cero. En contraste, la membresía implica agregación, no sustitución, es decir, no implica un desplazamiento de suma cero de la membresía de los posesores previos. Esta diferencia podría sugerir que la transformación de la membresía en contraste con la sustitución sería menos preocupante que la transformación de la propiedad.

53   Bosniak, L. "Response". *Immigrants and the Right To Stay*.

54   S. 744 expiró debido a la inacción de la Casa en 2014.

55   Este es el espacio teórico que Carens se esfuerza por desarrollar en gran parte de su libro reciente, *The Ethics of Immigration*.

56   Véase Raz, J. *Practical Reason and Norms,* 3a edición. Oxford: Clarendon Press, 1999 sobre las razones de anulación.

57   Existe un debate en filosofía moral sobre qué es lo que la "justificación" hace: si esta supera la ofensa, o bien, si desde el principio obvia la asignación del acto como una falta. En el contexto del asilo se trataría de la distinción entre considerar la entrada irregular de quienes buscan asilo como una falta superada o como si no fuera en lo absoluto una falta. Optaré por la postura según la cual la acción justificada era una falta, aunque era legítimo cometerla. Por lo tanto, seguiré a aquellos como John Gardner para quienes la justificación refleja una falta justificada en lugar de reflejar que la justificación convierte la conducta en moralmente correcta. "[Una] justificación meramente supera las razones contra una acción [que son también las razones de su criminalización] sin cancelarlas ni socavarlas". Gardner, J. *Offenses and Defenses: Selected Essays in the Philosophy of Criminal Law* (Oxford: Oxford University Press, 2013): 96 ss. Véase también: Gur-Arye, M. "Justifying the Distinction between Justifications and Excuses".

Journal of Criminal Law and Philosophy 5 (2011): 293-313 y Berman, M. N. "Justification and Excuse, Law and Morality". *Duke Law Journal* 53, 1 (2003): 1-77.

58   En cuanto a la *excusa*. Aunque los niños migrantes son el caso paradigmático, también existen preguntas en torno a cuánta agencia puede atribuírsele a la persona adulta que se siente empujada a migrar para dar sustento a sus hijos o para vivir juntos como familia. Algunas líneas del discurso sobre los derechos de los inmigrantes transmiten la idea, al menos de modo no textual, de que el malestar experimentado por una persona que no puede proveer adecuadamente a su familia, o debido a la separación prolongada de su familia, puede cobrar tal magnitud que disminuiría la capacidad de la persona para tomar decisiones pertinentes. Véase, p.ej., United States Conference of Catholic Bishops "A Pastoral Letter Concerning Migration from the Catholic Bishops of Mexico and the United States, Strangers No Longer Together on the Journey of Hope". Issued by USCCB, 22nd January 2003, dirigiéndose a los migrantes "forzados a dejar sus tierras para proveer a sus familias". Sin embargo, cabe la alternativa de que la experiencia de semejante malestar pudiera evidenciar una capacidad humana agudizada y no disminuida –una capacidad valiosa– que sirve para excusar la falta. Una versión de esta perspectiva la provee el antes gobernador de Florida, Jeb Busch, quien en 2014 dijo: "Como lo entiendo, es que cuando alguien viene a nuestro país, al no poder hacerlo legalmente, es porque sus familias –el padre que ama a sus hijos– estaba preocupado por que sus hijos no tuvieran comida sobre la mesa. Y querían asegurar que su familia estuviera intacta, y cruzaron la frontera porque no tenían otro modo de trabajar que les permitiera proveer a su familia. Sí, quebrantaron la ley, pero no es una felonía. Es un acto de amor. Es un acto de compromiso con su familia". O'Keefe, E. "Jeb Bush: Many Illegal Immigrants Come Out of an Act of Love". *Washington Post*. 6 abril 2014..

En cuanto a la *justificación*, hay amplios debates tanto políticos como académicos sobre los criterios adecuados para reconocer a las personas como refugiados. Una cuestión particularmente controvertida es si las dificultades económicas serias deberían ser consideradas como un elemento suficiente para brindarles protección. Quienes argumentan a favor de una comprensión más amplia del concepto de refugiado, a fin de incluir la huida del sufrimiento económico (así como de los desastres ambientales y la violencia generalizada) considerarían que la entrada/ presencia irregular de algunos inmigrantes económicos irregulares estaría justificada por razones económicas aplastantes. Nótese que, en el argumento, nuestra concepción de *refugiado* debería ampliarse más allá de la persecución política individualizada, y que es distinto del argumento según el cual los refugiados (todavía concebidos a partir de términos más reducidos y orientados a la persecución política) no deberían ser preferidos por encima de otros migrantes –especialmente migrantes por razones económicas– en las políticas de admisión del Estado. Para un argumento reciente que toma esta última postura, véase: Kukathas, C. "Are Refugees Special?" *Migration in Political Theory: The Ethics of Movement and Membership* (S. Fine & L. Ypi (eds). Oxford: Oxford University Press, 2016), 249-268.

59   Haría notar que por esta razón el modo en que Stilz califica "sin falta" el "dere-cho de ocupación" se cumpliría con la anulación contemporánea de un modo en que no podría hacerlo con la sustitución.

60   Cole, P. "Beyond Borders: Toward an International Right to International Movement". *The Critique*, 6 enero 2016 sostiene que aparte del "caso negativo" del "derecho de libre movimiento" de los individuos –*i. e.*, el argumento que afirma que los Estados carecen del derecho moral para excluir– existe un caso afirmativo o positivo para el libre movimiento, basado en normas de agencia o autonomía humanas. Analíticamente hablando, podría sostenerse que ambos Estados poseen el derecho a excluir y que los individuos mantienen el derecho de movimiento, razón por la que deberían sopesarse los dos derechos cuando estos entran en conflicto. Desde una teoría de inflexión libertaria, los derechos del individuo se impondrían.

61   Motomura, H. *Immigration Outside the Law* sobre *aquiescencia*; Carens, J. *The Ethics of Immigration*, 152 ss. considera, si bien un tanto escéptico, "el argumen-to de la complicidad del Estado". Para una discusión general sobre las demandas de pérdida en la argumentación moral, véase, p.ej., Cohen, G. A. *Who Can and Can't Blame the Terrorists? Columbia Law School*, 2003, quien aborda el siguiente argumento: "tú estás incapacitado para criticarme [...] porque tienes al menos cierta responsabilidad de que yo haya hecho la misma cosa que buscas criticar-me".

62   En términos prácticos, este tipo de argumento podría tener menor relevancia y fuerza intuitiva ahora que en años pasados, ya que la regularización fronteriza estatal se ha vuelto dramáticamente más dura, pero no deja de ser un tema recu-rrente en los debates. Hoy en día es más frecuente que el campo antimigrante, antiincorporación recurra a esta declaración, acusando la hipocresía del gobier-no al no seguir su retórica de cumplimiento.

63   P.ej., Cole, P. "Beyond Borders: Toward an International Right to Internatio-nal Movement".

64   P.ej., Anderson, B. *Us and Them: the Dangerous Politics of Immigration Controls*. Oxford: Oxford University Press, 2013.

65   Benhabib, S. "The Morality of Migration". *New York Times*, 29 julio 2012, citando a Kant.

66   A este respecto podría incluso haber, a nivel teórico, un deber por parte de los ciudadanos de desafiar esta ley injusta.

67   Creo que la teoría política dominante debería prestar más atención a la litera-tura de *sin fronteras*. Para consultar ejemplos, véase p.ej., Nyers, P. & Rygiel K. (eds) *Citizenship, Migrant Agency and the Politics of Movement* (London: Rout-ledge, 2012); Anderson, B. *Us and Them: the Dangerous Politics of Immigra-tion Controls*; De Genova, N. "Spectacles of Migrant "Illegality": The Scene of

Exclusion, the Obscene of Inclusion'". *Ethnic and Racial Studies* 36, 7 (2013): 1180-1198.

68   Bosniak (en progreso) sobre las declaraciones públicas de los inmigrantes indocumentados residentes en los Estados Unidos: *somos indocumentados, no tenemos miedo, y no nos disculpamos.*

69   Recordemos también que algunas concepciones sobre la justificación consideran que la ofensa, más que anularse, se cancela. Véase la discusión arriba sobre las concepciones rivales de las demandas de "justificación" como si fueran eliminatorias frente a superar la (supuesta) ofensa.

70   En la misma línea de la explicación de la justicia correctiva, los Estados estarían también imposibilitados para negar la admisión/ acceso al territorio. Para un artículo reciente donde se sostiene el caso donde los Estados no podrían negar la admisión de los sujetos antes colonizados, véase Amighetti, S. & Nuti, A. "A Nation's Right to Exclude and the Colonies". *Political Theory* 44, 4 (2016): 541-566. No obstante, dicho artículo no concibe el pasado colonial como si el Estado hubiera perpetrado un daño o una ofensa directa que ahora demandara la justicia correctiva, sino que constituye una base para profundizar y hacer historia en torno a las concepciones prevalentes de "identidad nacional". El hecho de atender a las "historias entrelazadas" que se gestaron durante el colonialismo, sirve para debilitar "en sus propios términos" aquellos argumentos nacionalistas liberales que justifican la exclusión migratoria de sujetos antes coloniales a partir de fundamentos de identidad nacional.

71   A este respecto, el argumento se asemeja al de la "pérdida del Estado" antes considerado. Sin embargo, el argumento de la pérdida se enfoca en la hipocresía continua respecto a la implementación legal, más que a una mala administración que desde el comienzo generó las condiciones para la migración.

72   Podría ser que el Estado pierde el prestigio para expulsar o adquiere un deber adicional para incorporar. Estos dos elementos se traslapan pero, en teoría, la incorporación constituye un remedio más amplio que la no-deportación, como se discute en el texto.

73   Este es el tipo de cuestiones que surgen en relación con las demandas de justicia rectificadora en general.

74   Nótese cómo aquí se podría ofrecer una réplica del estilo de la anulación de Waldron en defensa del Estado. Dicho en pocas palabras: incluso si el Estado destino cometió las ofensas históricas que dieron pie a la emigración desde otros Estados, ha pasado tiempo y las circunstancias han cambiado de tal modo que dichas faltas han sido anuladas; agradezco a Jan Brezger por resaltar este punto. Entendida como una cuestión práctica y psicológica, ésta quizá sea la aproximación dominante de los liberales políticos que se enfrentan con la realidad de la perpetración de justicias pasadas por sus propios Estados. Stolzenberg, N. M. "Facts on the Ground". *Property and Community* (E. Penalver & G. Alexander,

eds. Oxford: Oxford University Press, 2010), 107-140 hace un comentario similar.

75   A este respecto podemos observar que la ofensa impuesta por el Estado en el deportado funciona como una ofensa continua y no como un daño puntual, razón por la que repararlo parecería requerir un retorno equivalente del statu quo más que de daños monetarios.

76   El Proyecto de Derechos Humanos Post-Deportación del Boston College Law School ha encabezado los esfuerzos por establecer políticas que provean el regreso de no-ciudadanos que hayan sido deportados injustamente, incluyendo a no-ciudadanos indocumentados, y ha litigado a favor de deportados individuales. La ley en esta área es compleja y evoluciona. Para un panorama general, véanse las ligas provistas por la página web de esta organización: Boston College Center for Human Rights and International Justice, Post-Deportation Human Rights Project, http://www.bc.edu/centers/humanrights/projects/deportation.html (consultado en agosto 23, 2016). Para una discusión académica legal global (aunque se remonta a ya algunos años atrás), véase Rosenbloom, R. E.“Remedies For the Wrongfully Deported: Territoriality, Finality and the Significance of Departure”. *Hawa'ii Law Review* 33 (2011): 139-192 y Kanstroom, D. Aftermath: *Deportation Law and the New American Diaspora* (Oxford: Oxford University Press, 2012).

77   Véase Nozick, R. *Anarchy, State and Utopia*. New York: Basic Books, 1974; Waldron, J. “Supersession and Sovereignty”. *New York University Public Law and Legal Theory Working Papers*, Paper 406, 2006., 14 ss.; Meisels, T. “Can Corrective Justice Ground Claims of Territory?”. *Journal of Political Philosophy* 11, 1 (2003): 65-88. Nótese que esta postura trata la presencia territorial previa de la persona como la base que exige restauración. Es mucho más común aquella visión según la cual la línea base por restaurar sería el momento previo a la presencia territorial de la persona. De acuerdo con esta última postura, la deportación sería la restauración apropiada de la base de la no-presencia. En general, un modo de caracterizar estos debates sería como discusiones en torno a cómo trazar la línea temporal adecuada.

78   Walzer, M. *Spheres of Justice: A Defense of Pluralism and Equality*, 49. Véase también Souter, J. “Towards a Theory of Asylum as Reparation for Past Injustice”. *Political Studies* 62, 2 (2014): 326-342, quien propone que conceptualicemos el remedio del asilo “diacrónicamente” como modo de rectificación; agradezco a Jan Brezger por dirigirme a este artículo).

79   Tanto en términos coloquiales como en términos legales, la categoría de *refugiado* incluye a las personas que ya han huido de su país de origen y que ahora se encuentran en otro Estado en donde buscan protección a través del asilo político u otro mecanismo humanitario.

80   El trabajo reciente de Iris Young –reunido en el volumen *Responsibility for Justice* ((Oxford: Oxford University Press, 2011)– es una fuente importante para

avanzar en este proyecto. Uno de sus puntos principales es que la responsabilidad social debe concebirse en términos de estructuras, así como de faltas, y
que las partes responsables incluyen tanto a los integrantes de la sociedad civil/
económica, así como al aparato estatal.

81   Véase, por ejemplo, Espindola, J. & Vaca M. "The Problem of Historical Rec-
      tification for Rawlsian Theory". *Res Publica* 20, 3 (2014): 227-243.

82   Rawls, J. *A Theory of Justice* (Cambridge MA: Harvard University Press, 1971),
      19). En el campo migratorio, véase Carens, J. *The Ethics of Immigration*, quien
      adopta la aproximación de "probar".

83   Esto contrasta con los también sorprendentes desbordamientos de sentimientos
      antiinmigrantes mostrados como respuesta ante estas llegadas.

84   Este no es un argumento de complicidad/ pérdida del tipo que hemos consi-
      derado previamente. La acusación no es, como en el caso de la complicidad,
      que el Estado critique de forma hipócrita la misma conducta que él mismo de
      hecho ha promovido de manera activa o que ha tolerado de forma pasiva por
      razones de interés propio. Más bien, lo que aquí se afirma es que la conducta
      pasada del Estado ha producido resultados para los que ahora se lo debe consi-
      derar responsable. Se trata de un argumento sobre causación y responsabilidad
      y, quizá adicionalmente, sobre la falta de admisión o reconocimiento por parte
      del Estado de lo anterior, mas no específicamente sobre su mala fe.

85   Foer, F. "Let The Border Kids Stay: We Owe Them, After All". The New
      Republic, 12 agosto 2014; Macedo, S. & J. K. Tulis. *The Limits of Constitutional
      Democracy* (Princeton: Princeton University Press, 2010). URL: muse.jhu.edu/
      book/30288

86   Smith, R. *National Obligations and Noncitizens: Special Rights, Human Rights and
      Immigration.* 28 septiembre 2012. DRAFT: New School, Conference, p. 545,
      citando a Smith, en Macedo & Tulis. *The Limits of Constitutional Democracy.*

87   Por razones históricas, Smith no puede referirse a una historia formal de co-
      lonialismo entre Estados Unidos y México exactamente del mismo modo que
      Amighetti, S. & Nuti, A. "A Nation's Right to Exclude and the Colonies" pue-
      den hacerlo con relación a Francia/ Algeria o Bretaña/ India. Esto parece lle-
      varlo a concentrase en convencer al lector sobre la naturaleza de lo que llama la
      relación "coercitiva" entre ambos Estados para sustentar su argumento norma-
      tivo.

88   Entre las muchas cuestiones aquí implicadas se encuentran: a) el grado/ modos
      en que enfaticemos la ofensa del agente frente a las estructuras sociales al de-
      terminar o asignar la responsabilidad política (véase Young, I. *Responsibility for
      Justice* sobre los enmarques de justicia de ofensa frente a los de estructura); y b)
      el grado en el que las concepciones de responsabilidad tratan adecuadamente
      con la conducta/ comportamiento de lo actores estatales así como los no estata-
      les (véase Fung, A. "The Principle of Affected Interests and Inclusion in Demo-

cratic Governance". *Representation: Elections and Beyond.* (J. Nagel & R. Smith, eds. Philadelphia: University Pennsylvania Press, 2013), 236-268. Gardner, J. *Offenses and Defenses: Selected Essays in the Philosophy of Criminal Law* (Oxford: Oxford University Press, 2013).

89   Esto a veces se discute como el "problema de la no-identidad". Al aplicar esta cuestión al caso presentado por Rogers Smith, nótese que gran parte de la coerción que él identifica se consideró no con respecto a los inmigrantes actuales sino con respecto a sus ancestros (y no por el gobierno y ciudadanos actuales de Estados Unidos, sino por generaciones anteriores). Un escéptico podría argumentar que, de no haber sido por dicha coerción, los migrantes actuales probablemente ni siquiera hubieran nacido, así que no se podría siquiera buscar un remedio para estos, etc.

90   Las dificultades incluyen establecer empíricamente quién hizo qué a quién y en qué momento, determinar normativamente qué tipos de obras contarían como ofensas, cuál sería el marco temporal relevante, y qué tipo de remedios podrían comenzar a subsanar adecuadamente el daño hecho –sin mencionar la cuestión de cómo hacer todo ello operativo–.

91   No obstante, "la idea de hacer enmiendas por la injusticia histórica es [...] problemático para la teoría liberal, ya que la concepción liberal de justicia es ideal y sincrónica, lo que le dificulta incorporar la rectificación de injusticias pasadas" Freeman, R. "Back To The Future: The Historical Dimension of Liberal Justice". *Repairing the Past? International Perspectives on Reparations for Gross Human Rights Abuses* (M. du Plessis & P. Stephen, eds. Oxford: Intersentia, 2007), 29-51.

92   En otro artículo analizo la estructura de los argumentos normativos, hechos por el nuevo movimiento de justicia para los inmigrantes. Bosniak (en progreso).

93   En especial sorprende una de las caracterizaciones de los esfuerzos contra la deportación como un nuevo movimiento de abolición: aquí encontramos un discurso de rectificación que pretende usar persuasivamente las ofensas del pasado dentro del Estado destino a favor de sus esfuerzos (que es en sí misma evidencia robusta de la identidad americana de la que buscan reconocimiento).

94   Para un desarrollo más amplio de estos temas, véase Bosniak (2017), Bosniak (2015), y Bosniak (en progreso).

95   Véase en general Shklar, Judith N. *The Faces of Injustice* (New Haven, CT: Yale University Press, 1992), 115 ss. respecto a la necesidad de que los teóricos de la justicia atiendan a la experiencia y visiones de "las personas más desfavorecidas y temerosas", aquellas que no son "audibles en público".

96   Me beneficié en diversos momentos de los comentarios perceptivos de Jaya Ramji-Nogales, Peter Spiro, Itamar Mann, Sherraly Munson, Leti Volpp, Emily Ryo, Joseph Carens, Annie Stilz, Michael Goodhart, Joan Cocks, Matt Whit,

Amalia Pallares, Hiroshi Motomura, Philip Cook, así como de participantes de los paneles de la American Political Science Association Annual Meeting (2014) y de la Association for Political Theory Conference (2014), donde se presentaron algunos borradores previos. También agradezco a los editores de MOPP y a sus revisores por sus útiles sugerencias.

❖ Vulnerabilidad, derechos y privación social en la migración laboral temporal

1   Lenard, P.T. & Straehle, C. "Temporary Labour Migration, Global Redistribution, and Democratic Justice". *Philosophy, Politics and Economics* 11, 2 (2011): 206-230; Ruhs, M. & Martin, P. "Numbers vs. Rights: Trade-Offs and Guest Worker Programs". *International Migration Review* 42, 1 (2008): 249-265.

2   Straehle, C. "Conditions of Care: Migration, Vulnerability, and Individual Autonomy". *International Journal of Feminist Approaches to Bioethics* 6, 2 (2013): 122-140.

3   Esta se refiere a la falta de acceso a las instituciones para obtener los medios necesarios para satisfacer necesidades básicas.

4   Se refiere a trabajo de la autora del presente artículo y que ha sido retirado temporalmente para revisión.

5   Song, S. "The Significance of Territorial Presence and The Rights of Immigrants". *Migration and Political Theory: The Ethics of Movement and Membership* (S. Fine & L. Ypi, eds. Oxford: Oxford University Press, 2016).

6   Los cambios sufridos por el programa dificultan a los cuidadores acceder al mercado laboral canadiense, y también vuelve más difícil la adquisición de la ciudadanía. Dado que los argumentos que aquí se presentan analizan la privación social *después* de obtener la ciudadanía, el arduo camino hacia la ciudadanía no cambia la conclusión a la que se llegó.

7   *Canada Gazette*, 2009, p. 378; véase http://www.gatesurvey.com/wp-content/uploads/2014/07/GATES-Preliminary-Analysis-201407221.pdf, p. 7 (consultado 20 noviembre, 2016).

8   De hecho, esta hipótesis constituyó la base de otros argumentos anteriores en torno a los derechos diferenciados por grupos, como los propuestos por Kymlicka, W. *Multicultural Citizenship* (Oxford: Oxford University Press, 1994).

9   Brickner, R. & Straehle, C. "The Missing Link: Gender, immigration policy and the Live-in Caregiver Program in Canada". *Policy and Society* 29 (2010): 309-320.

10   Véase http://www.cic.gc.ca/english/work/caregiver/apply-who.asp (consultado 22 noviembre, 2016)

11   Con esto no se sugiere, como en ocasiones se ha propuesto, que la integración social y cívica sólo implique derechos socioeconómicos, en particular en el contexto de las sociedades de migración tradicional. Más bien, considérese la movilidad laboral basada en el nivel de habilidades como una señal de igualdad entre los miembros de la sociedad. Véase: Judith Shklar. *American Citizenship* (Cambridge, Mass.: Harvard University Press, 1991).

12   A modo de aclaración, esto no equivale a decir que los miembros tengan el *derecho* a encontrar un trabajo basándose en su nivel de habilidades o a sus competencias. Implica que esperaríamos que los índices de movilidad laboral fueran comparables para todos los miembros de la sociedad, con base en el sector de habilidades.

13   Encuesta nacional liderada a nivel comunitario de 631 cuidadores internos antiguos y actuales en Vancouver, Edmonton, Calgary, Ottawa y Montreal.

14   Todas las citas y cifras provienen de http://www.gatesurvey.com/wp-content/uploads/2014/07/GATES-Preliminary-Analysis-201407221.pdf (consultado noviembre 20, 2016). Véase Tungohan, E., Banerjee, R., Chu, W., Cleto, P., de Leon, C., Garcia, M., Kelly, P., Luciano, M., Palmaria, C. & Sorio, C. (2015) "After the Live-in Caregiver Program: Filipina Caregivers" Experiences of Uneven and Graduated Citizenship", *Canadian Ethnic Studies* 47(1), 87-105.

15   Una inquietud similar a la de los trabajos de cuidado surge en el caso del trabajo temporal en los contextos de agricultura. El trabajo en las granjas está muy extendido en Canadá.

16   Véase Macklin, A. "Foreign Domestic Worker: Surrogate Housewife or Mail Order Servant?", *McGill Law Journal* 37, 3 (1992), 681-760.

17   Goodin, R. *Protecting the Vulnerable: Reassessing our Social Responsibilities* (Chicago, University of Chicago Press, 1985).

18   Véase la colección editada por Catriona Mackenzie, Wendy Rogers y Susan Dodds : *Vulnerability: New Ethics in Ethics and Feminist Philosophy* (Oxford, Oxford University Press, 2015); Vrousalis, N. "Exploitation, Vulnerability and Social Domination", *Philosophy and Public Affairs* 41, 2 (2013): 131-157; Straehle, C.). *Vulnerability, Autonomy and Self-Respect. Vulnerability, Autonomy and Applied Ethics* (C. (Straehle, ed. Nueva York, Routledge, 2017b).

19   Mackenzie, C., *et al.* "What is Vulnerability, and Why Does It Matter for Moral Theory". *Vulnerability: New Essays in Ethics and Feminist Philosophy* (C. Mackenzie, W. Rogers & S. Dodds. Oxford: Oxford University Press, 2014), 1-29.

20   Panitch, V. & Horne, C. *Vulnerability, Health Care and Need. Vulnerability, Autonomy and Applied Ethics.* C. (Straehle, ed. New York: Routledge, 2017).

21   Compárese, por ejemplo, las importantes distinciones hechas por Harry Frank-furt en "Necessity and Desire". *Philosophy and Phenomenological Research* 45, 1 (1984): 1-13 con la crítica de Gillian Brock: "Morally Important Needs". *Philosophia* 26, 1 (1998): 165-178.

22   Wringe, B. "Needs, Rights, and Collective Obligations". *Royal Institute of Philosophy Supplement* 80, 57 (2005): 187.

23   Véase: Miller, D. *Personhood versus Human Needs as Grounds for Human Rights. Griffin on Human Rights* (R. Crisp. Oxford, Oxford University Press, 2014), 152-169; Shue, H. *Basic rights: Subsistance, Affluence, and U.S. Foreign Policy* (Princeton, N.J., Princeton, N.J.: Princeton University Press, 1980).

24   Song, S. "The Significance of Territorial Presence and The Rights of Immigrants". *Migration and Political Theory: The Ethics of Movement and Membership.* S. Fine & L. Ypi, eds. Oxford: Oxford University Press, 2016.

25   Walzer, M. *Spheres of Justice: A Defense of Pluralism and Equality* (Nueva York, Basic Books, 1983), 59.

26   Véase: Lenard, P. T. & C. Straehle. "Temporary Labour Migration, Global Redistribution, and Democratic Justice". *Politics, Philosophy & Economics* 11, 2 (2011): 217.

27   Song, S. "The Significance of Territorial Presence and The Rights of Immigrants", 242.

28   Song, S. "The Significance of Territorial Presence and The Rights of Immigrants", 230. Song aparentemente presenta el principio de afiliación como fundamento para el acceso a los derechos de ciudadanía, mismo que Joseph Carens ha defendido. Veáse Carens, J. H. *The Ethics of Immigration,* particularmente el capítulo 8. No obstante, Song reconoce que "la afiliación es escalonada, no binaria, y que admite grados. Conforme más profunda es la propia afiliación al país, mayor es la titularidad a derechos" Song, S. "The Significance of Territorial Presence and The Rights of Immigrants", 231.

29   Song, S. "The Significance of Territorial Presence and The Rights of Immigrants", 231.

30   Song, S. "The Significance of Territorial Presence and The Rights of Immigrants", 234. En efecto, se ha sostenido que si los trabajadores extranjeros temporales son lo suficientemente buenos como para trabajar, entonces también deberían ser lo suficientemente buenos como para permanecer. Ver: Hanely, J. et al. "Good Enough to Work? Good Enough to Stay!". *Organizing among Temporary Foreign Workers. Legislated Inequality: Temporary Labour Migration in Canada* (P. T. Lenard & C. Straehle, eds. Montreal, McGill-Queen's University Press, 2012).

31 Song, S. "The Significance of Territorial Presence and The Rights of Immigrants", 237.

32 Véase, por ejemplo, Blake, M. "Distributive Justice, State Coercion, and Autonomy". *Philosophy & Public Affairs* 30, 3 (2001): 257-296 ; Miller, D. "Why Immigration Controls are not Coercive: A Reply to Arash Abizadeh". *Political Theory* 38 (2010): 111-120, como réplica a Abizadeh, A. "Democratic Legitimacy and State Coercion: A Reply to David Miller". *Political Theory* 38, 1 (2010): 121-130. Véase también Oberman, K. "Immigration as a Human Right". *Migration in Political Theory: The Ethics of Movement and Membership*. Sarah Fine & L. Ypi (ed). Oxford, Oxford University Press, 2016, 32-56 y Straehle, C. "Justified State Partiality and the Vulnerable Subject in Migration". *Critical Review of International Social and Political Philosophy*, 2017a, para un análisis del vínculo entre la autonomía individual y la coerción, al modo en que Song lo utiliza.

33 Song, S. "The Significance of Territorial Presence and The Rights of Immigrants", 239.

34 Song, S. "The Significance of Territorial Presence and The Rights of Immigrants", 243.

35 Raz, J. *The Morality of Freedom* (Oxford: Clarendon Press, 1986), 420.

36 Raz, J. *The Morality of Freedom*, 407.

37 Ciertamente, se podría argumentar que, para estar plenamente protegidos contra la coerción, los migrantes deberían acceder al pleno conjunto de derechos y no al conjunto de derechos diferenciados propuesto por Song.

38 Véase también: Mackenzie, C., et al. "What is Vulnerability, and Why Does It Matter for Moral Theory". *Vulnerability: New Essays in Ethics and Feminist Philosophy* (C. Mackenzie, W. Rogers & S. Dodds. Oxford: Oxford University Press, 2014), 83-100.

39 Véase http://www.cic.gc.ca/english/helpcentre/answer.asp?qnum=223&top=28

40 Brownlee, K. "A Human Right Against Social Deprivation". *The Philosophical Quarterly* 63 (2013): 199.

41 En aquel entonces, los políticos alemanes dieron por sentado que los hombres jóvenes con buena capacidad física que llegaron tras ser llamados a trabajar en Alemania, permanecerían ahí solo un periodo limitado antes de regresar a su país de origen. Sin embargo, cuando muchos de ellos comenzaron a llevar a sus familias a Alemania, surgió la postura generalizada de que, por razones humanitarias, no podía prohibírseles la reunificación familiar. Sin embargo, la generación original de migrantes laborales no había tenido acceso a los servicios de integración fuera del mercado laboral, y casi ninguno se había na-

turalizado. Véase Jurgens, J (2010). The Legacies of Labor Recruitment: The Guest Worker and Green Card Programs in the Federal Republic of Germany. Policy and Society 29 (4), 345-355. Sus hijos y nietos también se han enfrentado a grandes obstáculos para obtener la naturalización, a pesar de haber nacido en suelo alemán. En consecuencia, aunque tenían acceso a derechos cívicos y sociales, a muchos de ellos se les han negado derechos políticos. Hoy, las políticas anteriores han cambiado a partir de leyes más inclusivas de naturalización que confieren la doble nacionalidad a aquellos nacidos en Alemania hasta que cumplen los 23 años de edad. En ese momento, ya se exige a los ciudadanos que decidan cuál conservarán. Véase https://www.economist.com/news/europe/21572822-how-not-treat-people-more-one-passport-jus-sanguinis-revisited (consultado 23 julio, 2017).

42   Martins, F. "Deutschlands Beste Ausländer". *Frankfurter Allgemeine Zeitung*, 2016.

43   Brownlee, K. "A Human Right Against Social Deprivation", 205.

44   Brownlee, K. "A Human Right Against Social Deprivation", 200. Énfasis añadido.

45   Brownlee, K. "A Human Right Against Social Deprivation", 200. El aspecto relacional ha sido objeto de diferentes teorías éticas. Quizás la más importante sea la aproximación de las capacidades a cargo de Nussbaum. Si bien Nussbaum propone que los derechos son vehículos para garantizar el acceso a las capacidades, un análisis basado en los derechos no es suficiente. Véase: Nussbaum, M. "Capabilities, Entitlements, Rights". *Journal of Human Development and Capabilities*, 12, 1 (2011): 23-37. Para dos interpretaciones diferentes sobre la naturaleza de los derechos dentro del abordaje de las capacidades, véase: Van Hess, M. "Rights, Goals and Capabilities". *Politics, Philosophy and Economics* 12, 3 (2013): 247-259. Para una discusión exhaustiva sobre la relevancia *política* del concepto de vulnerabilidad al estudiar las capacidades, véase Mackenzie, C. "The Importance of Relational Autonomy and Capabilities". Catriona Mackenzie, Wendy Rogers & Susan Dodds, eds. *Vulnerability: New Essays in Ethics and Feminist Philosophy* (New York: Oxford University Press, 2013).

46   Brownlee, K. "A Human Right Against Social Deprivation", 212.

47   Véase Straehle 2017b.

48   Rawls considera que "mientras otras cosas permanecen iguales, la gente normalmente encuentra actividades que apelan a sus capacidades desarrolladas por ser más interesantes y preferibles a las tareas sencillas, y el hecho de disfrutarlas incrementa todavía más si la capacidad se realiza o cuanto mayor es su complejidad" (Rawls 1999: 374). Rawls, J. (1999). *A Theory of Justice* (Second edition), Cambridge (Mass.), Harvard University Press, p. 374.

49   Rawls, J. *A Theory of Justice*, 386.

50   Brownlee, K. "A Human Right Against Social Deprivation", 213-4.

51   Taylor, C. *Multiculturalism and the Politics of Recognition.* Montreal/Kingston: McGill/Queens University Press, 1985.

52   Cordelli, C. "Justice as Fairness and Relational Resource". *Journal of Political Philosophy* 23, 1 (2015): 86-110.

53   Cordelli, C. "Justice as Fairness and Relational Resource", 88.

54   Cordelli, C. "Justice as Fairness and Relational Resource", 90.

55   De acuerdo con el análisis de Lea Ypi: Ypi, L. "Taking Workers as a Class: The Moral Dilemmas of Guestworker Programs". *Migration and Political Theory: The Ethics of Movement and Membership.* (S. Fine & L. Ypi, eds. Oxford, Oxford University Press, 2016), 151-174.

56   Cordelli, C. "Justice as Fairness and Relational Resource", 100.

57   Cordelli, C. "Justice as Fairness and Relational Resource", 100.

58   Cordelli, C. "Justice as Fairness and Relational Resource", 100. Énfasis en el original.

59   Cordelli, C. "Justice as Fairness and Relational Resource", 101.

60   Véase Garreau, M. & C. Laborde. "Relational Equality, Non-Domination, and Vulnerability". *Social Equality: On What It Means to be Equals* (C. Fourie, F. Schuppert & I. Wallimann-Helmer. Nueva York, Oxford University Press, 2015). Garreau y Laborde exploran en qué medida la no-dominación podría dar razón del mal específico que representa la marginalización y la descalificación, pero observan que el postulado republicano de la no-dominación se complementa con un postulado de la vulnerabilidad. Mucho de lo que aquí se afirma constituye un intento por formular cómo el concepto de vulnerabilidad podría solventar la descalificación social.

61   Véase http://ccrweb.ca/en/private-sponsorship-refugees.

62   A diferencia de llegar a una familia para trabajar con niños o con personas de edad avanzada, pensemos en las experiencias de los migrantes que actualmente se benefician del *Canadian Immigration Integration Program* (CIIP / Programa canadiense para la integración de los inmigrantes), lanzado en 2007 e implementado como un programa permanente en 2010. Citado de la propia página web del programa: "el primer componente del CIIP es un taller de un día de orientación en el que a los participantes se les brinda información sobre: prospectos de trabajo, disponibilidad laboral, búsqueda de trabajos, retención laboral, con una comprensión sobre el ambiente de trabajo canadiense y su cultura. El segundo componente del CIIP implica una planeación personalizada enfocada en decisiones clave en el ámbito laboral y para la integración, así como acciones a realizar antes y después de la llegada a Canadá. El tercer componente del CIIP

provee consejería, herramientas y otros recursos en línea de las organizaciones canadienses asociadas, así como el contacto directo con empleadores canadienses". http://www.cic.gc.ca/english/department/partner/bpss/ciip.asp

63   Brownlee, K. "A Human Right Against Social Deprivation".

64   La privación social de los descendientes de antiguos trabajadores visitantes en Alemania suele designarse a través del término *sociedad paralela*, que pudo haberse desarrollado entre los miembros del grupo migrante minoritario por falta de acceso a la inclusión social. Hoy es un hecho concreto por el uso constante de estereotipos en toda la sociedad civil. Véase: Pratt Ewing, K. "Between Cinema and Social Work: Diasporic Turkish Women and the (Dis)Pleasure of Hybridity". *Cultural Anthropology* 21, 2 (2006): 265-294.

❖   Redefiniendo migración y fronteras desde la ecología lingüística: El habla de migrantes entre centros y periferias

1   Smith, A. D. *National Identity*. Las Vegas: University of Nevada Press, 1991, 1.

2   Von Hirschhausen, U. & Leonhard, J. *Europäische Nationalismen im West-Ost-Vergleich: von der Typologie zur Differenzbestimmung. Nationalismen in Europa. West und Osteuropa im Vergleich.* Von Hirschhausen & Leonhard, eds. Göttingen: Wallstein Verlag, 2001,15.

3   "Migrants, Refugees or Displaced Persons?" UNESCO. Última modificación: 23 septiembre 2021, https://www.unesco.org/en/articles/migrants-refugees-or-displaced-persons

4   La Comisión Económica para América Latina y el Caribe (CEPAL) define la migración interna de la siguiente manera: "La migración interna es un componente decisivo de los procesos de redistribución espacial de la población y tiene implicaciones para comunidades, hogares y personas. Para las comunidades, tiene efectos demográficos, sociales, culturales y económicos. Para los hogares y las personas, la migración, en particular si se enmarca en una estrategia elaborada, es un recurso para el logro de determinados objetivos, los que pueden ser tan variados como enfrentar una crisis económica o mejorar la calidad de vida". Comisión Económica para América Latina y el Caribe, consultado en 2 marzo 2023, https://www.cepal.org/es/subtemas/migracion-interna#_

5   International Organization for Migration. "About Migration", recabado 2 febrero 2023, https://www.iom.int/who-is-a-migrant

6   Kleiner-Liebau, D. *Migration and the Construction of National Identity in Spain* (Madrid: Ediciones de Iberoamericana, 2009).

7   Kleiner-Liebau, D. *Migration and the Construction of National Identity in Spain*, 147. En adelante hablaremos siempre de límite cuando nos refiramos a una frontera en el sentido figurado de límite imaginado.

8   El término "imaginado" proviene de la teoría de comunidades imaginadas (*imagined communities*) de Anderson, B. *Imagined Communities. Reflections on the Origin and Spread of Nationalism* (London, New York: Verso, 2006). En este sentido, también aparece en el uso de otros científicos como Kleiner-Liebau, D. *Migration and the Construction of National Identity in Spain* o Assmann, J. *Das kulturelle Gedächtnis, Schrift, Erinnerung und politische Identität in frühen Hochkulturen* (München: Verlag C.H. Beck, 1992).

9   Assmann, J. *Das kulturelle Gedächtnis, Schrift, Erinnerung und politische Identität in frühen Hochkulturen* (München: Verlag C.H. Beck, 2005), 133 y ss.

10   *Übersteigerte Kultur*

11   *Disktintive limitische Strukturen.* Assmann inventa el término "*limitisch*" (*limítico*) para distinguirlo de *limítrofe*, porque trata de dar un sentido aquí que no se relacione solamente con fronteras, sino que se trata de estructuras delimitantes en un sentido amplio y, sobre todo, figurado.

12   Véase: Dirksmeier, P. *Urbanität als Habitus, Zur Sozialgeographie städtischen Lebens auf dem Land* (Bielefeld: Transcript Verlag, 2009), 70.

13   Kleiner-Liebau, D. *Migration and the Construction of National Identity in Spain* (Madrid: Ediciones de Iberoamericana, 2009), 147.

14   Assmann, J. *Das kulturelle Gedächtnis, Schrift, Erinnerung und politische Identität in frühen Hochkulturen*, 150.

15   Godenzzi, J. C. "Approaching Language in Urban Interactions Ecologically: the Case of Spanish in Lima". *Linguistic ecology and language contact* (Ludwig, Ralph/Mühlhäusler, Peter/Pagel, Steve, eds. Cambridge: Cambridge University Press, 2018), 111.

16   La idea original de redes sociales (*social networks*) fue aplicada en la lingüística por Milroy, L. *Language and Social Networks.* (New York: Blackwell, 1987).

17   Salzmann, T. *Language, Identity and Urban Space. The Language use of Latin American Migrants.* Frankfurt (New York: Peter Lang, 2014), 35.

18   Barth, F. "Introduction". *Ethnic Groups and Boundaries. The Social Organization of Cultural Difference* (Barth, F ed. Boston: Little, Brown and Company, 1969), 38.

19   El *microespacio* describe la interacción situacional, el *mesoespacio* el espacio sociocultural que lo rodea (como la urbe) y el *macroespacio* las dimensiones sociohistóricas y geográficas que abarcan todo un área histórico-cultural (como el espacio hispanohablante). Para más información, véase: Ludwig, R., Mühl-

häusler P. & Pagel, S., eds. *Linguistic Ecology and Language Contact* (Cambridge University Press, 2018), 26-41; Salzmann, T. *Ecología lingüística: hacia una metodología y teoría holística en el contacto de lenguas. Armonía y contrastes, estudios sobre variación dialectal histórica y sociolingüística del español.* Santos Rovira, J.M (ed.) Lugo: Axac, 2015, 11-25; y Salzmann, T. *Language, Identity and Urban Space. The Language use of Latin American Migrants.* Frankfurt, New York: Peter Lang, 2014, 31-42.

20   Ludwig, R., Mühlhäusler P. & Pagel, S., eds. *Linguistic Ecology and Language Contact*, 26.

21   Ludwig, R., Mühlhäusler P. & Pagel, S., eds. *Linguistic Ecology and Language Contact*, 29.

22   Ludwig, R., Mühlhäusler P. & Pagel, S., eds. *Linguistic Ecology and Language Contact*, 31.

23   Ludwig, R., Mühlhäusler P. & Pagel, S., eds. *Linguistic Ecology and Language Contact*, 32.

24   Chambers, J. K. & Trudgill P. *Dialectology* (Cambridge University Press, 1998), 166.

25   Este análisis forma parte de un corpus lingüístico de entrevistas que se desarrolla ampliamente en: Salzmann, T. *Language, Identity and Urban Space. The Language use of Latin American Migrants.*

26   Se trata de una investigación participante-observadora, en la cual la investigadora participaba en las conversaciones a la vez que observaba. Los migrantes mismos se enfrentan diariamente a situaciones como esta, en las que conocen a nuevas personas por contactos preexistentes. Por ello, el hecho de que la investigadora fuera extranjera no fue de mayor importancia. En algunos casos este hecho aligeró la situación porque los participantes no sintieron vergüenza de expresar su opinión abiertamente como quizá lo hubieran hecho con personas locales.

27   Calvo Pérez, J. & Miranda Esquerre, L., eds. *Palabras fuera del nido. Vertientes sincrónica y diacrónica del español en contacto* (Lima: Universidad San Martín de Porres, 2009), 191.

28   Tannen, D. *Conversational Style. Analyzing Talk among Friends* (Oxford University Press, 2005 [1984]).

❖ Los derechos humanos de los migrantes ambientales: urgencia de una articulación de teorías de la justicia y teorías críticas

1   Organización de las Naciones Unidas. *Sharm el-Sheikh Implementation Plan*. 20 de noviembre del 2022, p. 4.

2   Thunberg, G. *The Climate Book*. Nueva York, Penguin Press, p. 3.

3   Draper, J. "Responsibility and Climate-induced Displacement". *Global Justice: Theory Practice Rhetoric* 11, 2 (2018): 59-80; Miller, D. "Global Justice, and Climate Change: How should Responsibilities be distributed?" *Tanner Lectures on Human Values* 28 (2009): 119–156.

4   Miller, D. "Global Justice, and Climate Change: How should Responsibilities be distributed?", 132.

5   "Draper, J. Responsibility and Climate-induced Displacement", 67.

6   Baldwin, A., Methmann, C. y Rothe, D. "Securitizing 'Climate Refugees': The Futurology of Climate-Induced Migration". *Critical Studies on Security* 2, 2 (2014): 121-130.

7   Hansen, J., Sato, M., y Ruedy, R. "Perception of Climate Change". *Proceedings of the National Academy of Sciences* 109, 37 (2012): E2415-E2423.

8   Betts, A. & Collier, P. *Refuge: Transforming a Broken Refugee System* (Oxford University Press, 2017).

9   Coleman, J. & Harding, S. K. "Citizenship. The Demands of Justice and the Moral Relevance of Political Borders". *Justice in Immigration* (Schwartz, W. F., ed. Cambridge: Cambridge University Press, 1995), 18-62.

10   Singer, P. "Famine, Affluence, and Morality." *Philosophy & Public Affairs* 1, 3 (1972): 231.

11   Singer, P. "The drowning Child and the expanding Circle". *New Internationalist* 289 (1997): 28-30; Singer, P. *Ethics and Climate Change: A commentary on MacCracken, Toman and Gardiner. Environmental Values* 15, 3 (2006): 415-422.

12   Singer, P. "The drowning Child and the expanding Circle".

13   Singer, O. "Will the polluters pay for climate change?". *Ethics in the real World*. Singer, P. Princeton y Oxford: Princeton University Press, 2016: pp 264-267.

14   Rawls, J. *The Law of Peoples: With, the Idea of Public Reason Revisited* (Cambridge: Harvard University Press, 1999).

15   Rawls, J. *The Law of Peoples: With, the Idea of Public Reason Revisited*, 37.

16   Carens, J. H. "Aliens and Citizens: The Case for Open Borders". *The Review of Politics*, 49, 2 (1987): 251-273; Dumitru, S. "From 'Brain Drain' to 'Care Drain': Women's Labor Migration and Methodological Sexism". *Women's Studies International Forum* 47 (2014): 203-212.

17   Dumitru, S. "From 'Brain Drain' to 'Care Drain': Women's Labor Migration and Methodological Sexism".

18   Caney, S. "Climate Change, Energy Rights and Equality". *The Ethics of Global Climate Change*. (Arnold, D. G. ed., Cambridge University Press, 2011), 77-103.

19   Bolaños Guerra, B. y Calderón Contreras, R. "Desafíos de resiliencia para disminuir la migración inducida por causas ambientales desde Centroamérica". *Revista de Estudios Sociales* 76 (2021).

20   Bovens, L. "A Lockean Defense of Grandfathering Emission Rights". *The Ethics of Global Climate Change* (Denis Arnold, ed. Cambridge: Cambridge University Press, 2011), 124-144.

21   Draper, J. "Responsibility and Climate-induced Displacement".

22   Organización de Naciones Unidas (ONU). "El Comité de Derechos Humanos abre la puerta a las solicitudes de asilo por cambio climático". *Noticias ONU*. 21 enero 2020. Consultado en: https://news.un.org/es/story/2020/01/1468291

23   González García, J. M. "¿Son vinculantes los dictámenes del Comité de Derechos Humanos de las Naciones Unidas? Posición de los tribunales españoles a propósito de un controvertido caso (sobre el derecho a la revisión de la condena penal por una instancia superior". *La Ciencia del Derecho Procesal. Estudios en Homenaje a Héctor Fix Zamudio en sus Cincuenta Años como Investigador del Derecho* (México: UNAM, Instituto Mexicano del Derecho Procesal Constitucional, Marcial Pons, 2008), 131.

24   Cole, P. "Climate change and global displacement: Towards an ethical response". *The Routledge Handbook to Rethinking Ethics in International Relations*, Shippers, B. ed., Routledge, 2020, 179-195.

25   Cole, P. "Climate change and global displacement: Towards an ethical response". *The Routledge Handbook to Rethinking Ethics in International Relations*, Shippers, B. ed., Routledge, 2020, 179-195.

26   Taylor, C. "La política del reconocimiento". C. Taylor, *El multiculturalismo y la política del reconocimiento* (México: Fondo de Cultura Económica, 1993); Taylor, J. E., Filipski, M. J., Alloush, M., Gupta, A., Valdes, R. I. R., & Gonzalez-Estrada, E. "Economic Impact of Refugees". *Proceedings of the National Academy of Sciences*, 2016.

27   Bolaños Guerra, B. "La migración inducida por cambio climático ante las teo-
      rías de la justicia". Gandini, L. (coordinadora) *Abordajes sociojurídicos contem-
      poráneos para el estudio de las migraciones internacionales* (México: Universidad
      Nacional Autónoma de México, 2020), 131.

28   Habermas, J. *Facticidad y validez: sobre el derecho y el Estado democrático de dere-
      cho en términos de teoría del discurso* (Madrid: Trotta, 1998).

29   Miller, D. "Global Justice, and Climate Change: How should Responsibilities
      be distributed?".

30   Miller, D. *Strangers in Our Midst. The Political Philosophy of Immigration* (Cam-
      bridge: Harvard University Press, 2016), 83.

31   Bovens, L. "A Lockean Defense of Grandfathering Emission Rights".

32   Draper, J. "Responsibility and Climate-induced Displacement".

33   Foster, J. B. *Marx's Ecology: Materialism and Nature* (Nueva York: Monthly
      Review Press, 2000a) 285-287.

34   Foster, J. B. *Marx's Ecology: Materialism and Nature;* Foster, J. B. *The Return of
      Nature. Socialism and Ecology* (Nueva York: Monthly Review Press, 2020b).

35   García-Zamora, Rodolfo, Óscar Pérez-Veyna, Guillermo Foladori, Raúl Del-
      gado-Wise, Miguel Moctezuma-Longoria, Elivier Reyes-Rivas, Humberto
      Márquez-Covarrubias y Patricia Rivera-Castañeda. "Paradojas de la migración
      internacional y el medio ambiente." *Economía, sociedad y territorio* 6, no. 24
      (2007): 975-994.

36   Hudson, M. Global Warming and U.S. National Security Diplomacy. *Michael
      Hudson on Finance, Real Estate and the Powers of Neoliberalism.* 5 de agosto 2019.
      https://michael-hudson.com.

37   Prudham, S. "Pimping Climate Change: Richard Branson, Global Warming,
      and the Performance of Green Capitalism". *Environment and Planning A* 41, 7
      (2009): 1594-1613.

38   Harvey, D. "Three Marxist Takes On Climate Change". *Conferencia en el Left
      Forum 2019.* Brooklyn: Essential Dissent. 30 June 2019.

39   Harvey, D. "Three Marxist Takes On Climate Change".

40   Methmann, C. "Visualizing Climate-Refugees: Race, Vulnerability, and Re-
      silience in Global Liberal Politics". *International Political Sociology* 8, 4 (2014):
      416-435; Reid, J. "Climate, Migration, and Sex: The Biopolitics of Climate-in-
      duced Migration". *Critical Studies on Security* 2, 2 (2014), 196-209.

41   Wartenberg, T. E. "Situated Social Power". Wartenberg, T. E. *Rethinking
      power* (Albany: State University of New York Press, 1992).

42   Draper, J. "Responsibility and Climate-induced Displacement".

43   Scheffran, J., Marmer, E., & Sow, P. Migration as a Contribution to Resilience and Innovation in Climate Adaptation: Social Networks and Co-development in Northwest Africa". *Applied geography* 33 (2012): 119-127; Mallick, B. "The Nexus between Socio-Ecological System, Livelihood Resilience, and Migration Decisions: Empirical Evidence from Bangladesh. *Sustainability* 11 12 (2019): 3332; Van Dolah, E. R., Hesed, C. D. M., & Paolisso, M. J. Marsh. "Migration, Climate Change, and Coastal Resilience: Human Dimensions Considerations for a Fair Path Forward". *Wetlands* 40, 6 (2020): 1751-1764; Bolaños Guerra, B. y Calderón Contreras, R. "Desafíos de resiliencia para disminuir la migración inducida por causas ambientales desde Centroamérica".

44   Calderón Contreras, R. *Los sistemas socioecológicos y su resiliencia. Casos de studio* (Gedisa, 2018).

45   Reid, J. "Climate, Migration, and Sex: The Biopolitics of Climate-induced Migration"; Turhan, E., Zografos, C. y Kallis, G. "Adaptation as Biopolitics: Why State Policies in Turkey do not reduce the Vulnerability of Seasonal Agricultural Workers to Climate Change". *Global Environmental Change* 31 (2015): 296-306; Bettini, G. Where next? "Climate Change, Migration, and The (Bio) Politics of Adaptation. *Global Policy* 8 (2017): 33-39.

46   Methmann, C. "Visualizing Climate-Refugees: Race, Vulnerability, and Resilience in Global Liberal Politics". *International Political Sociology* 8, 4 (2014): 416-435; Reid, J. "Climate, Migration, and Sex: The Biopolitics of Climate-induced Migration"; Methmann, C., & Oels, A. "From 'fearing' to 'empowering' Climate Refugees: Governing Climate-Induced Migration in the Name of Resilience". *Security Dialogue* 46, 1 (2015): 51-68.

47   Methmann, C. "Visualizing Climate-Refugees: Race, Vulnerability, and Resilience in Global Liberal Politics".

48   Reid, J. "Climate, Migration, and Sex: The Biopolitics of Climate-induced Migration".

49   Reid, J. "Climate, Migration, and Sex: The Biopolitics of Climate-induced Migration"; Tigau, C. *Discriminación y privilegios en la migración calificada. Profesionistas mexicanos en Texas.* México: Universidad Nacional Autónoma de México, 2020; Shachar, A. *The shifting Border: Legal Cartographies of Migration and Mobility* (Manchester: Manchester University Press, 2020).

50   Reid, J. "Climate, Migration, and Sex: The Biopolitics of Climate-induced Migration".

51   Derrida, J. "Responsabilité et hospitalité. Manifeste pour l'hospitalité". Seffahi, M., director. *Autour de Jacques Derrida* (Grigny: Paroles l'Aube, 1999), 121-124.

52   Draper, J. "Responsibility and Climate-induced Displacement".

53   Rothe, D. "Gendering Resilience: Myths and Stereotypes in the Discourse on Climate-induced Migration". *Global Policy* 8 (2017): 40-47.

54   Rothe, D. "Gendering Resilience: Myths and Stereotypes in the Discourse on Climate-induced Migration"; Dumitru, S. "How neo-Marxism creates Bias in Gender and Migration Research: Evidence from the Philippines". *Ethnic and Racial Studies* 41, 15 (2018b): 2790-2808.

55   Wonders, N. A. Climate change, the production of gendered insecurity and slow intimate partner violence. En Fitz-Gibbon K, Walklate S, McCulloch J, et al. (editores). *Securing Women's Lives: Intimate Partner Violence, Risk and Security*. New York: Routledge, 2018, pp. 43.

56   Gaard, G. Ecofeminism and climate change. *Women's Studies International Forum* 49 (2015), 20-33.

57   Fricker, M. *Epistemic injustice: Power and the ethics of knowing* (Oxford University Press, 2007), 11.

58   Rothe, D. "Gendering Resilience: Myths and Stereotypes in the Discourse on Climate-induced Migration"; Fricker, M. *Epistemic injustice: Power and the ethics of knowing.*

59   Clinton, H. "Europe must curb Immigration to Stop Rightwing Populists". *The Guardian.* 22 noviembre 2018.

60   Jonas, H. *El principio de responsabilidad: Ensayo de una ética para la civilización tecnológica* (Barcelona: Herder Editorial, 1995), 40.

AUSCULTA FILI VERBA MAGISTRI

La primera edición de
Migración, territorio y fronteras.
Perspectivas éticas del fenómno migratorio
de Luis Xavier López–Farjeat y Cecilia Coronado (eds.)
en Aliosventos Ediciones AC, se imprime bajo demanda a través de Amazon
en España, Estados Unidos, Francia, Italia, Japón y Reino Unido;
en México, en los talleres de Librántida.

En su composición se utilizaron fuentes
de las familias Aktive grotesque y Cardo.

Made in the USA
Columbia, SC
30 September 2023

23640491R00152